The Instructions Manual for Smart Beta
To understand it well and to use it well

スマートベータの取扱説明書

仕組みを理解して使いこなす

徳野明洋

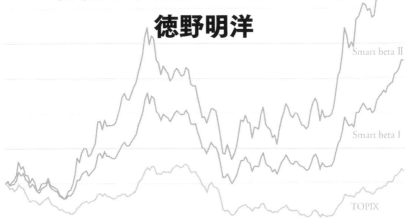

東洋経済新報社

は じ め に

　いまこの本を手にしたあなたは、ほぼ間違いなく"スマートベータ"というタイトルに反応したんだろうと思う。おそらくは二種類の方々がいらっしゃるはずである。"何それ？"と素直に思った方と、"いまさら？"と思った資産運用や証券投資の業界関係者の方ではないかとお見受けする。スマートベータというカタカナ言葉は、ここ数年の間、国際金融業界、特に資産運用の世界を席巻し、定着した言葉であり、"いまさら？"派の方々には既になじみ深い用語なのだが、"何それ？"派の皆さまにはまったくの新語に映っているだろうからである。

　もちろん、本書のタイトルに反応した以上、"何それ？"派の人も相当の手練の方だろう。この本を書店の店頭で手に取ってくださっているならば、そこはおそらく資産運用か投資指南の関連書籍の並ぶコーナーだろうし、ネット上で本書に出くわしたのならば、投資とか、運用とか、そういう金儲けのキーワードに紐付く検索のお導きなのだろう。ただ、この新語に出くわして興味を持ったということは、それなりの資産運用の知識をお持ちの方であるに違いあるまい。

　"いまさら？"といぶかしげに思いながらも本書を手にした業界関係者は、おそらく「既に知っているはずの用語だが、いまひとつ腹落ちしない」とつねづね思っており、むしろ本書のタイトルの"取扱説明書"という部分に「もしかしたら、自分が抱えているスッキリしないものの答えが書いてあるのか」と期待されているのではないだろうか。

　そのとおり。いや、それは少し大風呂敷すぎるか。でも、一業界関係者である筆者がつねづね気になっているポイントを整理し、自身の商売を抜きにして、スマートベータという新しいコンセプトをどのように「使いこなせばいい

のか」という問いの答えを探し求めた結果をまとめたものが本書である。だから、"いまさら？"派の皆さんにこそ、最後までお付き合いいただけたらと願う次第である。

さて、他人資金の運用に携わる業界関係者であろうが、個人投資家ながら相当の経験を積まれた手練の方だろうが、本書を手にする人の瞳の奥には、投資リターンの獲得という少々ギラついた欲望がチラチラと燃えているのではないだろうか。そんな皆さんの期待を裏切らないように、そして皆さんをスマートベータなるものが拓く資産運用の新しい世界に誘えるように（まぁ、まずは本書をご購入いただけるように）、このスマートベータなる新しいコンセプトが見せてくれる効果をお示ししよう。

細かいことは抜きにして、まずは図表0-1をご覧いただきたい。日本株式市場全体の値動きを表す指標として、東証株価指数（Tokyo Stock Price Index、TOPIX（トピックス）：以下、TOPIX）[1]があるが、ここではTOPIXそのものの推移と、TOPIXをチョチョイといじって作った2つの"スマートベータ"の推移を示してみた。TOPIXを少々上回って推移しているものを仮に「スマートベータ1号」、さらに上回って推移しているものを「スマートベータ2号」と名付けよう。

この期間（2000年10月末から2015年6月末まで）では、TOPIXは紆余曲折はあるものの、ほぼ横ばいというさえない推移だったわけだが、1号、2号の2つの"スマートベータ"はTOPIXを大きく上回る展開を見せた。単にTOPIXを上回っただけではない。もしグラフどおりの投資成果が得られたとしたならば、スマートベータ1号に投資した場合は当初金額が2.8倍、2号の場合は4.7倍以上になった計算となる。TOPIXをチョチョイといじって作ったというが、本当にそんなに簡単なのだろうか。

そもそも、スマートベータ1号と2号にはどんな仕掛けが隠されているのだろうか。あれだけの投資成果が得られそうなのに、本当に簡単な仕組みでできているのか。スマートベータに詳しいと自負する"いまさら？"派（業界関係）

---

1) **TOPIX**：東京証券取引所第一部上場株式銘柄を対象として、同取引所が算出・公表している株価指数。

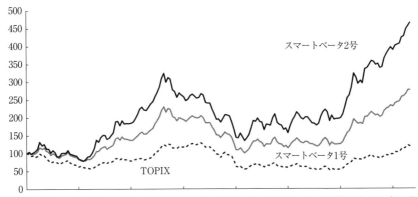

図表 0−1　TOPIX をスマートベータに……

（注）　計測期間は2000年10月末から2015年 6 月末（2000年10月末＝100）。円ベース、配当除く月次データを基に計算。年 1 回、10月末時点の TOPIX 構成銘柄を基準に銘柄入替（リバランス）を行う。

の皆さまは、TOPIX にどんな操作をしたのかを考えてみてほしい。種明かしは、もちろん後ほどじっくりと。

　仮に、スマートベータ 1 号や 2 号の投資成果が見込めるならば、市中に出回っている様々な運用商品の存在意義は色褪せたものになるかもしれない。TOPIX 並みの運用成績しか出せていない投資の"プロ"たちは多いとの批判も散見される中で、スマートベータの投資成果を目の当たりにすれば、そんなプロたちは「これまでいったい何をしていたのか」と考えざるをえなくなるだろう。このスマートベータなるものは資産運用業界にいかなるインパクトを及ぼすのだろうか。

　より良い投資リターンの獲得を狙う投資家にとっては、良い話ばかりのように思えるが、スマートベータという耳ざわりのいい新しいコンセプトに裏切られる可能性はないのだろうか。信じる者は救われるというが、信じて足をすくわれたら、たまらない。きちんと仕組みを理解したうえで、スマートベータのデメリット、弱点、落とし穴などを明らかにせねばなるまい。

　既に、スマートベータは世界各国の機関投資家に採用され、投資信託やETF（上場型投資信託）などの金融商品というかたちで利用されている。今

後、資産運用の市場を席巻すると見る向きもある。とはいっても、「みんなが使っているなら安心だ」と言いたいのではない。むしろ、新しいコンセプトに対して期待が先行しているだけ、数年後に成果がついて来ないという展開になっていたとしたら、結局は流行りもので終わってしまった現象として後世に評されるだけなのかもしれない。ただし、このテーマで本を書こうとしている筆者はそれ以上のものがあると感じている。冒頭から何を言っているんだと思われるかもしれないが、仮に数年後にスマートベータという言葉自体が死語になっていたとしても（その兆候はある！）、このコンセプトは現在の資産運用業界に一石を投じたものであることは間違いないし、ひょっとしたら業界再編をもたらす可能性まではらむインパクトのあるものかもしれないのである。

　投資家の立場からすれば、スマートベータをよく理解し、うまく使って自身の投資成果が上がればそれでいいはずだ。そこで本書では、スマートベータなる新しいコンセプトの"トリセツ"（取扱説明書）としてご活用いただけるような内容を目指そうと思う。もちろん、効能書きや注意事項だけをまとめた利殖のための指南書であるならばそれで足りるのかもしれない。しかし、スマートベータをより良く理解していただくためには、スマートベータが登場した背景を説明することが必要であろうし、パフォーマンスが得られる仕組み（1号と2号の種明かし）については紙幅を割いて考察する必要があるだろう。トリセツという以上は、「使い方」について言及するのは当然だ。最終的な投資の意思決定をするのは投資家自身であるが、余計なお世話にならない程度の「使い方」の提案ができればいいと思うし、「使用上の注意」は十分に喚起しておきたい。仮に、スマートベータが死語になったとしても、スマートベータが提供する投資運用手法の中身そのものが失われてしまうとは思えない。本書で解説する内容は、スマートベータおよびそれに類似する何がしかの投資運用商品の仕組みを理解し、その使い方を考えるうえで少なからず役に立つだろうと考えている。

　なお、投資の世界には多かれ少なかれファイナンス理論がつきまとう。また資産運用については専門用語も多い。本書でも随所に登場すると思うが、ギリシャ文字がたっぷり詰まった数式は極力避け（でも、一般のファイナンス理論の入門書よりは少ないとはいえ、多少は登場するので、ご覚悟を）、専門用語

については初出の際にできるだけ平易な解説を付すよう心がけたいと思う。この部分は、業界関係者や手練の読者には煩わしく映るかもしれないので、適宜読み飛ばしていただければ幸いだ。

　スマートベータを概説し、その取扱説明書となることを意識して執筆した本書が、読者の皆さまにとってファイナンス理論や投資の実務を理解するうえでの一助となるならば、それは望外の喜びである。

目次

はじめに

第1章 スマートベータとは何か……1

1 スマートベータという名前が示すもの　1
2 スマートベータに関する広義と狭義の極端な定義　3
3 ベータとは何か？　5
4 賢いベータvsダメなベータ　8
5 スマートベータ1号と2号の種明かし　10
6 スマートベータとは？──本書における定義　13
7 本書では"スマートベータ"として取り扱わないもの　15
8 「いわゆるスマートベータ」なるもの
　　──非時価総額型指数とファクター指数　19

第2章 スマートベータへの道……23

1 時価総額型市場インデックスの何がダメなのか　23
2 時価総額上位銘柄への集中　26
3 割高な時価総額型指数　30
4 構成銘柄間の相関の見落とし　35
5 時価総額型指数の課題への取り組みからスマートベータへ至る道筋　39

第3章 時価総額型から離れる
　　　　──スマートベータの作り方……45

1 5銘柄で構成された時価総額型指数をベンチマークにする　46

2　まずは等金額型指数からはじめよう　49
3　多様性ウェート型指数と投資上限付き時価総額加重型指数　53
4　リスク・クラスタリング・ウェート型指数　57
5　ファンダメンタル型指数　61
6　等リスク寄与型指数と低ボラティリティ型指数、非相関型指数　65
7　最適化アプローチで重要な2つの戦略
　　──最小分散型と最大シャープ・レシオ型　68
8　さらなるウェート方法の模索　73

第4章　スマートベータのパフォーマンス　77

1　5銘柄で構成されたスマートベータのパフォーマンスを比較する　77
2　学術研究におけるスマートベータのパフォーマンス比較　87
3　スマートベータはなぜ時価総額型指数に勝てるのか？　91
4　ウェート方法からリスク・ファクターが生じる？　95
5　たまたまなのか、デザインなのか……「マルキールの猿」を想う　98
6　日経平均株価を使った実験　105
7　リバランスの重要な役割　111

第5章　スマートベータから
　　　　ファクター指数、マルチ・ファクター指数へ　121

1　ファクターとは何か？　122
2　主要なファクターとその学術的根拠　127
3　ファクターを投資対象に──ファクター指数の登場　136
4　マルチ・ファクター指数の登場　145
5　スマートベータとファクター指数の概念整理　149

第6章　スマートベータとファクター指数の使い方……………155

1. それぞれの仕組みを理解して使いこなす　155
2. 絶対リターンが欲しい個人投資家にとってのスマートベータ/ファクター指数の使い方　157
3. 機関投資家がスマートベータ/ファクター指数に期待すること　162
4. リスクに対する処方箋　166
5. 相対リターンの向上　172
6. ファクター指数を用いた分散投資は現実的か？　176
7. アクティブ運用を代替するスマートベータ/ファクター指数　181
8. スマートベータを用いた資産負債管理　186

第7章　スマートベータ/ファクター指数の使用上の注意……………191

1. 美味しい話には裏がある……のかも　192
2. 指数のキャパシティと投資可能性　196
3. みんなが同じ指数を使うと何が起こるのか？　205
4. 指数選択では付和雷同を避ける　214
5. わが道を行くためのカスタム化指数　219
6. スマートベータをスマートに使いこなすには……　223

おわりに――海辺のスマートベータ　227
参　考　文　献　233
索　　　　　引　242

図表目次

図表 0-1	TOPIX をスマートベータに……………………………………	v
図表 1-1	スマートベータ 1 号と 2 号のパフォーマンス……………………	12
図表 1-2	スマートベータの位置付け…………………………………………	17
図表 1-3	スマートベータに関する狭義と広義の定義の概念図……………	21
図表 2-1	主な株価指数の有効構成銘柄数（ENC）…………………………	29
図表 2-2	時価総額ウェートと等金額ウェート：千代田化工建設の例……	32
図表 2-3	相関係数の低い 2 銘柄から構成されるポートフォリオ…………	38
図表 2-4	平均分散モデルの概念図……………………………………………	42
図表 3-1	等金額型指数の構成ウェート………………………………………	49
図表 3-2	多様性ウェート型指数：時価総額型と等金額型のブレンド……	55
図表 3-3	多様性ウェート型指数：投資上限のある時価総額型……………	56
図表 3-4	等金額型 TOPIX の業種別超過ウェート…………………………	59
図表 3-5	業種別に見たリスク・クラスタリング・ウェート………………	60
図表 3-6	ファンダメンタル型ウェート（経常利益）………………………	63
図表 3-7	等リスク寄与型指数、低ボラティリティ型指数、非相関型指数……	66
図表 3-8	5 銘柄の過去リターン、標準偏差、相関係数……………………	68
図表 3-9	最小分散型指数と最大シャープ・レシオ型指数の導出…………	69
図表 3-10	最小分散型指数と最大シャープ・レシオ型指数…………………	70
図表 3-11	平均化されたスマートベータ………………………………………	75
図表 4-1	5 銘柄から構成されたスマートベータの相対パフォーマンス………	82
図表 4-2	各スマートベータのパフォーマンス指標…………………………	83
図表 4-3	各スマートベータのリスク・リターンの関係……………………	84
図表 4-4	米国株におけるスマートベータのパフォーマンス………………	88
図表 4-5	米国株スマートベータの 4 ファクター・モデルでのリスク分解……	93
図表 4-6	米国株（1964年～2012年）に関する"逆さま"戦略のパフォーマンス……	99
図表 4-7	米国株（1964年～2012年）に関する"マルキールの猿"…………	101
図表 4-8	日経225のウェートをいじってみると……対 TOPIX の相対パフォーマンス

図表目次 xiii

	··	107
図表4-9	日経225：時価総額型、等金額型、逆数ウェート型の比較 ············	109
図表4-10	ファクター・エクスポージャーの減衰：リバランスの重要性 ········	113
図表4-11	Bernstein and Wilkinson の例：1926年〜1994年 ······················	115
図表5-1	米国株式におけるファクター・プレミアムの実証結果 ················	128
図表5-2	主要なファクター・プレミアムの実証研究 ······························	131
図表5-3	主要なファクターの経済的な裏づけ ······································	132
図表5-4	各ファクター・スプレッドの累積パフォーマンス ·····················	135
図表5-5	様々なベンダーから公表されるファクター指数 ························	138
図表5-6	分散化したファクター・ティルトと集中化したファクター・ティルト ···	144
図表5-7	5ファクター・スプレッドの単純平均を取った場合における累積パフォーマンス ··	146
図表6-1	米国株における標準的なファクターのリスク・リターン ·············	160
図表6-2	欧米の機関投資家がスマートベータを採用した理由 ···················	163
図表6-3	米国投資アドバイザーがスマートベータを利用する理由 ·············	165
図表6-4	最小分散型指数のテール・リスク ···	170
図表6-5	スマートベータ/ファクター指数をポートフォリオに活かす ·········	179
図表6-6	ノルウェー政府年金基金のリターンの分散属性 ························	182
図表6-7	アクティブ・ファンドのリターンの要因分解、ファクター指数による複製 ··	183
図表7-1	売買インパクト・コスト控除後のリターン ······························	193
図表7-2	TOPIX およびスマートベータ1号と2号のキャパシティ ············	198
図表7-3	米国株スマートベータの片側回転率（年間）····························	201
図表7-4	米国株ファクター指数の投資可能性 ······································	203
図表7-5	戦略指数連動 ETP の運用資産規模 ··	207
図表7-6	米国におけるスマートベータ ETF の運用資産残高 ···················	208
図表7-7	米国株におけるバリュエーション調整後のパフォーマンス（2005年Q3〜2015年Q3）·······························	212
図表7-8	TOPIX と日本株スマートベータの類似度 ······························	216
図表7-9	TOPIX と日本株スマートベータの回転率の比較（片側、年率）·····	218

第1章

スマートベータとは何か

1 スマートベータという名前が示すもの

　本書で取り扱うスマートベータなるものは何なのだろうか。

　せっかく読みはじめてくださった読者にいきなり定義を語りはじめることほど、無粋な筆運びはないとは思ってはいるが、これから語る内容をまずは定義しておくのがお作法らしい。[1]

　スマートベータという言葉は、ある特定の金融商品もしくは運用手法のことを指すマーケティング用語である。自然発生的に登場し、資産運用業界に定着した、要は流行り言葉にすぎない。だから、この言葉自体はそのうち廃れるかもしれないことも織り込みずみである。

　それでも、スマートベータというコンセプトにただのマーケティング用語以上の意味を感じられるからこそ、その用語が指しているはずの"ある特定の金融商品もしくは運用手法"とは何なのかを詳らかにし、その意義やこのコンセプトがもたらす影響について紹介していきたいと思う。冒頭でスマートベータ1号と2号の例をご覧に入れたが、投資家が自身の資産運用において、このコンセプトの恩恵に浴することができるとしたならば、「マーケティング用語な

---

[1]　最初に定義がないと何の話かわからないといって怒りはじめる人もいるらしいので、しかたあるまい。余談だが、そういうのは理系出身の人に多いらしい（あ、失礼）。文系の人（筆者もそうだ）のようにいい加減に（＝知ったかぶりをしたまま）読み進めてくれればもっと楽なのだが……。

ど掘り下げたところで意味はない」と切り捨ててしまうのは少々惜しいではないか。

スマートベータなるマーケティング用語が人口に膾炙(かいしゃ)するまでには、本書で解説しようとしている内容とほぼ同じものが別の表現で語られてきたし、スマートベータという言葉がおおむね業界に定着したいまでも、依然として複数の類義語が使われている。ベータが何を意味しているかはひとまずおいておくとして、スマートベータの類義語を列挙してみよう。

  Advanced Beta………進化したベータ、上級のベータ
  Alternative Beta……代替型ベータ
  Customized Beta……カスタム化したベータ、特注のベータ
  Efficient Beta………効率的ベータ
  Scientific Beta………科学的ベータ
  Strategic Beta………戦略的ベータ

などなどである。

それぞれの用語には名付け親の何らかの意図や想いが込められているはずなので、少し申し訳ないのだが、これらの名前で表される内容は、スマートベータなるものが指している内容とまったく同じか、非常に似ているものと言える。とりあえず、これらのすべてをまとめてスマートベータと呼んでしまっても差し支えはないだろう。[2] 多くのマーケティング用語の中から勝ち残って資産運用業界に定着したのが、スマートベータ（賢いベータ）だったわけだし、スマート（賢い）という言葉には、上記で使われている他の形容詞をすべて包みこむだけの懐の深さ（というか、抽象度の高さ、高度の曖昧さ）がある。

少々都合が悪いのは、スマートベータは多種多様な内容を含んでいることになり、その定義が包括的すぎることである。これが内容のわかりにくさ、伝わりにくさの温床となっているのかもしれない。あまりにも包括的で、意見が分

---

[2] もちろん、別の用語を使って些細な違いを強調したり、あえて区別したりするケースもあるだろう。例えば、Alternative には伝統的な市場ベータを代替する、Scientific にはより理論に根差した、というニュアンスが込められていると思われる。また、Strategic が使われている際には、複数の資産クラスや投資対象を組み合わせているケースが散見されることも特筆しておきたい。

かれる内容までが同じ言葉で語られているとしたら、侃侃諤諤(かんかんがくがく)の議論をしても不毛だろう。さらに、マーケティング用語である以上、このままほうっておくとスマートベータの定義は商売をする側の都合に合わせて拡張され、濫用されてしまう危険もある。何らかの既存の運用商品を、流行り言葉に便乗して売りさばけるように、スマートベータという言葉の定義が無理やり操作されるおそれもあるわけだ。やっぱり、整理が必要だ。

　以下では、先達によるいくつかの定義の試みを紹介しながら、本書において議論する対象としてのスマートベータの輪郭をより明確なものにしていきたい。もうスマートベータが何かはわかっていると自負される方や、定義ばかりを話しても中身がないと感じる向きは、本章は読み飛ばしていただいてもかまわない。ただ、本章ではスマートベータ1号、2号の正体を明らかにしながら、本書がどんな内容を中心に説明するのかを明確にしておきたいと思う。

2　スマートベータに関する広義と狭義の極端な定義

　スマートベータについて権威のある学術論文が明確な定義を打ち出してくれていればそれですむのだが、前述のようにこの言葉は元来がマーケティング用語である。したがって、その定義は、諸説紛々、甲論乙駁、百家争鳴、とにかく多種多様である。すべてを紹介するのも紙幅の無駄なので、まずは広義と狭義の両極端な定義を紹介しながら、心地の良い定義を探ることにしよう。

　最広義でスマートベータを表現したものは、おそらく、組織や人事、年金資産運用分野のコンサルティング会社であるタワーズワトソン（現、ウイリス・タワーズワトソン）の定義だろう。拙訳で恐縮だが、いわく、

「スマートベータとは、わかりやすく言えば、より良く構築することが可能な投資アイデアを特定しようとすること……スマートベータ戦略はシンプルで、安価で、透明性が高く、体系立てられたものであるべきだ。」[3]

　ん、いい投資アイデア？　いろいろな内容を1つの言葉に盛り込もうとする

---

3) Towers Watson (2013) を参照のこと。

から、定義自体はとても大きな器でなければならなくなってしまうのはわかる。しかし、定義としては、いくら何でも包括的にすぎるだろう。これではちょっといただけない。

ただし、この定義の後段でいう「シンプルで、安価で、透明性が高く、体系立てられたもの」という要件のようなものには注目しておきたい。スマートベータは、何か明確なルールで動いている投資アイデアであるべきだという意味である。

一方、狭義でのスマートベータの表現、というより、このカタカナ言葉を日本語訳にしたままの例を紹介しよう。最初に登場したのは『日本経済新聞』の記事ではなかったかと思うが、"賢い指数"だと言う。[4]

ここでベータは"指数"と翻訳されている。確かに指数（以下では、インデックスと呼ぶ場合もある）は明確なルールで動いている投資アイデアにはちがいない。これは確かにうまい意訳だと思ったが、どのように"賢い"かはともかく、この定義ではスマートベータなるものは何らかの"指数"であると特定されることになる。

『日本経済新聞』ではどうやら、スマートベータという言葉をかなり絞り込んだ定義で使っているようである。例えば、2013年11月10日の「きょうのキーワード」欄では、「スマートベータ指数」なるもの[5]について、

「時価総額に応じて銘柄を組み入れる従来型の株価指数ではなく、財務指標や株価の変動率などに着目して銘柄を組み入れる株価指数を『スマートベータ指数』と呼ぶ。日本経済新聞社と、日本取引所グループ、東京証券取引所が6日に発表した新指数「JPX日経インデックス400」（JPX日経400）のほか、MSCIが算出する『ジャパン・クオリティ指数』などがある。」

と説明している。

この定義では、大胆にもスマートベータは"株価"指数の一種であるとさらに絞り込まれており、しかも、具体的な指数の商品名が（自社指数も含め）例示されている。ある種の（株価）指数という具体的なイメージを持つことで理

---

[4] 田村（2014）を参照のこと。
[5] スマートベータを"賢い指数"と翻訳してしまっているのに、さらに「スマートベータ指数」と言ってしまうと、「"賢い指数"指数」になってしまう。あかんではないか。

解しやすくなるとは思うが、ベータを特定の株価指数に限定することに多少の強引さを感じるのは筆者だけだろうか。

やはり、ベータを指数（しかも株価指数）に限定してしまっていいのかどうかは、どうも腹に落ちない。では、何が「賢い」のかは、ちょっと後回しにして、ここでベータについて明らかにしておこう。

3　ベータとは何か？

ギリシャ文字だからといって身構えるほどのことではないが、ベータ（β）とは現代ポートフォリオ理論の用語である。だから学術用語として明確に定義されている。

ファイナンスの入門書に必ず登場する資本資産価格モデル（Capital Asset Pricing Model：以下、CAPM）は、「リスクのある資産の価格はどのように決まるのか」を説明するものだが、このモデルは、最も簡単に言うと「（一定の条件の下で）リスク負担した分に見合うリターンは得ることができる」ということを明らかにしている。

さて、ここで数式が苦手な人にはまず身構えていただくことになるが（といってもそれほど難しくはないので、じっくり眺めてほしいけれど）、それでもどうしてもダメという方は、数式をやり過ごして「つまり、ベータとは、……」で始まる次の段落に跳んでいただきたい。CAPMによれば、あるリスク資産 i の期待リターン R_i と市場の期待リターン R_m との関係は、

$$R_i = R_f + \beta_i(R_m - R_f) \qquad (数式1.1)$$

で表される。なお、R_f は無リスク資産のリターンを示している。ここで、リスク資産 i の値動きが市場 m の値動きに対してどの程度連動しているのかを示す指標としてベータは、

$$\beta_i = \frac{\text{COV}(R_m, R_i)}{\text{VAR}(R_m)} \qquad (数式1.2)$$

で表現される。分子のCOV（個別証券のリターンと市場リターンとの共分散）

は「個別証券のリターンは市場リターンに対して相対的にどの程度変動が大きいのか」を意味しており、分母のVAR（市場リターンの分散）は「市場リターンはそもそもどの程度変動が大きいのか」を意味している。この数式は割り算になっているので、ある個別証券の変動が市場とまったく同じであれば（数式1.2で分子と分母が同じ大きさである時には）、ベータの値は1となる。ベータの値が1より大きければ市場平均より値動きが大きく、その逆にベータの値が1より小さければ市場平均より値動きが小さかったことになる。

つまり、ベータとは、ある証券（銘柄）がベンチマーク（パフォーマンス測定の基準）となる市場[6]に対してどの程度の相対的なリスクを持っているかということを算定した指標、要は一種のリスク指標なのである。ベータは、ベンチマークのリターンに対するある銘柄のリターンの感応度とも呼ばれる。前述のように、CAPMは「リスク負担した分に見合うリターンは得ることができる」と言っているので、この理論が成り立っているならば、ベータの値が高ければ（低ければ）、それだけリスク負担は大きい（小さい）ことになり、それに見合うリターンも高く（低く）なるはずである。ただし、ベータで測ることができるのは市場全体との相対での変動の大きさであり、ベータが説明してくれるのは、あくまでも市場との連動部分に起因するパフォーマンスである。

個別証券への投資の場合だけではなく、いくつかの証券の組み合わせ（ポートフォリオ）のリターンを分析する場合でも同様である。CAPMはポートフォリオ（通常は、何らかの指数、ファンドなどの運用商品のかたちになっている）のリターンを説明する際にも使われる。例えば、株式ファンドの場合、市場全体の収益率の代理変数としてTOPIXなどの市場型の株価指数がベンチマークとして選ばれ、これに対してそのファンドがどれくらいベンチマークと連動した値動きをするかを示す数値としてベータが計算される。あるポートフォリオのベータを推定する方法にはいくつかの手法があるが、通常、

$$R_{i,t} - R_{f,t} = \alpha_i + \beta_i(R_{m,t} - R_{f,t}) + \varepsilon_{i,t} \qquad (数式1.3)$$

といったように、ポートフォリオの過去一定期間の投資収益率を市場全体（ベ

---

6) もしくは、リスク・ファクター、これについては後述する。

ンチマーク）の収益率と回帰分析することで推定した時の回帰直線の傾き（＝感応度）として計測される。[7]

なお、この推計式においてベータ以外にアルファ（α）というギリシャ文字が登場している。ベータが市場全体の動きに起因するリターンの説明要因であるのに対し、アルファはベータによって説明されないリターンを意味している。CAPM（数式1.1）が成立しているならば、リターンはベータによって説明されるので、アルファはゼロとなるはずである。ある証券もしくはポートフォリオに投資する場合に、ベンチマークを上回る収益率（超過リターン）があったとしたら、そのうちの投資対象に固有の特性に基づく部分をアルファが示してくれている。

あるファンドのパフォーマンスを評価するためにそのリターンを分析しているならば、ファンドが持っているアルファは（市場の値動きにかかわらず）ファンド運用者の技量によって生み出される利益（もしくは損失）を表すものとしてとらえられるだろう。ファンドのアルファが高いほど、ベンチマークの収益率を上回るリターンが高かったことを意味する。だから、アルファは運用者の運用能力を測る指標であるとも言える。

よく知られているように、ある資産クラスを運用する際には、運用者が与えられたベンチマークを上回る運用（アウトパフォーム）を目指すアクティブ運用と、与えられたベンチマークのパフォーマンスそのものを目指すパッシブ運用の2つがある。ベンチマークとしては、運用対象となる資産全体（＝市場）を表現する指数（インデックス）が選定される。これらの2つの運用方法に関して、アルファとベータはどんな意味を持っているだろうか。

アクティブ運用では市場（ないしは与えられたベンチマーク・インデックス）をアウトパフォームする運用内容が求められており、市場との連動部分であるベータに立ち向かいながらアルファ（超過リターン）を追求することが運用者の使命であると言える。

---

[7] 回帰分析とは、ある変数が他の変数とどのような相関関係にあるのかを推定する統計手法である。推定なので、（数式1.3）の右辺の末尾には誤差項 ε が付いている。同式で推定されるベータは過去のデータを基にして求められるので、これをヒストリカル・ベータと言う。

一方、パッシブ運用では、ベンチマーク・インデックスのパフォーマンスとまったく同じパフォーマンスを提供することが期待されており、ベータを忠実に再現することが運用者の使命である。パッシブ運用はベンチマークとして選定された指数そのものを再現する運用内容となるので、インデックス運用と呼ばれる場合もある。パッシブ運用（＝インデックス運用）で再現されるベータは、与えられたベンチマーク・インデックスのベータと同じものでなければならない。パッシブ運用が提供するベータの値は1になっているべきであり、この時には、ベータは運用対象である"指数"そのものを意味することになる。こうして"指数≒ベータ"という構図は確かに成り立つかもしれないが、もうおわかりのとおり、ベータの訳語が"指数"であるはずはない。ベータは与えられたベンチマーク（指数）に対する感応度を表すリスク指標なのだから。

4　賢いベータ vs ダメなベータ

ベータというリスク指標に"賢い"という形容詞を付したスマートベータという言葉は、マーケティング用語としてはうまくできている。しかし、リスク指標を賢いと呼ぶなんて胡散臭いと思う人がいても不思議ではない。こういう考え方のほうがむしろ正論かもしれない。実際、こうした胡散臭さがどこから来ているのかを真面目に議論するファイナンス学会の重鎮もいれば、この用語の胡散臭さを何とか払拭したいと（マーケティングの）努力をする業界人もいる。[8]

賢いベータと呼んでいる以上、暗に、賢くないベータなるものが他に存在していることをも匂わせている。少なくとも、それほど賢くはないベータ、普通のベータという概念は確実にあって、それに対して何か賢いと思わせるものを備えたベータがあるということだろう。では、何と比べて賢いのだろうか。スマートベータの裏側にダメなベータ（以下では、ダメベータと呼ぼう）[9] があ

---

[8] MPTフォーラム2014年6月度例会（2014年6月5日）では、スマートベータという語法に関して、学識経験者たちの間で真摯な議論が展開された。

るとしたら、それは何を指すのだろうか。

　繰り返しになるが、ベータとは、ある証券がベンチマークに対してどの程度の相対的なリスクを持っているかということを表す指標である。そして、前節で説明したように、ファイナンスの入門書でCAPMが紹介される際にまずベンチマークとされるのは市場リターンであり、個別の証券やポートフォリオのベータはやはり対市場で語られるものである。市場ベータを説明する際には、（十分な背景説明があるかどうかはさておき）ほとんどの教科書は、日本株ならTOPIX、米国株ならS&P500指数[10]といった市場型指数を市場リターンの代理変数として取り上げている。

　資産価格に関する実証研究の泰斗の一人であるウィリアム・シャープが、1964年に著した論文の中で表現した市場とは、個々のリスク資産を時価総額で加重して積み上げたものであった。[11] 株式市場でこれを考えるならば、個別銘柄の株価にその銘柄の発行済株式数を乗じたものを計算し、それを合計したもの（＝総和）を市場の全体像としてみなすということになる。時間の経過とともに価格は変動するわけだが、この時価総額の総和を指数として表したものが、いわゆる時価総額加重型の市場インデックスである。東証一部のみの銘柄を構成銘柄として時価加重して計算されるTOPIX、および米国市場の上位500社を構成銘柄とするS&P500指数のいずれもが、（必ずしも市場に存在する全銘柄をカバーしているわけではないものの）時価総額加重型市場インデックスの代表格であると一般に考えられており、CAPMとのそりがいい市場の代理変数とみなされている。市況を伝える株価指数としては、日経平均株価やダウ平均株価のほうがよく利用されており、そのゆえにTOPIXやS&P500よりも知名度は高い。それでも日経平均やダウ平均が、理論面で市場の代理変数として取り上げられることがないのは、225銘柄で構成される日経平均、30銘柄で構成されるダウ平均は市場全体を遍くカバーしているとは言いがたいという理

---

9)　ちなみに、英語ではdamn beta。ひどいベータ、とんでもないベータの意。音も似ているのでこれをダメベータと翻訳した（この訳語、ちょっと気に入っている）。

10)　**S&P500指数**：Standard and Poor's 社（現在はS&P Dow Jones社）が選別した米国市場の上位500社を構成銘柄として時価加重で計算される指数。以下、S&P500。

11)　Sharpe（1964）を参照のこと。

由もあるが、むしろ、これらの指数がダウ式と呼ばれる特殊な方法で計算される指数であり、理論が要請した時価総額型ではないからであろう。[12]

市場とまったく同じリスクを提供するはずの時価総額型市場インデックスを市場ベータと呼ぶとすれば、スマートベータの提唱者が暗黙の前提としているダメなベータとは、市場ベータのことになる。

そういえば、第2節で見た『日本経済新聞』によるスマートベータ指数の定義には、「時価総額に応じて銘柄を組み入れる従来型の株価指数ではなく」とあった。これに従うならば、スマートベータ指数は、時価総額加重型の市場インデックスであるTOPIXやS&P500ではないということになる。ここでも時価総額加重型市場インデックスであるTOPIXやS&P500がダメベータとして暗に想定されている。

もう一度強調しておこう。スマートベータを提唱する人たちは、理論では市場の代理変数として扱われる時価総額加重型市場インデックスにダメ出しをしつつ、それ以外に何か賢いものがあると言っているわけである。

5　スマートベータ1号と2号の種明かし

さて、このあたりで前章の図表0−1で紹介したスマートベータ1号と2号の種明かしをしよう。TOPIXは時価総額加重型[13]の市場型インデックスであるが、これをどういじったらスマートベータ1号と2号になったのだろうか？

前述したように、TOPIXは東証一部上場の全銘柄を構成銘柄として、時価加重して計算される。スマートベータ1号と2号はともに、TOPIXとまったく同じ銘柄で構成されている。だから、"有望銘柄"のみを選別してポートフォリオを組むアクティブ運用のように、ポートフォリオの顔ぶれによって1号と2号のパフォーマンスが向上したわけではない。

---

[12]　日経平均などダウ式のインデックスについては後述。第4章6節を参照のこと。

[13]　厳密には、浮動株調整済時価総額加重型。東京証券取引所は、2004年7月に浮動株調整型への変更を示唆し、その後、2005年10月31日、2006年2月28日、2006年6月30日の3段階に分けて、浮動株調整型へ移行した。

異なるのは、指数の加重方法である。TOPIXがその構成銘柄を時価総額加重しているのに対して、スマートベータ1号ではTOPIXと同じ構成銘柄を等金額で加重し、スマートベータ2号ではTOPIX構成銘柄の時価総額の逆数で加重した。

　等金額加重の内容は容易に想像できるだろう。1,800前後あるTOPIXの構成銘柄をそれぞれ等しい金額で保有することをイメージしてもらえばいい。時価総額が最大の銘柄も、最小の銘柄も投下する金額は同じなので、TOPIXとの相対では小型銘柄が大きく、大型銘柄が小さく評価されることになる。スマートベータ1号は、毎年1回、10月末時点のTOPIX構成銘柄を基準に指数の入替（リバランス[14]）を行って計算している。ちょっと手馴れた人なら構成銘柄情報を基にしてエクセルで計算できる程度の操作かもしれない。[15] この段階では、等金額加重という、こんな単純な方法が"スマート"なわけはないと思う向きもあるかもしれないが、たったこれだけの操作でもパフォーマンスが向上したことは既に見たとおりである。ちょっと哲学っぽくなるが、何が"スマート"なのか、もう一度その意味を考え直したいところである。こんな単純な方法がパフォーマンスを生み出しているからくりについては、第4章で掘り下げることにする。

　スマートベータ2号はもう少し複雑だ。といっても、複雑だから"スマート"ってわけじゃない。何度も述べたようにTOPIXの個別銘柄の指数構成ウェートは、各銘柄の時価総額の相対的な大きさで決まる。時価総額の大きな銘柄は大きく、小さい銘柄は小さく表現されるので、市場のありのままの姿を反映しているわけである。スマートベータ2号は、これに逆らって、各銘柄の時価総額をそれぞれ逆数にしたものを足しこんだ値で、それぞれの銘柄のウェートを計算し、このウェートで加重した指数を計算した（リバランスは毎年1回、10月末時点に行う）。つまり、スマートベータ2号では大きな銘柄が小さく、小さな銘柄が大きく表現されているわけである。この方法は、市場の

---

14)　**リバランス**：相場の変動により変化した投資配分の比率を調整すること。当初の比率を超えたものを売却し、比率が下がっているものを買い増しすることになる。

15)　実際の指数計算は、銘柄の入替や資本移動対応など細やかなメンテナンスが必要であり、それほど単純ではない。

	TOPIX	スマートベータ1号 (等金額型)	スマートベータ2号 (時価総額の逆数加重)
平均リターン	2.7%	8.6%	12.6%
標準偏差	17.7%	17.6%	22.0%
平均リターン/標準偏差	0.15	0.49	0.57
対TOPIXのベータ	—	0.92	1.00
対TOPIXの相関係数	—	0.91	0.80

図表1-1　スマートベータ1号と2号のパフォーマンス

(注)　計測期間は2000年10月末から2015年6月末（2000年10月末＝100）。
　　　円ベース、配当除く月次データを基に計算。
　　　年1回、10月末時点のTOPIX構成銘柄を基準に銘柄入替（リバランス）を行う。

　実勢をまったく反映していないどころか、まったく天邪鬼なやり方であるし、また、この（ちょっと変な）ウェートを正当化する理論上の根拠もない。強いて言うならば、"小型株はパフォーマンスが良い"という経験則的なオピニオンを強調してパフォーマンスを狙う、新たなインデックス商品の1つとしての意義はあるのかもしれない。理論的な根拠も希薄で、何か単純な思いつきで計算しちゃった感のあるこの方法を果たして"スマート"と呼んでいいのかどうか迷ってしまうほどである。それでも、既に見たとおり、等金額加重方式を採ったスマートベータ1号以上に、スマートベータ2号のパフォーマンスは向上している（図表1-1）。

　さて、スマートベータ1号も2号もともに、TOPIXをチョチョイといじっただけだということがおわかりいただけただろう。それなのに、こんなに簡単にパフォーマンスが"捻出"できるということは、それだけTOPIXがダメなベータだからなのだろうか？　1号と2号を作る出発点としてTOPIXを使い、時価総額加重という特徴から離れただけでパフォーマンスが良くなったわけであるから、確かに、TOPIX＝ダメベータ、という図式は成り立ってしまっている。時価総額加重型インデックスへのダメ出しが、スマートベータの出発点になっているとはいえ、そのいじり方はどちらも直感的には"スマート"とは思えない方法であった。どんな"からくり"がこの背後にあるのだろうか。このあたりをじっくり考えていくのが、スマートベータなるものを本質的に理解し、そのパフォーマンスの源泉を明らかにする鍵となるのだが、これはまた後ほど（第3章および第4章を参照）。

市場リターンの代理変数と呼ばれるほど普及している時価総額加重型の市場インデックスである TOPIX は、スマートベータ1号と2号の出発点であると同時に、そのパフォーマンスを測定する際の比較の基準（ベンチマーク）でもあった。こう記述すれば、時価総額加重型市場インデックスはダメなベータであると思う人などいないだろう。ダメかどうかを区別するのは、単にパフォーマンスが良いかどうかという判断基準だけのようである。時価総額加重型市場インデックスは、理論も重用する"真の"（市場）ベータである。スマートベータ1号と2号の議論において、パフォーマンスの判断基準となっている"ものさし"は、時価総額加重型の市場インデックスである。相対的に何か賢いと言っている、スマートベータは、あくまでも基準となる時価総額型の市場インデックスと対になっていなければ存立しえない。教科書が市場ベータとして取り扱っている時価総額加重型指数の重要性は微塵も失われていないことに留意してほしい。ダメベータは偉いのだ。

6　スマートベータとは？——本書における定義

本章ではここまで、最広義と最狭義でのスマートベータの定義を概観し、改めてベータの意味を確認したうえで、スマートベータが何に対して"賢い"のかを考えてきた。スマートベータ1号と2号をめぐる議論では、教科書に登場する市場ベータが時価総額加重型の指数で表現されているのに対して、単に時価総額加重型から離れるだけで、どうやらスマートベータ（っぽいもの）に近づけることもわかった。

そこで本書では、"時価総額加重ではない"という点を重視し、スマートベータの定義を「**非時価総額加重型の指数および指数連動商品の総称**」としたい。

"非"時価総額加重ということで、構成銘柄の時価総額を指数計算の基本とするところから離れてみることで、スマートベータの作り込みには様々な道が開かれてくる。つまり、時価総額加重"でなければ"いいわけであり、単一の概念ではまとめられない。マーケティング面では、抜群の（相対的な）パ

フォーマンスなどの投資家への訴求力、説得力があるならば、その内容は"何でもあり"の様相を呈している。一般にスマートベータとしてくくられているいくつかの有名な投資戦略を列挙してみると、ファンダメンタル型、最小分散型、最大シャープ・レシオ型、等リスク寄与型などと本当にたくさんある（第3章を参照）。さらに、これからも新しいアイデアが山ほど提案されることだろう。だから、本書の定義にも"総称"と入れることによって間口を広げている。こうしておけば、各論として代表的な戦略を個別に解説できるし、スマートベータとくくったうえでより普遍的な効能、功罪を語ることもできるからだ。

　スマートベータを指数のかたちで商品化したものは、既に実務でも利用されている。いくつかの主要な指数プロバイダーは、こぞってスマートベータの普及に取り組んでいる（鼻息荒く売り込んでいる、という意味）。本書では、データが比較的入手しやすいので、スマートベータというマーケティング用語をもって商業的に提供されるインデックス群が主な分析対象となる。ただ、指数プロバイダーの提供するインデックス群はそれそのものに連動した運用を目指す商品、上場投資信託（Exchange Traded Fund：以下、ETF）やパッシブ型投資信託などと直結していることがある。さらに、先に何らかの（売れ筋の）投資戦略をルール化し、それをインデックスにしたうえで、スマートベータと称して売る戦略もあるくらいなので、本書の定義では、単にインデックス群ではなく"指数および指数連動商品"という表現とした。他の定義（前述のタワーズワトソン社による定義など）では、"透明なルールに基づく体系化されたもの"などの表現が使われることも少なくない。定義にこの表現を用いると、暗黙の前提としてインデックスもしくはインデックスに連動するパッシブ運用（インデックス運用）の商品のみに限定されるような印象を与えてしまうかもしれない。しかし、いわゆるクオンツ運用などの（ある程度）ルール化されたアクティブ運用商品をスマートベータとして再定義するような業界の動きもあり、必ずしも指数やパッシブ運用だけがスマートベータと呼ぶべきものではないと考えられる。ただし、定義で"透明なルールに基づくかどうか"だけを強調しすぎると対象範囲があまりにも広くなり、「非時価総額型かどうか」という観点が希薄化する危険性があるので、本書ではやや定義を狭くしてみた。

7　本書では"スマートベータ"として取り扱わないもの

　スマートベータとはマーケティング用語である。それゆえにマーケティングするに足りうる資産運用上の中身がなければ、やれスマートだと連呼しても商品化がうまくいくとは思えない。より高いリターンやより低いリスク、(両方兼ね備えている場合は) 高いシャープ・レシオ (後述) など、何がしかの付加価値が盛り込まれたものでなければ、スマートベータとしての存在意義はないだろう。

　しかし、既に見てきたように、単に「スマート＝何か付加価値がある」ということだけを意味しているわけではない。スマートベータという用語が流行しはじめてから、コーポレート・ガバナンスやESG (環境・社会・ガバナンス) などのいわゆる非財務情報に基づく企業評価をインデックスに取り込んだものや、次世代エネルギーや発展途上国の消費などの投資テーマを指数化したテーマ型指数までが、単なる市場ベータではなくちょっと付加価値があるもの、としてスマートベータに含められるような議論 (というか、便乗商法) が散見されるようになった。スマートベータというマーケティング用語の神通力はそれなりに強力であり、市場型指数のサブ・インデックスと言える、単なるサイズ別指数や業種別指数に至るまで、スマートベータである、スマートベータ的なものである、これまでそうは言っていなかったが実はスマートベータとして分類できる、という売り込みまであると聞く。[16] これらのインデックス商品が何がしかの非時価総額型の加重方法で計算されているならば、本書の定義に合致するので分析対象として取り上げることに何も問題はないわけだが、こうした

---

16)　真偽のほどは定かではないが、あるヘッジファンドが絶対リターン確保を狙う自社のロング・ショート商品 (買い建て [ロングポジション] と売り建て [ショートポジション] を組み合わせた金融商品) をスマートベータとして年金基金に紹介しているという噂まである。以前、こうした商品は"ポータブル・アルファ"というコンセプトの代表例として紹介されていた。ちょっと前までは、ベータではなく、アルファとして紹介されていたはずなのに……。こういう状況を目の当たりにすると、既に「スマートベータの意味が拡散している」と言わざるをえない。

インデックスはある基準で銘柄スクリーニングを行った後に、それを時価総額型加重で保有するものがほとんどである。[17] したがって、こうした指数は、本書でのスマートベータの定義には当てはまらない。本書での定義は、スマートベータとは何であるのかを考察するために、あえて非時価総額型という特色に焦点を当てているからだ。もちろん、本書の定義だけが唯一絶対なものであり、本書の定義に従わないものはスマートベータと呼んではならないなどと不遜なことを言うつもりは毛頭ない。

　もうひとつ困ったことに、資産クラスをまたいで構築される、いわゆるマルチアセット型運用商品や、いわゆるバランス型の金融商品をスマートベータと呼ぶ向きもある。これらについても本書ではスマートベータとは呼ばないし、本格的に取り上げることもしない。市場タイミングに合わせてリスク資産とキャッシュの配分を決めるような戦略（戦術的アセット・アロケーション［TAA］と呼ばれるもの）、ある指数にレバレッジをかけたものや、カバード・コール戦略やショートを組み合わせて使うもの（先物やオプションなどのデリバティブ、ボラティリティ指数[18] などを用いるもの）も本書で扱う対象とはしない。これらは、市場タイミングをどのように戦略に活かすかを主眼としたコンセプトであり、指数の構築方法を時価総額加重以外の方法で行うと何か良いことがある、という本書の主旨とはかなり距離があるからである。もちろん、これらの戦略は"透明なルールに基づく体系化されたもの"であり、"付加価値がある"、何か賢そうなものであることは確かであり、その商品性を否定する気は毛頭ない。しかし、こうした戦略までをもスマートベータという言葉でくくってしまうと、結局は何の話をしているのかがわかりにくくなることを危惧せざるをえないので、本書では取り扱わないこととした。

　さて、スマートベータとして取り扱わない運用商品をここまで列挙してみたのだが、もしかしたら読者の中には、もっと広義のスマートベータを語りた

---

17) ESGやテーマ型などで何らかの銘柄選択をするならば、なおさら非時価総額型のウェートで指数の分散化を図るほうがよい（第2章を参照）。

18) **ボラティリティ指数**：投資家が資産価格の将来の変動をどのように想定しているかを表した指数。S&P500指数を対象とするオプション取引を基に計算されるVIXや、日経平均先物およびオプションを基に計算される日経VIなどが有名。

	インデックス（パッシブ運用）	スマートベータ	ストラテジック・ベータ	ダイナミック・ベータ	ダイナミック・アルファ	アクティブな銘柄選択（アクティブ運用）
ウェートのカスタム化	なし	あり	あり	あり	あり	あり
戦略のカスタム化	なし	なし	あり	あり	あり	あり
戦術的投資タイミング	なし	なし	なし	あり	あり	あり
焦　　点	下落を防止	下落を防止	下落を防止	下落を防止	上昇狙い	上昇狙い
運用者による銘柄選択	なし	なし	なし	なし	なし	あり
パフォーマンス測定基準	TE	IR	IR	IR	α	α

図表1-2　スマートベータの位置付け

（注）　TEはトラッキング・エラー、IRは情報レシオ、αはアルファ（＝対ベンチマークでの超過リターン）。
（出所）　Hoepner and Nummela（2015）.

い、いろいろな話が聞きたいと思う方もいらっしゃるかもしれない。非時価総額型に限定するなんて、あまりに狭義にすぎて、世間一般に言う「いわゆるスマートベータ」の実相をとらえていないという批判もあるかもしれない。そこで、パッシブ運用、アクティブ運用、スマートベータに加えて、いくつかの名称で語られる運用商品群の差を整理しておくことにした。

図表1-2では、左端のパッシブ運用から右端のアクティブ運用との狭間に、スマートベータに続いて、ストラテジック・ベータ（戦略のカスタム化＝何がしかの銘柄スクリーニング、を伴うもの）やダイナミック・ベータ（投資タイミングを狙うもの）、ダイナミック・アルファ（ベンチマークに対する超過リターンを狙うもの）といった、やや見慣れない名称が並んでいる。

これらは、いずれも"透明なルールに基づく体系化されたもの"としてイメージしてよく、ルールではなく運用者の判断、裁量で超過リターンを狙うアクティブ運用と対比されるものとして位置付けられる。それぞれの判定基準ごとに、名称の指し示す内容に違いが出ていることがおわかりいただけるだろ

う。同図表でスマートベータの位置付けを見ると、パッシブ運用に比べてウェートのカスタム化という基準だけが異なっており、本書での非時価総額型であるという考え方と整合的である。同図表と本書の定義では、スマートベータとは、指数の構成ウェートだけを議論するものとして、かなり狭義で位置付けられている。パフォーマンス測定基準の項目に目を向けると、純粋なインデックス運用ではどの程度指数に忠実な運用をしているのかという観点で、トラッキング・エラー[19]が重要な評価基準になるわけだが、スマートベータでは指数構成ウェートをいじったことでパフォーマンスにベンチマークとなる指数との差異が出てしまうので、この効能を評価するために測定基準が情報レシオ[20]に代わっているわけだ。

一方、図表1-2を右に移っていくと、名称もストラテジック（銘柄スクリーニング）、ダイナミック（投資タイミング）と何らかの付加価値が増えていく。スマートベータの定義をどこまでにとどめるのかは、こうした基準で線引きをすることができるのかもしれないが、概念説明のしやすさのために本書が選んだ定義は、同図表と同じ考え方に基づく最狭義の定義である。もちろん、人によっては、同表で言うストラテジック・ベータ、はたまたダイナミック・ベータまでをも、スマートベータに含めるだろう。世間的には、ここまで拡張したものが「いわゆるスマートベータ」なのだという主張もあるかもしれない。

なお、これまでの議論で既にお気づきかもしれないが、本書が分析対象として中核にすえるのは、株式をロング（買い持ち）する指数である。時価総額加重か、それ以外の方法かという議論は、他の資産クラス（例えば債券）でも十分に有効であるが、あくまでも説明の都合上、本書の分析対象はまず株式に限定しておく。また、これが本書執筆時点での実勢に即していると思う。今後は様々な資産クラスでスマートベータが登場する可能性は十分にあるが、その際には「非時価総額加重型」という基準を用いて定義するのは難しくなってくる

---

19) **トラッキング・エラー**：ポートフォリオのベンチマークからの乖離度合いを測るリスク尺度であり、通常はポートフォリオのリターンとベンチマークのリターンの差異の年率標準偏差で測定する。

20) **情報レシオ**：超過リターンをトラッキング・エラーで割った値。

かもしれない。どんな場合でも、スマートベータという呼称の後ろにある、戦略やメソドロジーが、いったい何と比べて"スマート"なのかを、きちんと考えることが重要になる。

8 「いわゆるスマートベータ」なるもの
―― 非時価総額型指数とファクター指数

　最近、ある年金基金の運用受託機関の募集に「ファクター・エクスポージャーを提供する非時価総額加重のインデックスをベンチマークとする国内株式パッシブ・ファンド（いわゆるスマートベータ）」との表現があった。[21] これによれば、「いわゆるスマートベータ」とは、①ファクター・エクスポージャーを提供する、②非時価総額型インデックスを（運用）ベンチマークとする、③パッシブ運用商品、であるとされているようである。つまり、本書と同じ定義（②）を採りつつ、それがファクター・エクスポージャーをもたらすという効果（①、後述するファクター指数を意識している可能性もあるが、そうは言っていない！）があり、インデックス運用商品で提供（③）されている、という構成になっている。

　指数のみを中心に議論すると、「いわゆるスマートベータ」は、あくまでインデックス運用（パッシブ運用）としてだけ位置付けているのではないかと思われるだろうが、必ずしもそうではない。2014年春に年金積立金管理運用独立行政法人（GPIF）は、国内株式ポートフォリオの一部でスマートベータ枠を設けいくつかの運用商品を採用した。[22] この枠はわざわざスマートベータ・アクティブとされているので、スマートベータは必ずしもパッシブ運用にのみ分類されるものでもないのだろう。アクティブ運用かパッシブ運用か、という分類自体を論じることは、スマートベータの特性を語るうえでは不毛な議論であると思われる。[23] ある指数のパッシブ運用を想起してみても、これを透明な

---

21)　全国市町村職員共済組合連合会「国内株式運用に係る運用受託機関の募集について」2015年9月8日。
22)　年金積立金管理運用独立行政法人（2014）を参照のこと。

ルールに基づく体系化された指数に連動するもの（インデックス運用）と考えればパッシブであるし、そのルール自体が市場インデックスに対して何がしかのアクティブな投資戦略を含んでいるという側面だけをとらえればアクティブだからである。もちろん、スマートベータをアクティブ、パッシブのどちらに位置付けるかは、むしろ運用評価や運用報酬の決め方、指数ビジネスの展開を考えるうえでは重要な論点になるだろう（第6章、第7章を参照）。年金基金が運用受託機関を募集する際に使う語法を見るかぎり、「いわゆるスマートベータ」とはとりあえず以上のような内容を含むものとして理解しておけばよいだろう。ただ、いたずらに定義を拡張することは避けるべきである。

一方、「ファクター・エクスポージャーを提供する」云々の①の内容については補足が必要だろう。最近、ファクター指数（第5章で詳述）と呼ばれるインデックス群を、スマートベータの中核的な存在として説明する文献も見られるようになってきたからである。しかし、本書ではファクター指数をスマートベータとは呼ばず、狭義のスマートベータの中には含めない。ファクター指数という立派な名称が既にある（しかも定義しやすい）のに、これをわざわざ曖昧なスマートベータの一角をなすものとして説明する必要がないからである。

本書では、スマートベータのパフォーマンスを説明する際に測定用のツールとして、スタイル指数ないしはファクター指数と呼ばれるものが登場するが（第5章）、ここでもスマートベータとファクター指数が別の概念として紹介されているほうが理解しやすいはずだ。また、商業的に提供されているファクター指数は、各ファクターに基づいた銘柄選択を行った後、これを時価総額加重するものもあり（これをスタイル指数と呼ぶ場合が多い）、"非時価総額型"というスマートベータの本書でのとらえ方に当てはまらない。ファクター指数（もしくはスタイル指数）をパフォーマンス測定のツールとして使うならば、ものさしとしては時価総額型であるほうがわかりやすいという意見もあり、ファクター指数が時価総額型で加重されていることもありうる。[24]

---

23) 分析の際に、データの入手の容易さには違いがある。一般に、アクティブ運用商品の詳細なデータは入手が難しい。逆に、パッシブ運用商品の場合は連動対象のインデックスの内容は透明であり、運用の巧拙はトラッキング・エラーを見れば容易に判定できる。

あえて誤解のないように言っておくが、本書は「ファクター指数をスマートベータと呼ぶのは間違いだ」と主張しているわけではない。ファクター指数構築の際に指数構成銘柄のウェート方法をファクター加重型や等金額型、マルチ・ストラテジー型（いくつかの加重方法を組み合わせたもの）などにしているものは、非時価総額型指数であるがゆえに狭義のスマートベータとしての条件をも満たしている。また、ファクター指数をいろいろな方法で組み合わせたもの（マルチ・ファクター指数。第5章で詳述）も登場しているが、非時価総額型の加重方法が持ち込まれている以上、本書で言う狭義のスマートベータに

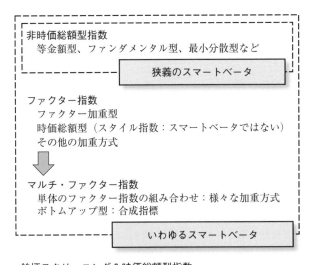

図表1-3　スマートベータに関する狭義と広義の定義の概念図

---

24) なお、大型と小型、バリューとグロース、モメンタムとリバーサルなど相対するファクター指数の差分を採ったものは、ファクター・スプレッドと呼ばれるが、本書では、これらを指数にしたものに言及する時は、これをファクター・スプレッド指数と呼んで区別する。本書ではいわゆるスタイル指数（大型と小型、バリューとグロースの2つを取り上げたもの）と時価総額型のファクター指数は特に区別しない。

該当するわけだし、これらをマーケティング上、スマートベータと呼んだり、含めたりするのは一向にかまわない。ただ、あくまでも概念整理のしやすさから、本書ではスマートベータ（狭義：非時価総額型指数）とファクター指数という2つの名称を区別し、一般にこの2つを包含したコンセプトを「いわゆるスマートベータ」として広義のスマートベータとして語ることにしたい（図表1-3を参照）。

さて、定義の話にいろいろな論点を盛り込んでしまったので、長くなってしまった。次章以降では、非時価総額加重型の指数としてとらえられる狭義のスマートベータとは何か、それにはどのような特徴があり、その存在価値は何か、についてより具体的に見ていこう。

第2章 スマートベータへの道

「非時価総額加重型指数群の総称」という（狭義の）定義に従うならば、スマートベータの出発点は時価総額加重方式から離れることであると考えるべきだろう。本章では、どのようにしてスマートベータが（自然発生的に）登場したのか、その論理展開の道筋をたどってみよう。そのためには、時価総額加重型（以下、時価総額型）市場インデックスの何がダメで、これを"非"時価総額型指数に変えることで何が得られるのか、をまず考察したい。定義から言えば、"時価総額で加重していなければ"どんな指数でもスマートベータとなりうるので、可能性は無限にあるはずである。時価総額型には何がしかの課題があり、一般にスマートベータとして認知されつつある代表的な投資戦略はこれらの課題を克服すべく発展してきたとされている。だから、まず時価総額型の課題を明らかにすることがスマートベータを理解するうえでも重要な鍵となる。

1 時価総額型市場インデックスの何がダメなのか

さて、TOPIXやS&P500などの時価総額型市場インデックスからどうして"離れる"必要があったのだろうか。理論が要請するベータを計測するために重要なのはむしろ時価総額型の市場インデックスであり、時価総額型がダメなわけがないと考えるのが普通だろう。[1] 1975年にヴァンガード社がS&P500に連動するパッシブ型ミューチャル・ファンドを世に出して以降、市場型イン

デックスに連動するインデックス・ファンドは徐々に投資家の支持を集め、2000年代以降のETF市場の急成長を支える中核的な存在となった。インデックス連動型のパッシブ型運用商品が増加すると、今度はこうした商品を対象とする実証分析の蓄積が進み、市場連動のインデックス・ファンドは、アクティブ型のファンドをアウトパフォームすること（アクティブ型のファンドが市場連動のインデックス・ファンドに対してアンダーパフォームとなること）を多くの文献が指摘するようになった。アクティブ運用者にとってこの少々悲しい事実は、アカデミズムの世界ではもはや定説となってしまったと言っても過言ではない。[2]

　実務面でも、インデックス・ファンドに対して高評価を与える投資家は多い。投資タイミングを自分自身で探っている、市場ベータのみを欲するパッシブ志向の個人投資家にとっては、時価総額加重の市場型指数が最も利便性の高い指数ということになるだろう。いつ投資をし、いつ売却をすればよいのかがわかりやすいからである。言うまでもないが、個人投資家にとって（これは機関投資家にとっても）、売買手数料や信託報酬の面でコスト的に安価である点もまた魅力となっている。市場は効率的である、市場は間違っていない、という信念、いや、もう一歩踏み込んでCAPMが成り立っているという理論的な考えを持っている投資家であればなおさらのこと、迷わずインデックス・ファンド投資を選択するだろう。

　その一方で、アクティブ運用の信奉者ももちろんいる。彼らが市場は非効率的であると主張する論拠は、ミスプライシング（特に銘柄のレベルで何らかの理由から誤った価格付けがなされること）の存在やバブルの発生などである。市場は間違っているので市場ベータを打ち負かすことができる、したがってアクティブ運用に勝機がある、という信念（茶化すわけではないが、淡い期待と

---

1) ただし、ここでもTOPIXやS&P500のような著名な市場型指数が果たして理論が要請する「真の」ベータかどうかを議論したがる論客も少なくない。Grinold (1992) は5カ国の市場型指数の効率性を検証している。米国株ベンチマークについてはEnderle et al. (2003)、日本株ベンチマークに関しては徳野 (2010) などを参照のこと。

2) ミューチャル・ファンドを中心とした投資信託のパフォーマンス分析に関する文献サマリーについては、Ang (2014) の16章を参照のこと。

言うべきかもしれない）があるわけだ。しかし、先述したように、多くのアクティブ型運用商品が少なくともコスト控除後では市場インデックスをアンダーパフォームしていることが実証研究からは明らかになってきたため、残念ながらアクティブ運用には分がないのが現状というところだろうか。Grinold (1992) は、米国（市場インデックスとして S&P500、以下同様）、日本 (TOPIX)、イギリス（FTSE All-Share 指数）、ドイツ（DAX 指数）、オーストラリア（All Ordinaries 指数）の5カ国の代表的な市場インデックスの効率性を検証し、ドイツ以外の4カ国の指数が非効率であり、アクティブ運用に勝機があると結論付けている。市場の代理変数としてのベンチマーク・インデックスは非効率であることを実証したこの研究は、（時価総額加重型）市場ベータはダメなベータであるという主張を支えるものであると言えよう。ただし、仮に市場ベータがダメなベータであったとしても、アクティブ運用のパフォーマンス測定の基準（＝ベンチマーク）となっているのはやはり時価総額型の市場インデックスなのであり、市場ベータがダメだからアクティブ運用するほうが良いという主張になるということである。

　パッシブ運用では時価総額型市場インデックスが投資対象そのものであり、アクティブ運用のベンチマークも時価総額型市場インデックスが指定される。時価総額型市場インデックスのベンチマークとしての重要性は何も変わらないはずなのに、どうして時価総額型の市場インデックスは、スマートベータの議論の中で（暗黙の前提だとしても）ダメ扱いされるのだろうか。スマートベータ1号と2号の実験では、構成銘柄が同じでも時価総額加重とは違う方法で加重すれば、指数のパフォーマンスは確かに向上した。このことは時価総額加重という方法に問題があったことを示しているのだが、どこがまずいのだろうか。

　スマートベータの優位性が強調される文脈で、時価総額型市場インデックスがダメ出しされる点は、下記のように要約されるだろう。大変申し訳ないけれど、TOPIX や S&P500 などの代表格の市場インデックスをイメージしながら考えてもらえば、時価総額型インデックスのダメな点がよくイメージできるかもしれない。

(1) 時価総額加重方式で指数が構成されるということは、株価が上がって時価総額が大きくなった銘柄には構成ウェート（その銘柄への投資配分）が

大きく、逆に株価が下がった（もしくは、他に比べて株価が上がっていない）銘柄には構成ウェートが小さく配分される。この結果、構成ウェートは少数の特定銘柄に集中することになり、時価総額型指数はどうしても大型株に偏った指数となってしまう。

(2) (1)に関連して、株価が上昇した銘柄（割高になった銘柄）を構成ウェートで大きく持つということは、指数自体が割高になる可能性をも示唆している。

(3) 単に時価総額という基準のみで指数（この場合は市場全体を表すポートフォリオ）が構築されるので、構成銘柄間のリターンの相関はまったく考慮されない。理論上、相関を考慮したポートフォリオを構築すれば、ポートフォリオ全体のリスク水準を下げる余地がある。これは、(1)、(2)とは別種の課題である。

以下では、この3つの時価総額加重型指数に対する批判について、個々に検討しよう。

2　時価総額上位銘柄への集中

時価総額加重型指数への批判として、まず、第1節の(1)で指摘した少数の特定銘柄への構成ウェートの集中の問題を考えてみよう。TOPIXの時価総額上位銘柄はと聞けば、トヨタ自動車、NTT、三菱東京UFJ銀行などと、すぐにいくつかの銘柄をあげることができるだろう。逆に、TOPIX構成銘柄のうち時価総額の最も小さい銘柄は何か、というクイズを出したら答えられる人はほとんどいないだろう。[3] 株価はつねに動いているので、（東証の関係者でも）時価総額最下位の銘柄を日次で答えられる人はそうそうはいまい。時価総額型指数は、その性質上、大型銘柄（大型株）に偏ってしまい、指数の構成ウェートに占める上位銘柄の集中度合いが高くなる。

---

3) このクイズの答えは、2014年12月末時点ではピクセラ（時価総額は6.7億円）だった。同社はビデオ・キャプチャーやワンセグ・チューナーなどのPC周辺機器製造企業。2015年2月1日より東証二部に市場変更となり、TOPIXから除外された。

大型株偏重は、逆に言えば、指数構成銘柄のうち最も小さな銘柄への投資配分が相対的に極端に小さくなることを意味する。そうであるとすると、小型株を指数に組み入れしても指数全体としての投資成果を考えるうえではあまり意味がない。大海にスプーン一滴といった感じで、ほとんど入っていないのだから。仮に、時価総額が小さい銘柄のパフォーマンスが年率で1,000%であったとしても、その構成ウェートが0.001%であれば、指数は0.01%しか押し上げられない。一方、構成ウェートが1％の銘柄の株価が年率で10％上昇すれば、指数は同0.1％押し上げられる。このように、時価総額加重型指数であれば、指数のパフォーマンスの大部分は時価総額上位の特定銘柄（大型株）のパフォーマンスで決まってしまう。銘柄によって株価はバラバラな動きをするものであるが、大型株に偏った集中度の高い指数のパフォーマンスは、当然ウェートの高い大型株の騰落率に大きく左右される。また、市場全体が急落や急騰する時には、どうしても大型株に一気に連動する傾向が出てしまう（これは後述する相関の見落としにも関連している）。リスクも大型株に偏ってしまっているわけだ。

　指数が大型株に集中している度合いを示す指標として、有効構成銘柄数（Effective Number of Constituents：以下、ENC）を紹介したい。[4] ENC はある指数の採用銘柄のうち何銘柄を保有すれば、その指数を持つ場合と実質的にほぼ同じ分散効果が得られるのかを示す指標である。計算に必要なデータは、指数構成銘柄のウェート W_i のみである。ある時点の ENC の計算方法は、

$$\text{ENC} = \left(\sum_{i=1}^{N} W_i^2 \right)^{-1} \qquad (数式2.1)$$

つまり、各構成銘柄のウェートを二乗したものの総和を逆数にしたものである。[5] ENC を理解するために、2銘柄のみで指数が構成されると極端に単純化して考えてみよう。もし、この2銘柄の時価総額が等しく、したがって指数構

4）　Stoyanov and Hoff（2013）を参照のこと。商業的に提供されるスマートベータを含むいくつかの日本株指数の ENC については徳野（2014年2月）を参照のこと。

5）　指数構成ウェートの集中度を測るこのコンセプトは、ある産業の市場における寡占状況を測るハーフィンダール・ハーシュマン・インデックス（Herfindahl-Hirschman Index）と同じ考え方に基づく。

成ウェートも等しいならば（つまり、この指数は2銘柄からなる等金額型指数である場合）、ENCは、一方の銘柄のウェート0.5を二乗して0.25、2銘柄分の総和が0.5、次にこれが逆数になるのでENC＝1÷0.5＝2となる。つまり、2銘柄からなる等金額型指数の場合には、2銘柄とも保有しなければこの指数と同じ特性は得られない（という当然の結果がENCによって確かめられる）。次に、この2銘柄のうち、時価総額の大きい銘柄の指数構成ウェートが99.99％で小さいほうの構成ウェートが0.01％となるような、時価総額が極端に偏る2銘柄からなる時価総額型指数の場合ではどうだろうか。この場合、ENCはほぼ1（正確にはENC＝1.0002）となる。構成銘柄は2銘柄あるが、大きいほうの銘柄だけ保有すればこと足りるだろう。

極端な例でわかりやすくなったと思う。ENCが小さければ（1に近ければ近いほど）、時価総額が大きな特定の銘柄に集中したポートフォリオとして指数が構築されていることになり、ENCが大きければ大きいほど（指数を構成する銘柄数に近ければ近いほど）、指数構成銘柄を均等に保有するかたちで指数が構築されていることになる。前者の場合は、特定の銘柄に構成ウェートが集中している集中度の高い指数である。後者の場合は、構成銘柄が分散化（非集中化）された指数と言える。時価総額型指数は集中度の高い指数の典型であり、構成銘柄数がnの時に指数構成ウェートを$1/n$（銘柄数分の1）と決める等金額型の指数は分散化（非集中化）された指数の典型である。

図表2-1では、いくつかの主要な指数の有効構成銘柄数（ENC）を見てみよう。

2014年3月末のTOPIXのENCは130で、全構成銘柄1,781のうち、その7.3％の銘柄数を保有すれば、TOPIXを持つ場合とほぼ同様の分散化が図られる。ENCの実際の構成銘柄数に対する比率（以下、ENC比率と呼ぶ）を見ると、TOPIXのそれは小さく、他の日本株指数に比べて集中度が高い指数であることがわかる。同じ市場型指数でも、JPX日経400指数やMSCI Japanのように構成銘柄数が数百まで絞り込まれると、大型株同士がほぼ横並びで背比べしているような指数イメージとなり、小型株を含むTOPIXと比べるとより分散化した指数となる。DAX30やCAC40の例を見てもわかるように、その国を代表する市場型指数でも銘柄数が絞り込まれていれば、小型株を含む総合指数に比

日本株指数	銘柄数	有効構成銘柄数	ENC 比率
TOPIX	1,781	130	7 %
R/N プライム	1,000	136	14%
JPX 日経400	400	136	34%
MSCI Japan	320	92	29%

米国株指数	銘柄数	有効構成銘柄数	ENC 比率
S&P500（大型）	500	148	30%
S&P400（中型）	400	316	79%
S&P600（小型）	600	420	70%
S&P900（大型・中型）	900	176	20%
S&P1000（中小型）	1,000	572	57%
S&P1500	1,500	190	13%
Russell1000（大型）	1,016	187	18%
Russell2000（小型）	1,976	996	50%
Russell3000	2,992	221	7 %

各国株指数	銘柄数	有効構成銘柄数	ENC 比率
FTSE100（イギリス）	101	39	39%
CAC40（フランス）	40	21	53%
DAX30（ドイツ）	30	18	59%
EUROSTOXX50（EU）	50	38	76%
HangSeng（香港）	48	18	38%
S&P ASX200（オーストラリア）	200	25	12%

図表 2-1　主な株価指数の有効構成銘柄数（ENC）

(注)　有効構成銘柄数（ENC）は銘柄 i のウエイトを W_i とすると、$\text{ENC} = \left(\sum_{i=1}^{N} W_i^2\right)^{-1}$ と定義される。2014年3月31日時点。

べて ENC 比率は大きくなる。

　米国の S&P500（ENC=148）は大型株で構成される指数であり、中型の S&P400、小型の S&P600を合わせた総合指数である S&P1500の ENC は190である。S&P1500の ENC 比率は13%なので、米国でもやはり市場型指数の集中度は高いことがわかる。米国の年金基金がベンチマークとして利用している Russell3000で見てもこの結論は変わらない。ただし、日米比較、海外比較で見ると、やはり日本の総合指数である TOPIX の集中度が高いことがわかる。

　主要な市場型指数の ENC（および ENC 比率）を見てみると、時価総額型指数の集中度はどの市場においても高い。[6] 構成銘柄数が1,000を超える指数の場合には、ENC は100以上、せいぜい200程度であり、市場型指数で数多くの銘

柄に"分散"投資しているつもりでも、実際の投資成果は、上位の百数十銘柄に集中投資しているのとそれほど変わらない。実質的に投資している銘柄数が少ない、特定銘柄に集中して投資している、ということは、ファイナンスの教科書的なコメントで言うならば、リスクが高い。

　時価総額で加重する方法から離れて、集中度が高くなっている指数を、例えば、等金額加重に変更すると（これがまさにスマートベータ1号である）、全構成銘柄が指数に等しく影響するような状況になる。[7] 構成銘柄が仮にまったく同じであっても、指数構成ウェートをいじって、本書の定義に忠実にしたがって非時価総額型に変更すると、スマートベータになりうる（集中度の高い指数から、より分散化した指数に変わると言うべきだが）。後述するが、ウェートのいじり方は、必ずしも、等金額加重だけでなく等リスク加重など、ほかにもいろいろな考え方がある。逆に、ダメベータをスマートベータ化したいならば、集中度の高い指数を対象とするほうが、その効果が得られやすいと考えられる。国際比較でも集中度が高いことが判明したTOPIXはスマートベータの出発点としては好位置にある（これが、必ずしも褒め言葉ではないことはもうおわかりだろう）。そのビフォー・アフターにはギャップが大きい可能性があるということだ。

3　割高な時価総額型指数

　構成銘柄数が n の等金額型指数を考えてみると、構成ウェートは単に n 分の1で決まっているので、組み入れ銘柄の時価総額、つまりその銘柄の株価がいくらなのかなどまったく考えられていない。というより、何銘柄をこの指数

---

[6] 市場型ではあるが、ダウ平均や日経平均のENC比率は大きい。これらの指数はダウ式（株価平均）で計算されるため、時価総額加重ではない（第4章6節で詳述する）。

[7] 等金額加重型であるスマートベータ1号のENCは（定期入替［リバランス］時点では）構成銘柄数と等しい。リバランス後には各銘柄の株価が変動するため、次のリバランスまでの間は「ENC≒ほぼ構成銘柄数」（端数を切り捨てると構成銘柄数よりも1、2銘柄少なくなる）という状況になる。

に採用するのかという指数の事情だけが構成ウェートを決める唯一の要素であり、組み入れられる銘柄の実情はまったく考慮されない。株価どころか、組み入れられる銘柄の財務状況や生産性、ブランド力などはまったく無視されているわけであり、その企業の関係者に対して失礼ではないのかとさえ思えてくる。$1/n$で決まる、無責任ではないかと思えるほどに平等なウェート配分である。これとは対極的に、時価総額型指数では、指数構成ウェートと株価（しかも時価）があまりにもきちんとリンクされている。

　ここで、「株価（時価）がつねに正しい企業価値を反映している」と考えるならば、時価総額型指数から離れる理由はないだろう。逆に、「株価は時として誤ることがある」と考えているならば、時価総額加重を捨てて、等金額加重でも、あるいは何かそれ以外の方法でも、ウェート方法をいじってみるほうがいいように思えてくる。誤って株価が上昇しているかもしれない銘柄に投資するのは、誰でも嫌だろうからである。特に何も考えずにインデックス投資をはじめたとしても、実は誤って株価が上昇してしまっている割高な銘柄がインデックスに組み入れられているとしたら、インデックス連動の投資成果には、この割高な銘柄の影響が必ず及んでいるのも嫌な話だ（しかも、そのことに気づくのはもっと後になるので、もっと嫌な思いをするだろう）。

　ほんの一例にすぎないが、図表2-2でTOPIXの構成銘柄である千代田化工建設の株価とその構成ウェートの推移を見てみよう。構成ウェートの違いを比較するために、TOPIXを仮に等金額加重した場合の同銘柄のウェートを表示してある。等金額加重の場合、毎年、構成銘柄数（約1,800）分の1がウェートとして割り当てられるので、0.06％程度でほぼ一定となっている。一方、時価総額加重ウェートは、相対的な時価総額の大きさで決まるので、同社株の変動に加え、他銘柄の株価変動の影響をも受けながら、変動している。この期間の同社株の値動きが正しかったか、間違っていたかは、図からはまったく判断できない。[8] 同社の企業価値を類推する情報はこの図の中に何もないからである（強いて言うなら投資家の評価としての株価だけである）。図からわかるの

---

8) 同社株を例として選んだのは、同社のTOPIX構成ウェートが過去数年間0.06％（構成銘柄数［約1,800］分の1）をはさんで大きくウェートが変動していた好例だったからである。つまり、説明しやすさのためだけで同社株を選んでいるのであり、他意はない。

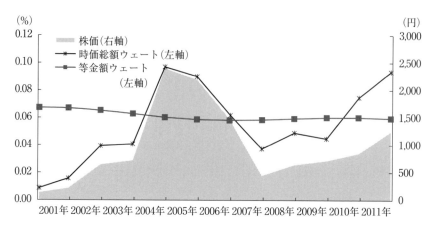

図表2-2　時価総額ウェートと等金額ウェート：千代田化工建設の例
（注）　2000年12月から2011年12月。年次データを基に作成。

は、2001年から堅調に上昇し、2008年に急落してその後持ち直している、という同社の株価推移のみである。

　ここで、2つの指数構成ウェートの差に着目して考えてみよう。この銘柄の株価がまだそれほど上昇していなかった2004年ごろまでは、等金額ウェートが時価総額ウェートを上回っていたので、この時期には（仮想の）等金額型TOPIXは（通常の）TOPIXに比べてその銘柄に相対的に多く投資（オーバー・ウェート）していたことがわかる。株価が上昇して時価総額加重ウェートのほうが大きくなった2004年から2007年の間には、等金額型指数はTOPIXに比べて相対的に少なく投資（アンダー・ウェート）していることがわかる。株価急落後は、再び等金額ウェートが時価総額ウェートを超えるオーバー・ウェートの状況に転じている。時価総額ウェートは株価変動にきちんとお付き合いしているわけであり、この時には、この銘柄への投資スタンスとしては順張りになっている。一方、等金額型ウェートでは、TOPIXとの対比で相対的に株価が低い時に投資し、高くなる時には投資しない、いわば"安値で買って高値で売る（buying low, selling high）"逆張りを自動的にやってくれているわけである。

　時価総額型指数のような集中化した指数の場合には、誤った株価変動があると始末におえない。株価が上昇して構成銘柄ウェートが上がってしまった銘柄

に順張りで投資をし続け、株価が低迷して構成ウェートが低いままの銘柄には（やはり順張りで）少ししか投資をしないということになってしまう。こういう場合は、割高な銘柄も割安な銘柄も全体の$1/n$ずつ平等に保有する等金額型指数のほうが有利である。

　何らかの理由で時価総額型のインデックスそのものが割高になってしまうと、パフォーマンス測定の基準となるベンチマークが割高になってしまうわけだから、そもそもインデックス投資自体のパフォーマンスを上げるのも困難になるだろう。前述したGrinold（1992）では、分析対象となった日米英独豪5カ国のすべての市場において、割安株のポートフォリオがおのおのの市場型指数をアウトパフォームすることが指摘されている。[9] 逆に言えば、時価総額加重で計算される市場型指数は相対的に割高になっていることを意味している。

　Fama and French（1992, 1993）によって、割安株や小型株が市場型指数に対してアウトパフォームする傾向が指摘されて以降、企業規模に着目したサイズ別指数、株価純資産倍率（Price to Book value Ratio：以下、PBR）などで計測したバリュー指数、グロース指数などの市場インデックスに代わるベンチマークが利用されるようになった。1990年代後半には、Russell社のスタイル指数（サイズ別指数とバリュー指数、グロース指数）が登場し、年金運用の分野で利用が広まり、機関投資家運用にとってのデファクト・スタンダードとなった。同社のスタイル指数、特にバリュー指数は長期では対市場でアウトパフォームすることが知られている。ただし、同社のスタイル指数では、構成銘柄を浮動株修正ずみ時価総額でランキングしてサイズごとに区分し、一定のルールに従いPBRを用いてバリューとグロースに区分した後の、構成銘柄のウェート方法は時価総額加重であった。[10] 時価総額加重を行ってしまうと、第1節(1)で議論した特定銘柄への集中の問題が再び生じる可能性がある。つまり、せっかく割安株を選出したにもかかわらず、それを時価総額加重したために、結局、ポートフォリオを割高にしてしまうのである。指数のデザイン（設

9）　このほか、小型株のポートフォリオは日米では効果があるものの他市場では効果がない、モメンタム（過去パフォーマンスの良い銘柄に順張り）は米英豪では効くが、日独では効かない、などの指摘もある。この後、数多くの実証研究で類似の結果が得られており、各市場における定型化された事実になりつつある点は興味深い。

計）としては、果たしてここで時価総額加重を持ち込んで良かったのだろうか？　これは、なかなか難しい論点である。[11]

　"真の"企業価値は急に変動したりはしないはずだが、株価（時価）は時間とともに変動している。株価はつねに正しいのだろうか？　株価は"真の"企業価値を推定する値として適切なのだろうか？　こうした問題に真正面から取り組みながら、時価総額に代わる、何か企業価値を表す別の指標で加重したインデックスを作ってしまおう、というアイデアを提唱したのが Arnott et al.（2005、2009）であった。ファンダメンタル・インデックスと呼ばれるものである。資産運用業界に定着した彼らの手法では、経済指標、財務指標の中から、時価総額に代わる企業規模に関する指標を探りあてる作業が行われる。彼らがたどり着いたのは、①売上高、キャッシュフロー、株主資本、配当の4つを総合した指標を作成し、②これを企業規模（経済活動の規模）の代理変数と考えたうえで、個々の企業についてこの指標値を計算し、③指数に組み入れるすべての銘柄の指標値を集計してそれぞれを相対化することによって、指数構成ウェートを導き出す、という手法であった。個々の構成銘柄の指標値は各企業の決算期ごとに計算可能ではあるが、株価のように日々（毎秒）変化するわけではないので、指数を定期入替（リバランス）した後は固定的な構成ウェートが保持される。時価総額型指数との相対では、等金額型指数と類似の逆張り投資の効果が生じる。

　等金額型指数であっても、相対的に割高になってしまっている市場型インデックスに、逆張りしながら勝てる可能性があることは既に述べた。しかし、等金額型は、元来、市場型指数の割高感に対して何らかの措置を講じるための手法として登場したわけではないし、逆に企業のファンダメンタル面には何の

---

10)　これをスマートベータと呼ぶ向きもある。Agather（2013）などを参照。小原沢（2014）では、時価総額加重型のスタイル指数や特定の基準で銘柄を絞った指数について「以前から存在しており、スマートベータという新語に改めて関連づけられたもの」としている。本書では、非時価総額加重型であることをスマートベータの定義の重要な部分と考えているので、スタイル指数は本書で言うスマートベータとしては取り扱わない。第5章で詳述するように、スタイル指数はむしろファクター指数、もしくはそれに類似するもの、同質のものと考えるべきである。

11)　Hsu（2014）を参照のこと。

評価（関心）もない手法であった。これに対し、Arnott et al.（2005、2009）のファンダメンタル・インデックスは、等金額型のように単に集中度の高い指数を分散化するだけではなく、割高となっている市場型指数を企業価値（企業規模）の代理変数で加重することによって、企業のファンダメンタル面をも考慮したバリュー投資を可能にする手法として登場した。ファンダメンタル・インデックスの加重方法は間違いなく非時価総額型であり、本書でのスマートベータの定義によく当てはまる。これこそがファンダメンタル・インデックスがスマートベータの先駆けと言われるゆえんであるが、ここでは割高になった時価総額型から離れるべきとの考え方が出発点となっていた。

4 構成銘柄間の相関の見落とし

さて、時価総額型指数に対する批判のうち、第1節(3)構成銘柄間の相関の見落としについて考えてみよう。これは、(1)大型株への集中、(2)割高な指数、とはまったく別種の問題である。つまり、(1)と(2)における批判では、時価総額という構成銘柄の順位付けと構成銘柄ごとに割り当てられるウェートの相対的な大きさのみが問題になったわけであるが、これでは、ある銘柄が指数のどの位置にどの比重で「いる」のかという点にしか焦点が当てられていない。(3)の構成銘柄間の相関の見落としとは、指数の構築において、銘柄間の株価変動がどの程度に類似しているか（類似していないか）という点に関してまったく無頓着であることを問題視している。時価総額型の市場インデックスは、各構成銘柄の値動きが「相互にどのように関係している」のかはまったく考慮されずに構築される。時価とは違う何か別のスクリーニング基準を持ち込んで構成銘柄を選び、非時価総額型のウェートでそれを加重すると、立派なスマートベータが1つ仕上がるわけであるが、(1)と(2)の批判への対応を踏まえているとはいえ、やはり(3)構成銘柄間の相関、は考慮されていない。

　構成銘柄の株価はそれぞれバラバラに動くものであるが、株価変動が似ている銘柄もあれば、互いにまったく無関係に動いているものもある。標準的なファイナンスの教科書には、2つの確率変数の間の類似度合いを示す統計学的

指標として、共分散[12]と相関係数[13]が登場する。さらに教科書は、分散投資をすすめる理由として、ポートフォリオを構築すれば、全体のリスク水準を下げる余地があるということを示してくれる。一般的な教科書であれば、下記のような2銘柄からなるポートフォリオのリスクの計算式（か、これによく似た数式）がどこかに必ず紹介されていると思われる。この2銘柄のリスク（標準偏差）をσ、組み入れ比率（＝構成ウェート）をwとし、銘柄間の相関係数をρとすると、ポートフォリオのリスクσ_pは、

$$\sigma_p = \sqrt{w_1^2 \sigma_1^2 + w_2^2 \sigma_2^2 + 2\rho w_1 w_2 \sigma_1 \sigma_2} \qquad \text{(数式2.2)}$$

と表される。この式で重要な意味を持っているのは、平方根の中の第3番目の項目にあるρ（相関係数）であろう。相関係数はマイナス1（完全な負相関＝まったく逆の動き）からプラス1（完全な正相関＝まったく同じ動き）の値を取るが、完全な正相関の場合のポートフォリオのリスクは（数式2.2に$\rho=1$を代入してみよう。後は単なる因数分解のおさらいだ）、

$$\sigma_p = \sqrt{w_1^2 \sigma_1^2 + w_2^2 \sigma_2^2 + 2 w_1 w_2 \sigma_1 \sigma_2} = \sqrt{(w_1 \sigma_1 + w_2 \sigma_2)^2} = w_1 \sigma_1 + w_2 \sigma_2$$

$$\text{(数式2.3)}$$

で表される。つまり、この場合のポートフォリオのリスクは、組み入れ比率（指数の場合には、構成ウェート）であるwにしたがって、2銘柄のリスクの加重平均の値となる。この時、これらの2銘柄をどのように組み合わせても2銘柄のリスク値の加重平均以下にポートフォリオのリスクを下げることはできない。

一方、完全な負相関の場合（今度は数式2.2に$\rho=-1$を代入すると同様に……でも、正の値だけが欲しいので絶対値を取って、と……）、

$$\sigma_p = \sqrt{w_1^2 \sigma_1^2 + w_2^2 \sigma_2^2 - 2 w_1 w_2 \sigma_1 \sigma_2} = \sqrt{(w_1 \sigma_1 - w_2 \sigma_2)^2} = |w_1 \sigma_1 - w_2 \sigma_2|$$

$$\text{(数式2.4)}$$

---

[12] **共分散**：2変数について平均からの偏差の積の平均値。
[13] **相関係数**：共分散を2変数の標準偏差の積で割ったもの。

となる。2銘柄からなるポートフォリオだから $w_1+w_2=1$ であり、w の取り方によっては、この2銘柄の組み合わせによってポートフォリオ全体のリスクをゼロにすることができる（数式2.4がゼロになる場合の w を求めればいい。……以上は、すべて高校1年生の数学のおさらい）。

これらは極端な場合であるものの、構成銘柄間の相関係数が低ければ低いほど（－1に近づくほど）、ポートフォリオ全体のリスク水準は下がることになる。

これを視覚的に理解してもらうために、（平均的な教科書と同様に）横軸にリスク値としての標準偏差 σ、縦軸に平均リターンとしての μ を取って、相関の低い銘柄を組み合わせると、ポートフォリオのリスクが低減することを例示しておこう。図表2-3では、トヨタ自動車と日本乾溜工業[14]という2つの銘柄から構成されるポートフォリオを持った場合に、トヨタ自動車の組み入れ比率 w（日本乾溜工業の組み入れ比率は $1-w$ で自動的に決まる）を動かした時にはポートフォリオ全体のリターンとリスクがどのように変化するのかを見たものである。

この例では、低リスク・低リターンのトヨタ自動車と高リスク・高リターンの日本乾溜工業の相関係数は－0.04である（計測期間は2003年1月初～2014年6月末、日次データ）。図表2-3で2銘柄からなるポートフォリオのリスク値が最小となるのは、（簡略化のために組み入れ比率を5％刻みで言うと）トヨタ自動車が75％、日本乾溜工業が25％の時である。この時、ポートフォリオのリスク値は25.4％であり、低リスクであるトヨタ自動車のリスク値30.1％より低い一方で、ポートフォリオのリターン（11.0％）はトヨタ自動車のリターン（10.2％）よりも高い。日本乾溜工業のリスク値は50.2％と高めだが、この銘柄を投資対象に加えることでポートフォリオのリスク値が下がったのは、日本乾溜工業とトヨタ自動車の相関係数が低い（＝無関係な値動きをしている）から

---

[14] この2銘柄を例として選ぶにあたり、まず全上場銘柄のうち時価総額最大のトヨタ自動車を選び、やはり全上場銘柄の中から推計期間（図表2-3（注）を参照）でトヨタ自動車と最も相関の低い銘柄であった日本乾溜工業を選んだ。同社は福岡証券取引所上場の防災・化学の関連事業を有する建設会社である。図表2-2同様に、説明のためにだけ選んだ2銘柄である。

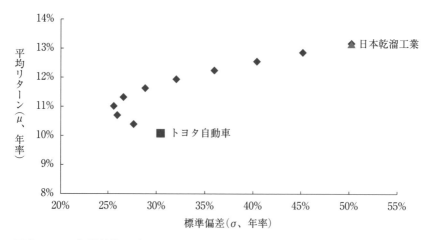

図表2-3　相関係数の低い2銘柄から構成されるポートフォリオ
（注）　2003年1月6日から2014年6月30日。日次データを基に計算（年率換算）。

である。

　前記の例では、ポートフォリオのリスク（標準偏差、これを二乗すると分散になる）を最小にするような2銘柄の組み合わせを探してみた。これは、実は、いわゆる最小分散と呼ばれる投資戦略の原理を、極端に単純化して2銘柄で説明してみせたものである。ある指数について同様の計算を行って、指数のリスクが最も低くなる組み合わせ（組み入れ銘柄の構成ウェート）を選ぶことでできあがるのが最小分散型指数であり、流行のスマートベータの一種である。同様に、構成銘柄のリターンとリスク、銘柄間の相関係数のデータを基に、最適化することによって、ポートフォリオのリスクとリターンをより効率的なものにするという、もう1つ別のスマートベータを作り出すこともできる（例えば、最大シャープ・レシオ型戦略などである。第3章で詳述する）。

　もちろん、構成ウェートを時価総額加重から何か別の加重方法に変更するだけでも、構成銘柄間の組み合わせ比率が変わるために、構成銘柄間の相関の重みも変わり、したがってポートフォリオのリスクが（たまたま）下がる場合もある。ただし、これは、構成銘柄間の相関を意識して最小分散を追い求めたわけではなく、結果として比較的良い結果が得られたというにすぎない。少なくとも最適化の結果ではない。銘柄間の相関を考慮することによって得られるリ

スク・リターンの効率性という結果には、単に、銘柄選定とウェート変更の試行錯誤を繰り返すだけではなかなかたどりつけないので、計算機の力（最適化手法）に頼らざるをえない。

5 時価総額型指数の課題への取り組みからスマートベータへ至る道筋

　これまで、時価総額型市場インデックスのダメな部分について、(1)大型株への集中、(2)割高な指数、(3)構成銘柄間の相関の見落とし、の3点に絞って検討してきた。それぞれに対応する改善の方策としては、(1)できるだけ分散化させる、(2)逆張りで割安投資ができるようにする、(3)構成銘柄間の相関を考える、ということになる。(1)はリスク対応、(2)は指数が提供するリターンの向上、に主眼が置かれているが、既に述べたように、(3)は指数の構成銘柄間の相互作用を検討することで、リターンとリスクの双方に目配りしてポートフォリオ（指数）をより効率的なものにすることを目指している。

　これまでの検討から、時価総額型から離れてスマートベータへと至る道筋、つまりスマートベータの作り方については、指数構成銘柄間の相関を考えるか、あるいは考えないか、を分岐点として2つの異なる経路があることがわかってきた。。

　(1)と(2)については、時価総額加重方式から離れて、何か他のウェート、代替ウェートを探す作業のみで対応ができる。相関は考えなくてよい。Chow et al. (2011) は、こうしたスマートベータの作り方を、**ヒューリスティック・アプローチ**と呼ぶ。ヒューリスティック（heuristic）とは日本語に翻訳しにくい単語ではあるが、試行錯誤的な、発見的な、経験則的な、という意味であり、要は、"いろいろやってみて、なかなかうまい着地点にたどり着いた"という程度の意味で理解しておけばよいと思う。Chow et al. (2011) の定義でも、(拙訳ながら)

　　「単純で、議論の余地はあるがそれなりに納得のいくルールによって構築される、特定の状況に合わせたウェート方法」

とある。少なくとも最適な結果とは言えない。パフォーマンスの面で、スマートベータが比較対象である時価総額型ベンチマークよりも優れているのであれば（結果が出るならば）、やってみる価値はある、ということかもしれない。等金額型や等リスク寄与型は、集中度の高い指数を分散化する（ように演繹的にやってみた）手法であり、ファンダメンタル・インデックスはモデルの提唱者の投資アイデア（経済規模やファンダメンタル価値の測り方）に依存した手法であるが、いずれもベンチマークとの相対ではリターン向上が見込まれている。繰り返しになるが、ヒューリスティック・アプローチでは銘柄間の相関（したがってポートフォリオのリスク）は考慮されていない。

一方、相関を考慮するアプローチは、Chow et al.（2011）でも**最適化アプローチ**と呼ばれている。最適化アプローチでは、構成銘柄のウェートはすべてコンピューターによる計算処理で決まってくる（もちろん、手計算でもできるだろうが……筆者は嫌である）。

リターンとリスクを同時に扱う最適化アプローチは、ファイナンス理論に立脚したスマートベータ構築の方法であり、パッと見は"素敵"なのだが、実際にやってみると理論上、実務上の問題がいろいろと目につく。

最適化計算には、すべての構成銘柄の期待リターンと分散共分散行列（各銘柄のリターンの標準偏差と銘柄間の相関係数、と同じ意味である）の2つが必要となる。さらに、期待リターン（将来のリターン）を正確に予測することはほぼ不可能であり、これを何らかの方法で推定すれば当然誤差を伴うものになる。しかし、ちょっとした誤差であっても、誤差の存在は最適化計算の結果を大きく狂わせる可能性があるとの指摘がある。[15] これは、分散共分散行列にも共通する問題であり、過去リターンから推定した分散（標準偏差）や共分散（相関係数）を最適化に用いると、期待リターンの推測値の誤差がさらに増幅されてしまうという主張もある。[16] こうなると計算で得られた結果が"真に"最適な値かどうかはもはやわからなくなってしまう。どのような推測、予測をするのかによって答えが変わり、正解がわからないという、いわばモデル・リ

---

15) Chopra and Ziemba（1993）を参照のこと。
16) Michaud（1989）を参照のこと。

スク[17]がある。これが最適化アプローチの理論上の課題である。

　もう一度言う。期待リターンはわからない。そこで、あまり現実的とは言えない仮定を置かざるをえない。[18] まず、「全構成銘柄のリターンは等しい」という直感的にも非現実的であるとすぐにわかるような仮定を置いてみよう。どの銘柄もリターンは等しいわけだから、ポートフォリオのリスク（分散）を最小にすることができれば、それがリスク・リターンの面で最も効率的となる。これが最小分散ポートフォリオの考え方であり、教科書でおなじみの平均分散モデルの概念図（図表2-4）では、"Min Var" の点で決まるポートフォリオである。

　期待リターンがわからないとはいえ、投資対象にはハイリスク・ハイリターンのものや、ローリスク・ローリターンのものがあるだろうから、「全構成銘柄のリターンは等しい」という仮定はさすがに無理があると考えるのが自然だろう。そこで、リスク調整済のリターンなら等しいのではないかと想定し、「全構成銘柄のシャープ・レシオは等しい」という仮定を置いて考えてみよう。ここで**シャープ・レシオ**（Sharpe Ratio）とは、リスク1単位当たりの超過リターンの測度であり、

$$\frac{(ある銘柄のリターン - 無リスク資産のリターン)}{ある銘柄のリスク}$$

で計算される。つまりは、高いリターンにはリスクがつきものであり、リスクを取らなければリターンは低いという直感的な理解を表現してくれる測定基準になっている。この時、リターンとリスクの両面で最も効率的と呼べるのは、シャープ・レシオが最大になる点、図表2-4の "MSR（Max Sharpe Ratio：最大シャープ・レシオ）" のポートフォリオである。教科書のおさらいだが、無リスク資産 "R_f" から引いた線が有効フロンティアの上部と接する点である（これが教科書のいう接線ポートフォリオだ！）。

　もしも理論が正しいならば、接線ポートフォリオはすべての投資家にとって

---

17) **モデル・リスク**：モデルが誤っていること、モデルが出力した情報を誤用してしまうこと。
18) 以下の仮定での議論は、「分散共分散行列は正しく得られている」という仮定の下で成り立っている。

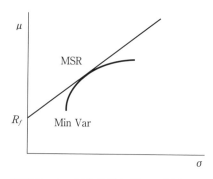

図表2-4 平均分散モデルの概念図
(注) MSR：最大シャープ・レシオ型
　　 Min Var：最小分散型

好ましいリスク資産のポートフォリオであり、すべての投資家が同じポートフォリオを持つならば、接線ポートフォリオが市場ポートフォリオになるはずである（これをリスク資産と無リスク資産の2ファンド分離定理と呼ぶ）。これが本当に成り立っているならば、時価総額型の市場ポートフォリオが最適ポートフォリオのはずであり、これまで見てきた作業はすべて不要、というよりそもそもスマートベータなんてここで議論する必要もないことになる。しかし、残念ながら、実証では、時価総額型の市場ポートフォリオと最適化アプローチで得られるポートフォリオは似ても似つかないものになる。[19] 時価総額型のウェートと最適化アプローチで得られるスマートベータのウェートは当然異なってくる。かくして、めでたく（？）最適化の結果として算出された非時価総額型の指数ができあがる。

　最適化アプローチは時価総額型指数からスマートベータへとつながる2つの道の1つであるが、ある制約条件の下で何か目的となる値を最大化・最小化する最適化の作業が入れば、ほぼ間違いなく時価総額とは異なるウェートをとにかく得ることができる。バリュー・アット・リスク（VaR）を最小化するもの、銘柄間の相関を最小にするもの、など既に多くのアイデアが世に出ており、こ

---

19) Ferson et al. (1987) は、時価総額型指数は接線ポートフォリオの代理変数としては不十分であると主張している。

れからも様々な最適化のアイデアが提案されると思うが、私見ながら、前記の最小分散と最大シャープ・レシオの2つが、理論上は重要な意味を持っていると考えている。他の先鋭的なアイデアを否定する気は毛頭ないが、最適化アプローチはそもそも一般にはわかりにくく、モデル・リスクもある。さらに複雑なブラック・ボックスを持ち込んでも、それが万人受けするとも思えない。このあたりが、商品としてのスマートベータを作るうえでの実務上の課題となっている。いや、むしろマーケティング上の課題と呼ぶべきかもしれない。

最適化アプローチの実務上の課題としてもうひとつ、ふたつ。詳しくは第7章で検討することにするが、最適化アプローチを用いたスマートベータの場合、毎回の定期入替（リバランス）時に大規模な入替が起きやすいことを指摘しておきたい（一般に、こうしたスマートベータの入替回転率[20]は高い）。また、相関の低い小型株への配分が大きくなることも頻繁に起こるが、こうした銘柄の流動性は低く、実際には運用するのが困難な場合もある。結果として、最適化した指数に実際に投資すると期待していたとおりのパフォーマンスが得られない場合も出てくるだろう。これを避けるためには、投資ユニバースを大型の流動性のある銘柄に絞り込んだり、入替回転率の制約を設けたりして、この問題を緩和することになるが、こうした制約を持ちこむことにより"真に"最適な結果からはどんどん離れていってしまうだろう。このトレードオフをどのように処理するかが実務にとっての最重要課題である。最適化アプローチを採っても何らかの調整を繰り返し行う必要があり、皮肉なことに、結局はヒューリスティックな処理（＝試行錯誤）を行うことになる。

以上、スマートベータへ至る道筋として、ヒューリスティック・アプローチと最適化アプローチの2つの経路があることを説明した。次章では、いよいよ具体的なスマートベータ戦略について、その作りこみから検討していこう。

---

20) **入替回転率**：入替回転率とは、指数の定期入替（リバランス）に際して、どの程度の構成銘柄の変更があったのかを示す指標の1つである。一般に、入替回転率（片側）は、

$$\frac{(\Sigma|入替前時価比率 - 入替後時価比率|)}{2}$$

と計算される。時価総額ウェートの差（絶対値）の合計を1/2にすることが"片側"の意味である。

第 3 章

時価総額型から離れる
スマートベータの作り方

　前章では、時価総額型の指数が抱える課題を解決すべく、時価総額型から離れることによってスマートベータを作る様々な道が開かれてくると述べた。既に数多くのスマートベータが投資運用商品として商業的に提供されている。いまこう書いている間にも新しい運用商品がどこかで登場しているだろうし、本書が出版され、読者がいままさにこの第3章を読んでいるころには、さらに新しいアイデアが生まれているかもしれない。本章では、多種多様なスマートベータを個別に紹介していくが、ある特定のスマートベータをあたかも代表格であるかのように取り上げたり、ましてやその関連商品を推奨したりしているようには思われたくない。そもそも種類が多すぎて全部を説明するには紙幅がいくらあっても足りない。それを読破するのも大変だろうが、それを書くのも骨が折れるのだ。

　そこで、前章で紹介したヒューリスティック・アプローチと最適化アプローチという、時価総額型指数からスマートベータへとつながる2つの大きな道筋に沿って、代表的なスマートベータの作り方を説明することにしよう。もちろん、先駆的な学術論文が取り上げているもの、既に商業的に提供され一般に認知されているものを中心に紹介したい。その際には、複雑なスマートベータの構築方法をできるだけ単純に模式化して感覚的な理解をしていただくために、実際に数銘柄を選んで時価総額型指数をまず組み上げ、そのうえでいろいろと構成ウェートをいじってみることにした。スマートベータの作り方を可視化して、個別のスマートベータがどのように構築されるのかをまず疑似体験しても

らい、個々のスマートベータ戦略がどのような内容や特徴、論点を持っているのかを理解してもらうのが狙いである。本章では、非時価総額加重型という種々のスマートベータの定義の中身をより具体化し、明確にしていきたい。

1　5銘柄で構成された時価総額型指数をベンチマークにする

　まずは、離れていくための出発点としての時価総額型指数のイメージを固めよう。構成銘柄数があまり多いとわかりにくくなるだろうし、単純化するにも2銘柄では後々いろいろと不都合がある。ここでは、説明するために必要な5銘柄を選ぶことにした。この5銘柄についてある時点の時価総額がわかれば、時価総額の合計を基準に各銘柄の指数構成ウェートが決まる。この時価総額型ウェートで指数計算をはじめることを想像してみてほしい。この5銘柄からなる仮想の時価総額型インデックスをベンチマークとして、今度は5銘柄の構成ウェートをいろいろと変えてみることで5銘柄から構成されている非時価総額型のスマートベータを構築することができる、という算段である。

　イメージがわきやすいように、実在の銘柄の具体的なデータを使って実験をしよう。当然、どの銘柄を選ぶかによって結果は大きく変わる可能性がある。しかし、ここではあくまでもスマートベータの作り方を説明するのに便利であるという観点のみで、やや恣意的に5銘柄を選ばせていただくことにした。選び方は以下のとおりである。

　最初に本書の執筆時点で時価総額が国内最大のトヨタ自動車をまず選び、これが指数計算開始の時点で5銘柄の時価総額合計の50％を占めるように他の4銘柄を選ぶ。残りの4銘柄には、結果的に時価総額順にそれぞれが指数全体の20％、15％、10％、5％を占めるように、トヨタ自動車の時価総額との比率で銘柄を探した。（後々の説明のために）業種をも考慮した結果、トヨタ自動車（製造業）、三井住友フィナンシャルグループ（金融）、日本たばこ産業（消費財）、パナソニック（製造業）、ファーストリテイリング（消費財）を選ぶことにした。この5銘柄の時価総額構成比は最初に想定した50％、20％、15％……

という数字にぴったり一致したわけではない。ただし実際の時価総額構成比は、当初想定に対してせいぜい1％程度しかブレていなかったので、以下では単純化のために当初想定の数字で時価総額ウェートが決まっているとみなすことにしよう。

　市場に投資対象となる銘柄がこの5銘柄しかないと仮置きして、これらの銘柄をそれぞれの時価総額の比率で保有すると、時価総額加重型の"市場"指数の一丁あがりとなる。いったん、時価総額構成比でこの5銘柄に投資を開始すると、それぞれの銘柄の時価総額は時間とともに変わっていくが、時価総額型指数では、構成銘柄の時価総額の変動に合わせてその銘柄に割り当てられる構成ウェートは相対で変わっていくので、定期的に構成ウェートを見直す必要はない。[1] 以下では、この5銘柄で構成される時価総額型指数をスマートベータの出発点、すなわち比較のためのベンチマークとして考えていこう。

　さて、今度は構成銘柄のウェートをいろいろと動かすことによって多種多様なスマートベータを構築していくわけだが、その前に、おのおののスマートベータが前記で設定した時価総額型のベンチマークに比べてどの程度異なるのか、どのような効果を持つのかを考えるための、2つの評価尺度について説明しておこう。第一の指標として、スマートベータがベンチマークである時価総額型指数とどの程度異なるものであるのか（＝アクティブなものであるのか）を表す指標として**アクティブ・シェア**を説明しておこう。第二の指標は、第2章で登場した**有効構成銘柄数（ENC）**である。これは指数の集中度を示しているので、スマートベータ化することでどの程度、指数の集中度が下がるのか（＝分散化するのか）を測る尺度である。後者は既に説明ずみなので、ここではアクティブ・シェアについて簡単に説明しておきたい。

---

1)　現実には、増資や合併、新規上場などの調整が必要であり、指数の見直しは日次で行われている、といっても過言ではない。また、近時、時価総額型のインデックスには浮動株調整（創業者一族の保有分、関連グループ企業の持合株、政府持ち分など、市場に出回っていない安定持ち株を指数に組み入れない処理）が行われているため、定期的な浮動株調整比率の見直しによって、指数のリバランス（変化してしまった配分比率を再調整すること）が行われる。こうした調整は指数ベンダーの通常業務であり、指数を利用するパッシブ運用の運用者にとって重要なサービスなのであるが、こうした指数調整の仕事は関係者以外には見えにくい。

アクティブ・シェアは、あるスマートベータが時価総額型のベンチマークからどの程度離れた非時価総額型になっているのかを示している。ベンチマークとスマートベータの間で構成ウェートの差を距離と考えると、ある指数のアクティブ・シェアは、

$$\frac{1}{2}\sum_{i=1}^{N}|w_{smartbeta,i} - w_{benchmark,i}| \qquad \text{(数式3.1)}$$

と計算される。つまり、構成銘柄のウェートの差の絶対値を全銘柄分足し上げて2分の1をかけたものになる。

極端な例で考えるとわかりやすい。あるスマートベータの構成銘柄がベンチマークに1つも採用されていない場合、アクティブ・シェアは100％となる。逆に、スマートベータの全構成銘柄のウェートが対応するベンチマークのウェートと完全に一致すれば（この指数はベンチマークそのものであり、もはやこれはスマートベータでも何でもない）、アクティブ・シェアは0％となる。

Petajisto（2013）の実証研究では、アクティブ型の米国株投資信託の平均的なアクティブ・シェアは81％という結果が得られている。[2] 大胆な銘柄選択を行うアクティブ・ファンドの場合には、ウェートの差よりも構成銘柄の違いによってアクティブ・シェアの水準が高めになることが多い。一般にスマートベータは銘柄選択よりも非時価総額型の指数構成ウェートのほうに焦点を当てているために、伝統的なアクティブ運用に比べればアクティブ・シェアは低くなる。本章では、5銘柄からなる時価総額型ベンチマークに対して、同一の構成銘柄でそのウェートだけを変えてスマートベータを構築するため、ここで得られるアクティブ・シェアの水準はPetajisto（2013）によるアクティブ・ファンドの評価結果と比べれば低いものとなるはずである。

---

[2] アクティブ型の米国株投資信託の平均的なトラッキング・エラーは7.1％とのことである。アクティブ・シェアが8割に及んでいたとしても、銘柄間の相関が高いために、ベンチマーク指数との連動性が極端に失われるわけではない。なお、アクティブ・シェアは、トラッキング・エラーと同様に、アクティブ運用におけるアウトパフォーマンスとの間に正の相関を持っていると言われている。

2 まずは等金額型指数からはじめよう

　手はじめに、5銘柄からなる時価総額型指数を基に等金額型指数を作ってみよう。構成銘柄数 n が5の等金額型なので、それぞれの銘柄に $1/n$ である20％の構成ウェートを割り当てればよいことになる。時価総額型と等金額型の各銘柄の構成ウェートを図表3－1に整理してみた。

　もちろん指数構築時に等金額で資金を配分しても、ひとたび株価が変動をはじめると銘柄間の構成ウェートはすぐに等金額ではなくなる。毎日、等金額になるようにリバランスをする（変化してしまったウェートを当初のウェートに再調整し直す）ことも可能であるが、第7章で見るようにいろいろと弊害もある。通常は、非時価総額型指数は定期的に[3]リバランスを行うことが大前提になっており、次のリバランス時に等金額の構成比を越えた銘柄（オーバー・ウェートになった銘柄）は等金額型での構成比になるまで売却し、逆にアンダー・ウェートとなった銘柄は買い増しをすることになる。

構成銘柄	（業種）	時価総額型（CW）	等金額型（EW）
トヨタ自動車	（製造）	50.0%	20.0%
三井住友FG	（金融）	20.0%	20.0%
日本たばこ産業	（消費）	15.0%	20.0%
パナソニック	（製造）	10.0%	20.0%
ファーストリテイリング	（消費）	5.0%	20.0%
		100.0%	100.0%
アクティブ・シェア		—	30.0%
有効構成銘柄数（ENC）		3.1	5.0

図表3－1　等金額型指数の構成ウェート

(注)　CW：時価総額型（Capitalization Weighted）、EW：等金額型（Equally Weighted）。
　　 2004年11月30日の時価総額を基に仮定している。

　3）　例えば、年1回から4回程度までである。月次で行うこともできるだろうが、頻繁にリバランスしているとの印象を払拭できない。定期的なリバランスをどの程度の頻度で行うか、どのように行うかなどの点は、非時価総額型指数のデザインの重要な一要素である。

図表3-1の下段には、アクティブ・シェアとENCを掲載している。ここでのアクティブ・シェアは30％であり、ウェイトを等金額にしたことで時価総額型ベンチマークのウェイトから離れたアクティブな内容が実現していることがわかる。構成銘柄は同じでそのウェイトをいじっただけなので、ファンドマネジャーが銘柄選択をするアクティブ運用ほどベンチマークから乖離するわけではない。事前の予想どおり、アクティブ・シェアの水準は前述のPetajisto (2013) の実証結果よりも低めであった。一方、ENCを見ると、5銘柄の時価総額型では3.1となっており、このベンチマークは上位3銘柄に集中した指数であることがわかる。等金額型のENCは（当然ながら）5.0となり、5銘柄すべてに分散化（＝非集中化）されていることがわかる。これらの2つの指標から、時価総額型指数の構成銘柄はそのままで、ウェイトを等金額にしただけで、ベンチマークに対して若干アクティブな指数となり、かつ、構成銘柄の集中度が低下する（指数がより分散化したものになる）効果が得られたことがわかる。

本書の冒頭で登場したスマートベータ1号はTOPIXの構成銘柄を毎年1回、等金額加重でリバランスした指数であったが、TOPIXの銘柄数が毎年1,800程度である点以外は、ここで5銘柄だけで実験した結果とは本質的に何も変わらない結果を示してくれていた。TOPIXはそもそも集中度の高い指数であり、構成ウェイトの開きが銘柄間で大きいため、TOPIXを等金額型にした場合（スマートベータ1号）のアクティブ・シェアは67％程度とやや高めの数字になる。TOPIXの平均的なENCは110～130程度だが、等金額リバランス時にはENCが全構成銘柄数となり、次のリバランス時まで株価が変動しても等金額型のENCは全構成銘柄数より数銘柄少ない程度の数字となる。

等金額型指数にはいくつかの利点がある。本書の冒頭でTOPIXの等金額型指数であるスマートベータ1号の対TOPIXでの相対パフォーマンスの良さを見ていただいたわけだが、その事実だけで、等金額型が凄い、スマートだと言っているわけではない。一般に、等金額型の利点として、①数学的に美しい（まぁ、単純という意味だが）、②構成銘柄の平均的なイメージを提示してくれる、③指数構築は過去のデータにはまったく依存しない（必要なのは銘柄数だけ）、④指数構築には何の予測も必要としない、⑤したがって、モデル・リス

クがない、⑥接線ポートフォリオの代理変数としてとらえることもできる、などがあげられる。

こうした利点のうち、①②は指数の"理解のしやすさ"、③④⑤は指数の"操作のしやすさ"とその効果、とまとめられるだろう。⑥について若干補足しておく。等金額ポートフォリオを接線ポートフォリオの代理変数とみなすことができるのは、「すべての銘柄のリスクとリターンは等しい」という極端な仮定を置く場合のみである。[4] これを平易な言葉で言い換えるならば、「明日どの銘柄が上がるのか、下がるのかまったくわからないなら、全銘柄を平等に持っておくことが正しいやり方だ」ということである。等金額型はこの考え方を実践する、"華麗なる判断中止"と呼ぶべき手法である。

スマートベータ1号の例でもわかるとおり、この等金額型はシンプルであるがゆえに美しいという美学だけでは終わっていない。指数の分散化（最大限の非集中化）を図り、第4章で詳説するようにパフォーマンス上の利点もある。ところが、これだけ有効なスマートベータであるにもかかわらず、等金額型指数はなぜだか人気がない。[5] おそらくは一見すると簡単すぎて、スマートと呼べるだけの価値を見いだせないのであろう。誰だって計算できるとも思えるような、単純な方法論に高いフィーは払いたくない、という気持ちになることは理解できる。[6] 等金額型のわかりやすさはマーケティング上は効果的であるが、単純すぎてフィーがもらえないというデメリットにもつながっている。皮肉なことに、等金額型にとってはスマートという形容詞がかえって足枷になってい

---

4) Martellini (2011) を参照のこと。同教授は2015年夏に EDHEC Risk Institute の所長に就任されたが、お会いするたびに"等金額の素晴らしき世界"について再確認し、意気投合をしている気がする。

5) スマートベータを題材にした投資セミナーは数多く開催されており、最近ではいくつかの投資戦略をベースにした指数の紹介とともにスマートベータの活用方法を唱えるセミナーが増えている。あるセミナーでの来場者アンケートでは、いくつかの質問項目の中に、「どのスマートベータ戦略に興味がありますか」という質問があり、回答の選択肢としてファンダメンタル型や最小分散型、等リスク寄与型、高配当型などのおなじみの戦略とともに等金額型も列記されていた。このセミナーには公的年金を含む多くの年金基金の担当者や彼らの資金を運用する運用会社の担当者など実務家が多く参加していたと聞いているが、そこで人気があったのは最小分散型と高配当型であったらしい。等金額型にチェックを入れた回答は見事にゼロであったという。

るようである。

　等金額型にはもちろん課題もある。まず、指数のリバランス時の売買回転率の高さがあげられよう。株価変動によるリバランスの必要がない時価総額型に比べて、等金額型の回転率は高く、売買コストがかさむ可能性がある。リバランスの頻度が上がれば、売買コストはさらに上昇し、こうした売買コストは指数の表面上のリターンには反映されないので、実際に等金額型指数をパッシブ運用すると指数どおりのリターンが得られない可能性がある。

　取引が少ない流動性の低い銘柄や時価総額が極端に小さい銘柄を含む等金額型指数をパッシブ運用する場合はさらにやっかいだ。等金額型指数では、こうした銘柄の指数構成ウェートは時価総額型指数の場合に比べて大きくなるため、これら銘柄群を売買する際にインパクト（自身の売買を原因とする株価変動：以下、売買インパクト）が発生し、指数のパフォーマンスが毀損されるからである。[7]

　このような等金額型指数を巨額の資金で運用すると売買コストはさらに上昇してしまう。したがって、等金額型指数では運用規模を拡張することは困難になると言われている（こうした状況を"指数のキャパシティが小さい"と表現することがある。字義どおり、"器が小さい"ということになるが、これは皮肉ではない。第7章を参照）。こうなると、なかなか優れモノの等金額型であっても、公的年金などの大規模な投資家の投資対象としては難しいと評価されてしまうだろう。

　はてさて、等金額型の利点をうまく活かす方法はないものだろうか。非時価

---

[6] 過去のデータを集めたり、将来予測や何がしかの分析をしたりする必要がないという点で、フィーを払うに値する方法論とは言えないのかもしれない。しかし、どの銘柄が将来に上がるのか結局はわからないという前提を持ち出すならば、「モデルでも何でもいいけど、どうせ当たらないならば、将来の予想をすること自体に高いフィーを払う方法論よりもマシだ」と考える人もいるだろう。モデル・リスクが無いという点では、論理が一貫していて潔い方法であるとも言える。

[7] もちろん、等金額型において、構成銘柄数を選ぶ時に、こうした低流動かつ小型の銘柄を構成銘柄から除く方法もあるだろう。しかし、この場合、例えば大型株や現時点で取引高の多い（モメンタム性の強い銘柄）を中心とした等金額指数になるなど、単に構成ウェートをいじる以上の何がしかのベット（特定の戦略に賭けること）をすることになることには留意したい。

総額型として等金額型と同じ発想に立ち、等金額型の弱点を克服しつつ、発展した方法がいくつかある。実を言うとヒューリスティック・アプローチによって構築されるスマートベータのほとんどは、等金額型から派生したものであると言っても過言ではない。以下では、5銘柄からなる時価総額型ベンチマークを基に、等金額型の兄弟とも呼べる手法をいくつか紹介しておこう。

3 多様性ウェート型指数と投資上限付き時価総額加重型指数

　指数の分散化という等金額型指数のメリットを素直に活かしながら、そのデメリットとしての売買回転率や売買コストの高さを極力軽減する手法として、多様性ウェート（Diversity Weighting）という考え方が提唱されている。その中身は、等金額型と時価総額型のハイブリッドと呼べるウェートのいじり方になるが、大きく言って2つの方法がある。

　第一の方法は、等金額型指数と時価総額型指数のブレンドと呼べるものであるが、"ウイスキーの水割り"のように、後者で前者を希釈するようなイメージで考えてもらうとわかりやすいかもしれない。[8] 時価総額型は伝統的なファイナンス理論では市場の代理変数としてみなされているように、市場での評価をできるだけ忠実に表す加重方法である。一方、等金額型は、将来の値動きはまったくわからないという発想で全銘柄を平等に持つ、"華麗なる判断中止"を具現化する加重方法である。ブレンドと称して、これを一定の比率で組み合わせる方法を提唱したのがFernholz et al.（1998）の多様性ウェートである。まずは、図表3-2で5銘柄からなる時価総額型指数と等金額指数を使って、

---

8) "Whiskey and water is a perfect solution."「ウイスキーの水割りは完全溶液（溶液を構成するすべての溶媒分子・溶質分子間の相互作用が一様である仮想の溶液）である」という文章だが、「ウイスキーの水割りは完璧な解決法（何かもめたら酒で解決！）」とも読める。Solutionは解決法と溶液の二重の意味を持つ単語である（どちらも解ける！）。ケンブリッジ大学のある科学者が教えてくれた駄洒落。

この仕組みを見てみよう。[9]

　ここでCWは図表3-1で示されている時価総額型のウェート、EWは同じく等金額型のウェートを指している。図表3-2の（　）内の数字はこの2つのウェートをブレンドする比率を表し、（0）の時には等金額型が100％（時価総額型は0％）、（1）の時には等金額型が0％（時価総額型は100％）となっている。その間に位置する比率では多様性ウェート型（DW）がそれぞれのブレンド比率で決まっている。（　）内に示されたEWをCWで希釈する度合いに応じて、構成銘柄のウェートもまた変化している。[10] 例えば、DW（0.75）の場合のトヨタ自動車の指数構成ウェートは、50％×0.75＋20％×0.25＝42.5％、と決まる。他のケースの構成銘柄も同様の計算である。このDW（0.75）で示される指数をパッシブ運用すると、時価総額型指数のパッシブ運用とその指数の等金額型指数のパッシブ運用を3対1の比率で持っているポートフォリオと同じ効果が得られる。この効果を1つの指数で実現することで、等金額型のメリットが活かせる一方で、時価総額型で希釈されたことによって、回転率や売買コストの高さなどの投資のしにくさが緩和されるわけである。

---

9) この手法は、INTECH Diversity-Weighted Index として商業的に提供されている。INTECH は Janus Capital Group 傘下の資産運用会社。本社はフロリダ州ウェスト・パーム・ビーチながら、研究施設はニュージャージー州プリンストン（かの大学の目の前）にある。
10) この概念について数式で整理しておこう。Fernholz et al. (1998) は、まず市場の多様性（D）を下記のように定義し、

$$D = \left[\sum_{i=1}^{N} (w_{market, i})^p \right]^{\frac{1}{p}}, \ p \in (0, 1)$$

そのうえで、多様性ウェートは、

$$w_{diversity, i} = \frac{(w_{market, i})^p}{D^p} = \frac{(w_{market, i})^p}{\sum_{i=1}^{N} (w_{market, i})^p}, \ p \in (0, 1)$$

とした。パラメーター p（本文中でブレンド比と呼んでいるもの）を 0〜1 の間で動かすことで、時価総額型指数に対するトラッキング・エラーを調整できるが、

$p = 0$ の時は、$w_{diversity, i} = \frac{1}{N}$（等金額型のウェート）であり、

$p = 1$ の時は、$w_{diversity, i} = \frac{w_{market, i}}{\sum_{i=1}^{N} w_{market, i}} = w_{market, i}$（時価総額型のウェート）となる。

構成銘柄	CW (1)	DW (0.75)	DW (0.5)	DW (0.25)	EW (0)
トヨタ自動車	50.0%	42.5%	35.0%	27.5%	20.0%
三井住友FG	20.0%	20.0%	20.0%	20.0%	20.0%
日本たばこ産業	15.0%	16.3%	17.5%	18.8%	20.0%
パナソニック	10.0%	12.5%	15.0%	17.5%	20.0%
ファーストリテイリング	5.0%	8.8%	12.5%	16.3%	20.0%
	100.0%	100.0%	100.0%	100.0%	100.0%
アクティブ・シェア	—	7.5%	15.0%	22.5%	30.0%
有効構成銘柄数（ENC）	3.1	3.7	4.3	4.8	5.0

図表3-2　多様性ウェート型指数：時価総額型と等金額型のブレンド

(注)　CW：時価総額型、DW：多様性ウェート型、EW：等金額型。（　）内の数字は、時価総額型の配分比率を示す。

　図表3-2で推察できるとおり、希釈する比率は無限にあるので、どの比率で希釈するのがいいのかは考えなければならない。いや、考えるだけでなくて選択しなければならない。このウェート方法の考え方の背景にはやや難解なモデルがあるのだが、時価総額型と等金額型のブレンドという意味では、本来は過去データの検証や何がしかの予測は必要ない。しかし、ブレンド比をいくらにするのかについては、過去のパフォーマンスと、回転率などの投資可能性を比較検討しながら、個別、具体的に検討すべき事項となる。Fernholz et al. (1998) は、米国株の実証分析では0.76が最も効果的であると考えた。これに続く実証研究もこのブレンド比を愛用している。[11]

　等金額型と時価総額型のハイブリッドと呼べるもう1つの手法は、一般にはスマートベータとしてまったく意識されていない方法である。この方法は時価総額型指数を基本とし、指数構成銘柄の一部のウェートに制限を設けるやり方なので、ここでは投資上限付き時価総額型と呼んでおこう。[12] こうしたウェート方法では、上限が付された銘柄群の指数構成ウェートはその上限で横並びに

---

11)　Chow et al. (2011) や Clare et al. (2013) など。これに続く実証分析は、（比較のために）0.76という数字にならっている。

12)　一部の銘柄に投資上限を設ける時価総額型指数としては、JPX日経400指数が好例である。

構成銘柄	CW	40% Cap	35% Cap	30% Cap	25% Cap
トヨタ自動車	50.0%	40.0%	35.0%	30.0%	25.0%
三井住友FG	20.0%	24.0%	26.0%	28.0%	25.0%
日本たばこ産業	15.0%	18.0%	19.5%	21.0%	25.0%
パナソニック	10.0%	12.0%	13.0%	14.0%	16.7%
ファーストリテイリング	5.0%	6.0%	6.5%	7.0%	8.3%
	100.0%	100.0%	100.0%	100.0%	100.0%
アクティブ・シェア	―	10.0%	15.0%	20.0%	25.0%
有効構成銘柄数（ENC）	3.1	3.7	4.0	4.2	4.5

図表3-3　多様性ウェート型指数：投資上限のある時価総額型

(注)　CW：時価総額型。
　　　Capの前の数字は構成ウェートの上限に関する制約を示す。

なるわけであり、その部分だけを見るとあたかも等金額ウェートで指数が構築されているように映る。上限に達しなかった時価総額の銘柄群の部分は、そこだけを見ると時価総額型指数になっている。

　図表3-3では、5銘柄からなる時価総額型に対して設定する投資上限を段階的に厳しくした場合の指数構成ウェートの推移を示している。投資上限を超えた分のウェート、例えば30％の投資上限（表中の30% Cap）にかかったトヨタ自動車の構成ウェートでは、本来の時価総額ウェートとの差分（50％－30％＝20％）が他の構成銘柄のウェートに時価総額比で再配分される。投資上限が厳しくなると、再配分される構成ウェートが大きくなるので、次点の銘柄が上限にかかってくるようになり、結果として投資上限で構成ウェートが横並びになってくるわけである。例えば、ウェートを25％までに制限（表中の25% Cap）するなど上限を厳しくすると、等金額型に相当する部分が大きくなるため、アクティブ・シェアも徐々に大きくなる。また、等金額型に近づくために、ENCも大きくなっていく。例えば、25% Capの例ではENCは4.5であり、ほぼ等金額型並みの分散化が図られている（もちろん、このケースでは上位3銘柄が等金額で並んでいるので当然なのだが）。

　ただ、この手法が、等金額型と時価総額型とを組み合わせたスマートベータと呼べるものになっていることに気づく人は少ない。そもそも、(特定の銘柄へのウェートの集中を防ぐなどの理由で) 一部の銘柄の指数構成ウェートに投

資上限を設けることに主眼があったからであり、最初から非時価総額型を意図的に目指したわけではないからである。単に時価総額型の修正を行ったら気づかないうちにスマートベータになってしまった、というのが実情だろう。

　以上、等金額型と時価総額型のハイブリッドとして2つの方法を検討したが、多様性ウェート型は"ブレンド方式"であり、投資上限付き時価総額型は"組み合わせ型"と整理できるだろう。どちらも、本質的には等金額型と時価総額型の関係を大きく踏み出すものではない。それぞれの方式についてENCを見るかぎり、いずれも時価総額型を分散化することにはある程度成功しているが、アクティブ・シェアは当然ながらいずれも等金額型よりも小さくなっている。ただし、ここで特筆すべきなのは、多様性ウェート型が示してくれたように、時価総額型指数とスマートベータをブレンドするという考え方そのものであろう。投資可能性を意識しつつスマートベータを効果的に使うには、示唆に富む方法論であると言える。利点もあるが投資可能性の点で難点もある、いわば"濃厚な"スマートベータを時価総額型で"希釈する"という考え方は、政策ベンチマークに対する運用商品群の管理と結びつけて考えることもできるからである（第7章で詳述）。

4　リスク・クラスタリング・ウェート型指数

　個別銘柄のレベルで等金額に資金配分するのではなく、ある一定のリスクを共通に持っている銘柄群を一塊にして等金額型の加重方法を持ちこむ方法もある。クラスター（Cluster）とは、房や塊など何かが集積したもの、集団という意味であり、リスク・クラスタリングは、類似するリスクを共通に持つ投資対象を一塊にしたものを指している。具体的には、一定のリスクに対して感応度の高い銘柄群を時価総額加重で束ねたサブ・インデックスを想起すればよい。こうしたリスク・クラスタリングを特定する方法は多種多様であるが、通常はそれなりに複雑な統計手法（クラスター分析や主成分分析など）が用いられることが多い。最も単純なリスク・クラスタリング手法の1つとしては、産

業分類別の時価総額型サブ・インデックスを用いるやり方がある。同じ業種に分類される銘柄群の株価変動は、共通のリスクにさらされていると考えられるからである。

　リスク・クラスタリングを特定した後に、どのように等金額型の加重方法を持ちこむかであるが、リスク・クラスターごとのサブ・インデックス（これは時価総額型で構築される）を等金額で持つやり方が一般的である。[13]　もちろん、発想の豊かな人はすぐに別の方法を思いつくだろう。まず、ある時価総額型の指数を、（時価総額型の）サブ・インデックスで分割し、それぞれのサブ・インデックスを（構成銘柄のレベルで）等金額型にする方法である（逆に言うと、等金額型サブ・インデックスをサブ・インデックスの時価総額で積み上げるやり方）。リスク・クラスタリングに着目しているとはいえ、前記のような、時価総額型のサブ・インデックスを等金額で持つやり方と等金額型のサブ・インデックスを時価総額で持つやり方は、いずれも等金額型のコンセプトを何とかして時価総額型の指数に持ち込もうという方法である。したがって、これらもまた等金額と時価総額型の関係を大きく踏み出すものではない。もちろん、リスク・クラスターを特定する際には過去データの検証は必要である点で一手間かかっている。ある確立した業種分類を用いるだけならば、過去データの検証は不要でありそれほど手間はかからないが、その業種分類に依存した方法となる（つまり、分類方法の違いによって指数の内容が変わる可能性がある）。

　リスク・クラスタリング・ウェート型指数が登場した背景には、「指数全体を等金額型にすると、リスク・クラスター別に見た時価総額構成が、ベンチマークのリスク・クラスター別時価総額構成と大きく乖離する」との懸念がある。特に、業種別のリスクの偏りを危惧する実務家が多い。一例として、たびたび登場するスマートベータ1号（等金額型のTOPIX）の業種別時価総額構成比をベンチマークであるTOPIXのそれと比べると（図表3-4）、確かに、自動車・輸送機や電機・精密、金融などの時価総額構成比がアンダー・ウェートになる一方で、建設・資材、素材・化学、情報通信・サービスその他、商社・

13）　米国の資産運用会社であるQS Investors（現在はLegg Masonの傘下）が提案するDBI（Diversification Based Investing）などがある。

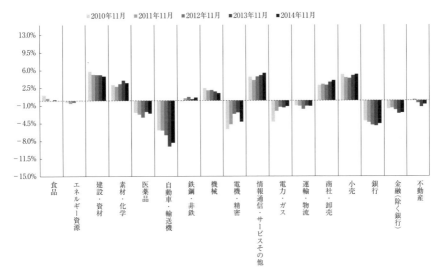

図表3-4　等金額型 TOPIX の業種別超過ウェート

(注)　2010年11月初～2014年11月初。リバランス（年1回）ごとの対 TOPIX 超過ウェート。東証17業種。

卸売や小売などがオーバー・ウェートになることがわかる。等金額型指数はベンチマークに対して相当な業種別のリスクを取っていることになる（前述のように、スマートベータ1号のアクティブ・シェアは67％である）。

　等金額型の恩恵には浴したいが、このような業種の偏りは避けたいという向きには、リスク・クラスタリング・ウェート型が1つの解決法として魅力的に映るだろう。例えば、業種別サブ・インデックスを構成銘柄のレベルでそれぞれ等金額型にしたうえで、サブ・インデックスのレベルで時価総額型に積み上げる方法（業種内で等金額にする方法）を採れば、業種別の時価総額構成比はベンチマークと比べてもまったく差はないことになる。これを個別銘柄レベルで見ると、業種内では等金額のウェートとなっているが、業種間で銘柄の構成ウェートを比べると、業種別インデックスの時価総額規模の比率でウェートの大きさが違うという結果になっているだろう。

　これに対して、時価総額型の業種別サブ・インデックスを等金額で持つリスク・クラスタリング型のウェート（業種を等金額にする方法）では、当然、ベンチマークとの業種別時価総額構成比の差が残る。業種構成をベンチマークと

構成銘柄	（業種）	時価総額型（CW）	業種を等金額	業種内等金額
トヨタ自動車	（製造）	50.0%	27.8%	30.0%
三井住友FG	（金融）	20.0%	33.3%	20.0%
日本たばこ産業	（消費）	15.0%	25.0%	10.0%
パナソニック	（製造）	10.0%	5.6%	30.0%
ファーストリテイリング	（消費）	5.0%	8.3%	10.0%
		100.0%	100.0%	100.0%
アクティブ・シェア		—	26.7%	25.0%
有効構成銘柄数（ENC）		3.1	3.8	4.2

図表3-5　業種別に見たリスク・クラスタリング・ウェート

(注)　業種を等金額：製造、消費、金融の業種全体を等金額（業種内は時価総額）加重。
　　　業種内等金額：業種全体を時価総額（業種内は等金額）加重。

合わせるという目的に照らすと間違った方法論であると言わざるをえないが、業種別サブ・インデックスの中は時価総額型になっているので、等金額型指数に比べて、個別銘柄レベルでの投資可能性の問題は大幅に軽減しているだろう。要は、指数をデザインする際に、どういう投資目的を実現しようとしているのかに合わせて、等金額型の考え方を持ちこむ方法が違うということである。

　これらの業種別のリスク・クラスタリング・ウェート方法について、5銘柄からなる時価総額型に対してどのような効果があるのかを確かめてみよう。少し乱暴だが、同じ業種であれば、同じリスク・クラスターに属すると仮定して、5銘柄を製造業、金融、消費の3つの業種にまとめてみた（図表3-5参照）。

　業種内を等金額にする方法では、製造業（トヨタ自動車とパナソニック）の時価総額構成比が60％、消費（日本たばこ産業とファーストリテイリング）が20％、金融（三井住友フィナンシャルグループ）が20％で、ベンチマークの業種別時価総額構成が等しいことを確認してほしい。一方、業種を等金額にする方法では、各業種の時価総額構成比が1/3（約33％）になっている。アクティブ・シェアを見ると、業種を等金額にするほうが、業種内を等金額にするよりもアクティブな内容となっていることがわかる。前者は対ベンチマークで業種リスクを取っているからである。一方、有効構成銘柄数を見ると、図表では業種内を等金額にするほうがより分散化されたポートフォリオとなったことがわかる。ただし、ここでの結果はそもそも銘柄数が極端に少ないことが影響して

いる可能性があるので、この結果を一般化するのはなかなか難しいかもしれない。

ここではリスク・クラスタリング・ウェート型の例として、業種を持ち込んで説明したが、リスク・クラスタリングの方法は無限にある。基本構造は、時価総額型と等金額型との合わせ技であることには変わりないが、リスク・クラスターを推定するには多くの過去データを集めて検証しなければなるまい。また、どのようなリスク・クラスターで銘柄群を分類するかという点については、当然、モデル・リスクがあることに留意したい。

5　ファンダメンタル型指数

ファンダメンタル型指数については、第2章3節で既に概説した。利益や株主資本などの、時価総額に代わる、企業価値を表す何か別の指標で企業規模（経済活動の規模）を定義して、その相対的な大きさを銘柄ごとの構成ウェートとして割り当てる仕組みとなっている。企業規模型や経済規模型などと称される場合もある。

前節まで見てきたいくつかの方法は、等金額型をどのように時価総額型に持ちこむのかという視点で考案されたものだった。これに対して、ファンダメンタル型は単に等金額型を応用するのではなく、等金額型のメリットを享受しつつ、そのデメリットを解消するべく、試行錯誤した結果たどり着いたウェート方法であるという点で一味違う。当然、等金額型を凌駕する内容を持つ、という触れ込みだ。槍玉にあげられた等金額型の短所とは、小型・低流動銘柄をオーバー・ウェートすることに起因する投資規模の拡張性（キャパシティ：第7章2節を参照）の不足、入替回転率の高さや売買インパクト、といった戦略の実行に伴う取引コストなどである。[14] また、リスク・クラスタリング・ウェート型で見たように、等金額型は個別銘柄への構成ウェートの割り当てに際して企業規模などをまったく考慮しないので、対ベンチマークでの業種配分に大き

---

14) Kose and Moroz (2014)、Aked et al. (2014) など。詳しくは第7章を参照のこと。

な偏りが出てしまう点などである。ファンダメンタル型では、時価総額とは異なるものの、企業規模を表す代理変数をウェート方法に用いることで、こうしたデメリットを軽減したと言われている。[15] その一方、財務情報をベースとした企業規模の代理変数は短期間に大幅には変動しないので、各構成銘柄に割り当てられるウェートは固定的なものとなり、時価総額型との相対では等金額型と類似の逆張り投資の効果が生じる。ファンダメンタル型が特に脚光を浴びたのは、2000年代初頭のITバブルとその崩壊のタイミングであった。いわゆるドット・コム企業の非合理的な株価形成に追随しなかったことで良好な相対パフォーマンスが得られたことが幸いしたのである。ファンダメンタル型は等金額型と同じルーツを持つアイデアであり、当時は、そのメリットを十分に発揮したと言えるだろう。

　では、5銘柄から構成される時価総額型指数の例を用いてファンダメンタル型のウェート方法を確認してみよう。企業規模（経済活動の規模）の代理変数を導くのに、むやみやたらに財務指標をこねくり回すようなことをするとわかりにくくなる（し、何かと疑われそうな気もする）ので、ここでは非常に単純に利益水準の規模を企業の代理変数として考えてみたい。経済学では利潤最大化が企業の行動基準とされているから、これを代理変数とするのはそれほど奇異な考え方ではないだろう。5銘柄の利益水準を測る指標として、経常利益（銀行の場合は、税金等調整前当期純利益[16]を想定）を取り上げ、（単年度の数字でブレが大きいとは思うものの）2004年末の値を選ぶことにした。図表3-6では、経常利益の相対的な大きさを代理変数としたファンダメンタル型のウェート方法を、時価総額型および等金額型と比較している。

　ここでのファンダメンタル型ウェートは、（代理変数としての）企業規模に配慮している点で確かに等金額型とは異なるものであり、かつ、時価総額型とも異なるウェートに仕上がっていることがわかる。企業規模に配慮したことでアクティブ・シェアは等金額型に比べて低めの水準にとどまった。しかし、こ

---

15) 逆に、企業規模を考慮したことで、指数の集中度は高くなる（ENCは小さくなる）。
16) ここで例として取り上げた、三井住友フィナンシャルグループの2005年3月末当時の会計基準は日本（連結）であり、SECもしくはIFRSの基準でいう税金等調整前当期純利益に対応する数字として連結経常利益を採用した。

の例では構成銘柄ウェートがトヨタ自動車に大きく偏ったものとなったため、ENCは時価総額型よりも小さい値となってしまっている。つまり、この時点では、利益規模の大きかったトヨタ自動車に偏った、時価総額型よりも集中度の高い指数となってしまっている。もちろん、こうした結果は、何を代理変数とするのか、代理変数となる指標をどの時点で計測するのかなどの点に大きく依存しているし、銘柄数が極端に少ない例で、かつ代理変数の方法を極端に単純化したことで、このような集中度の高い指数となってしまった可能性もある。実際には、ファンダメンタル型指数は、市場全体もしくは大型株全体を対象とすることが多く、企業規模の代理変数も複数の財務指標を採用し、しかも過去数年の平均値を用いて構築することによって、指数がより分散化するような工夫がなされている。

Arnott et al.（2005、2009）が提唱したファンダメンタル・インデックス[17]では、売上高、キャッシュフロー、株主資本、配当の4つの財務情報について過去5年程度の平均値を基に総合指標を作成し、これを企業規模の代理変数としている。財務指標は試行錯誤の結果選ばれたのだろうが、売上が立ってお

構成銘柄	（業種）	時価総額型（CW）	ファンダメンタル型（FW）	等金額型（EW）
トヨタ自動車	（製造）	50.0%	69.1%	20.0%
三井住友FG	（金融）	20.0%	13.4%	20.0%
日本たばこ産業	（消費）	15.0%	8.4%	20.0%
パナソニック	（製造）	10.0%	6.7%	20.0%
ファーストリテイリング	（消費）	5.0%	2.5%	20.0%
		100.0%	100.0%	100.0%
アクティブ・シェア		—	19.1%	30.0%
有効構成銘柄数（ENC）		3.1	2.0	5.0

図表3-6　ファンダメンタル型ウェート（経常利益）

(注)　FW：ファンダメンタル型。
2004年11月末時点の経常利益（本決算）の直近値を企業規模の代理変数とし、その相対的な大きさを算出し、構成ウェートとした。

---

17)　正式には、Research Affiliates Fundamental Index で、RAFIとして知られている。Research Affiliates は Robert Arnott が2002年に創設。

り、キャッシュフローもちゃんとあり、かつ、株主還元も行うような企業像が表現されているので、ファンダメンタル・インデックスには指数のユーザー（＝投資家）に対するそれなりの訴求力があると言えよう。しかも、パフォーマンス上の実績もあるので、実務でも支持される方法論として説得力を持っているのだろう。

　ただ、ファンダメンタル・インデックスは革新的な投資アイデアであることには間違いないものの、やはり試行錯誤のうちに現在の手法にたどりついたという印象は否めない。なぜこの指標が代理変数たりうるのか、もしかしたら他にもっと良い指標があるのではないか、といった疑念はどうしても残る（モデル・リスクがあるということである）。また、財務指標を用いて構成ウェートを作り出すため、構成銘柄に関する大量の過去データの処理が必要となる点は、指数の作り手にとって煩瑣であるだけでなく指数のわかりにくさにつながっている。さらに、この方法論には理論的な裏づけが希薄だとの辛口の評もある。株価を決定づけるのは利益水準であり、売上やキャッシュフローは株価形成の重要な要素とはなりえないというそもそも論を持ち出されることもあれば、それぞれの財務指標およびその合成指標は、株価に対する説明力がないという実証結果も少なからず存在する。[18]

　それでもなお、ファンダメンタル型の加重方法は間違いなく非時価総額型であり、本書でのスマートベータの定義によく当てはまる。ファンダメンタル・インデックスの登場は他の指数に比べて早く、スマートベータの先駆けとしての位置付けは変わらないだろう。

---

[18] Amenc et al. (2015) は、自己資本、売上、配当、キャッシュフロー、およびその総合指標を用いたファクター（上位と下位それぞれ30％からなる時価総額ポートフォリオのロング・ショートのリターン）が統計的に有意なリスクプレミアムをもたらすことはない一方で、同様に計算されるPBRやPERのファクターには有意なリスクプレミアムが存在することを実証している。

6 等リスク寄与型指数と低ボラティリティ型指数、非相関型指数

　等金額型は、読んで字のごとく、ある資金が与えられた時に、投資対象に等しい金額が割り当てられるように配分する方法である。等金額型では、ファンダメンタル型が考慮するような財務指標などの、投資対象の属性はまったく考慮されることはなく、また、ボラティリティ（価格変動の激しさ）や銘柄間の相関も当然であるが考慮されない。投資対象に対して事前に等金額になるように資金配分をしても、構成銘柄のリスク水準は異なっているので、各構成銘柄がポートフォリオ全体に対して与えるリスクの程度は等しくならない。そこで、投資対象に等しい金額を割り当てるのではなく、ポートフォリオ全体に対する投資対象のリスク寄与が等しくなるように（Equal Risk Contribution）リスク量の観点から資産配分を考える方法が発案された。これが等リスク寄与型指数と呼ばれる方法である。等金額型が金額の配分を一定にする考え方であるのに対し、等リスク寄与型はリスク配分を一定にする考え方である。

　Maillard et al. (2010) は、構成銘柄の過去のリターンのボラティリティと相関係数を用いて、個々の構成銘柄の指数全体のリスクへの寄与を計測し、この寄与が等しくなるようなウェート方法を提案している。では、指数（ポートフォリオ）に対する構成銘柄のリスク寄与はどのように考えられているだろうか。個別銘柄のリスク寄与は、そのボラティリティの水準と他の構成銘柄への相関係数で決まる。そこで、まず、仮に銘柄間の相関がすべて等しいと（少々無理な）仮定を置くと、ボラティリティだけを考えればよいことになり、各構成銘柄をそのボラティリティの逆数で加重すれば、各銘柄のボラティリティの寄与は等しくなる。これが、銘柄間の相関を考えない**低ボラティリティ型ウェート**の考え方である。次に、仮に全銘柄のボラティリティが等しいと（またも無理な）仮定を置くならば、他の銘柄に対する相関が最も低いものを考えればよく、（加重平均によって得られた）相関係数の逆数で加重することによって、**非相関型**のウェート方法が得られる。不自然な仮定をまったく置かないならば、各銘柄の指数（ポートフォリオ全体）に対するベータの逆数で加重

構成銘柄	CW	ERC（1/β）	1/Vol	1/Cor
トヨタ自動車	50.0%	17.9%	23.5%	16.9%
三井住友FG	20.0%	15.4%	18.2%	17.0%
日本たばこ産業	15.0%	26.7%	20.9%	24.0%
パナソニック	10.0%	18.0%	19.7%	16.8%
ファーストリテイリング	5.0%	22.0%	17.6%	25.3%
	100.0%	100.0%	100.0%	100.0%
アクティブ・シェア	—	36.7%	28.2%	36.1%
有効構成銘柄数（ENC）	3.1	4.8	4.9	4.8

図表3-7　等リスク寄与型指数、低ボラティリティ型指数、非相関型指数

(注) ERC（1/β）：等リスク寄与型、1/Vol：低ボラティリティ型、1/Cor：非相関型。それぞれ2005年3月末から2015年3月末の日次データで実測してウェートを計算。

することによって、一般的な**等リスク寄与型**のウェート方法が得られる。

これらのウェート方法をおなじみの5銘柄から構成されている時価総額型指数および等金額型指数と比較してみよう（図表3-7）。

図表3-7では、一般的な等リスク寄与型（ERC：実際にはベータの逆数で加重）、銘柄間の相関を考慮しない低ボラティリティ型（1/Vol：ボラティリティの逆数で加重）、構成銘柄のボラティリティ水準を考慮しない非相関型（1/Cor：加重平均した相関係数の逆数で加重）、の3つについて、各銘柄の、ベータ値（5銘柄から構成されている時価総額指数に対する各構成銘柄のベータ）、ボラティリティ（各構成銘柄の日次リターンの標準偏差）、加重平均した相関係数（5銘柄から構成される時価総額型指数に対する他銘柄との相関係数を時価総額で加重）を2005年3月末から2015年3月末までの日次データで実測してウェートを計算した。

時価総額型と比較したアクティブ・シェアを見ると、いずれも等金額型とほぼ同水準の30％前後となっている。また、ENCを見てもほぼ等金額型に近い値となっていることがわかる。これは、そもそも5銘柄に割り当てられた構成ウェートが等金額型の場合のウェートである20％からそれほど遠くない水準のウェートに収まっているからである。この5銘柄はリスク水準も他の銘柄との相関もそれぞれ異なってはいるが、株式という同じリスク・クラスに属し、しかも日本株市場で取引される銘柄であるため、どの手法を用いたとしても、各

構成銘柄の指数全体に対するリスク寄与は"それなりに"近い値となってしまう。その結果、等金額型と類似した（＝それほど変わらない）ウェートが付与される。[19]

なお、理論的には、等リスク寄与型は等金額型と（次節で紹介する）最小分散型の中間に位置している。[20] 最適化の結果として得られる最小分散型は、特に制約を設けないかぎり、特定の銘柄に構成ウェートが集中する場合があり、等リスク寄与型は最小分散型に等金額型の考え方を持ち込んで、最小分散型よりもバランスのとれた内容（つまり指数の分散化）を提供してくれるようなデザインとなっている。一方で、株価指数で等リスク寄与型の手法を取り入れても、結果として等金額型に類似しているのであれば、投資可能性に課題があるというデメリットももれなくついてくる。

こうした特性を持つ等リスク寄与型であるが、通常、時点ごとにリスクは変動するので、定期的にリスクを計測し、等しいリスク配分とするために、金額配分を調整する必要がある。期待リターンを使う必要はないので、モデル・リスクはそれほど大きくないが、それでもやはり、ボラティリティや相関係数の計測方法、定期的なウェート見直しの頻度、などによって指数の内容は変わる。指数デザインのあり方にモデル・リスクが潜んでいる点には留意したい。

---

[19] 債券と株式などのように投資対象のリスク水準が大幅に違う場合の等リスク寄与型の資金配分であれば、こういう事態にはならないだろう。

[20] ある指数（ポートフォリオ x）のリスクを $\sigma(x)$ とすると、

$$\sigma(x) = \sum_{i=1}^{N} \sigma_i(x) = \sum_{i=1}^{N} x_i \frac{\partial \sigma(x)}{\partial x_i}$$

ここで、等リスク寄与型指数の構成銘柄のウェートの考え方は $\sigma_i(x) = \sigma_j(x)$ なので、

等リスク寄与型のウェート： $x_i \frac{\partial \sigma(x)}{\partial x_i} = x_j \frac{\partial \sigma(x)}{\partial x_j}$

である。一方、

等金額型のウェート　　　： $x_i = x_j$

最小分散型のウェート： $\frac{\partial \sigma(x)}{\partial x_i} = \frac{\partial \sigma(x)}{\partial x_j}$

であるので、等リスク寄与型は等金額型と最小分散型のどちらの要素も持っており、その中間に位置していることがわかる。詳しくはMaillard et al.（2010）を参照のこと。

7 最適化アプローチで重要な2つの戦略
―― 最小分散型と最大シャープ・レシオ型

　前節までは、いわゆるヒューリスティック型のスマートベータの構築方法を詳説してきた。いずれも等金額型を出発点とし、等金額型の持つ課題をどう克服するかという発想で試行錯誤が繰り返される中で発展してきた指数構成ウェートの考え方であった。ヒューリスティック型では構成銘柄間の相関は考慮されない（前節で見た非相関型では相関係数が登場したが、個別銘柄の他銘柄との相関係数の加重平均値を計算し、その逆数を用いて加重する方法であった）。これに対して、銘柄間の相関を考慮するスマートベータの構築方法としては、最適化アプローチがあるが、その理論的背景、意義、課題などについては第2章5節で既に述べた。[21]

　最適化アプローチで構築されるスマートベータのうち、理論上で特に重要な意味を持つと考えられるのは、既述のように最小分散型と最大シャープ・レシオ型の2つである。教科書に書かれている平均・分散モデルをそのまま指数で表現できる点で、最適化アプローチは華麗でプロっぽいのだが、この手法には

構成銘柄	過去リターン (μ)	標準偏差 (σ)	A	B	C	D	E
トヨタ自動車（A）	11.9%	30.1%	1.00				
三井住友FG（B）	2.9%	38.8%	0.60	1.00			
日本たばこ産業（C）	17.3%	33.9%	0.40	0.33	1.00		
パナソニック（D）	6.4%	35.9%	0.63	0.48	0.33	1.00	
ファーストリテイリング（E）	27.7%	40.2%	0.37	0.35	0.31	0.32	1.00

図表3-8　5銘柄の過去リターン、標準偏差、相関係数
(注)　2005年3月末から2015年3月末までの日次データを基に計算し、年率換算。

---

21) 低ボラティリティ型（等リスク寄与型の一種）と最小分散型は、いずれもボラティリティを抑制する戦略という点で類似しているが、導出の際に構成銘柄間の相関を考えるか否かという点が分岐点となっている。銘柄間の値動きの相互の関係を考慮してポートフォリオ全体のリスクを低減するという、ファイナンスの理論の醍醐味は最適化アプローチで導出される最小分散型のほうにある。ヒューリスティック・アプローチで導出された低ボラティリティ型については、6節を参照のこと。

期待リターンの推定と分散共分散行列の推定が不可欠という難点もある。こうした推定を正確に行うことはほぼ不可能であり、かつ、入力値の微細な差が最適化の結果を大きく狂わせる可能性があることも既に指摘した。

ここでは例の5銘柄の過去リターンに基づいて、その平均および分散共分散行列を計算し、これをあたかも事前に知っていたかのように（後知恵で）最適化を行って、最小分散型と最大シャープ・レシオ型の指数構成ウェイトを実際に作ってみよう。[22]

まず、2005年3月末から2015年3月末までの10年間の日次データに基づいて、5銘柄の過去リターン、その標準偏差（いずれも年率換算）、および相関行列を計算した（図表3-8参照）。

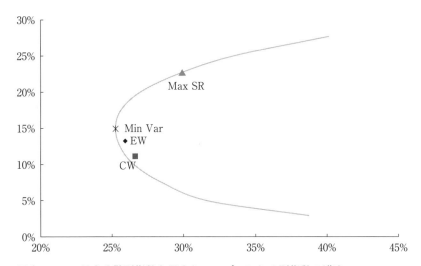

図表3-9　最小分散型指数と最大シャープ・レシオ型指数の導出

(注)　CW（時価総額型）：図表3-1における時価総額型ウェイト。
　　　EW（等金額型）：2004年11月30日時点に等金額型で構成銘柄を保有した場合の数値を計算。
　　　Min Var（最小分散型）、Max SR（最大シャープ・レシオ型）：2005年3月末から2015年3月末の日次データを基に平均リターンと標準偏差、相関係数を計算し、最適化型の構成ウェイトとして計算。

---

22) 後知恵など卑怯ではないかと思う読者は、第4章1節で最適化アプローチの2つのウェイト手法について（ズルをしない方法で）そのパフォーマンスを検証するので、そちらをご覧いただきたい。

構成銘柄	(業種)	CW	Min Var	MSR
トヨタ自動車	(製造)	50.0%	34.2%	7.7%
三井住友FG	(金融)	20.0%	5.6%	0.0%
日本たばこ産業	(消費)	15.0%	30.6%	36.2%
パナソニック	(製造)	10.0%	13.1%	0.0%
ファーストリテイリング	(消費)	5.0%	16.5%	56.0%
		100.0%	100.0%	100.0%
アクティブ・シェア		—	30.2%	72.3%
有効構成銘柄数（ENC）		3.1	3.9	2.2

図表3-10 最小分散型指数と最大シャープ・レシオ型指数

(注) Min Var：最小分散型、MSR：最大シャープ・レシオ型。
2005年3月末から2015年3月末の日次データを基に平均リターンと標準偏差、相関係数を計算し、最適化し、それぞれ構成ウェートを計算。

　最小分散型（Min Var）と最大シャープ・レシオ型（Max SR）の2つのウェート方法を導出するには、このデータを基に、単に、構成銘柄のウェート（非負＝ゼロ以上）が合計で100%になるという条件下で、分散の最小化、シャープ・レシオの最大化を行えばよい。[23] ちなみに、「構成銘柄のウェート（非負）が合計で100%」ということを満たしていればいいので、ある銘柄のウェートがゼロ（その銘柄には投資しない）、ある銘柄の構成ウェートが100%でそれ以外のウェートは全部ゼロ（1銘柄にのみ投資する）となることは許容することになる。

　5銘柄の有効フロンティアを図示してみたのが図表3-9である。参考までに、期初に時価総額型（CW）で5銘柄を持った場合および等金額型（EW）の場合も同図表に一緒に示してみた。これを見ると、EWはCWよりも左上（リスクが低くリターンが高い方向）に位置しており、CWよりもリスク・リターンの関係で効率的であったことがわかるが、これらは両方とも事後的に計算された有効フロンティアの内側でしかもMin Varよりも右下、つまり、リスク・リターンの効率性の観点では劣後した位置にあったことがわかる。ま

---

[23] これは学部もしくは大学院のファイナンスの演習でよく課題に出される作業であり、エクセルのソルバー機能で行うことができる。腕に覚えのある読者は図表3-8の数値を使って検算されたい。

た、リターンの点では Max SR に劣後している。ただし、これは Min Var と Max SR が、後知恵で計算された結果だからともいえる。この図表が物語っているのは、「期初に5銘柄を時価総額加重で保有しようが、等金額で保有しようが、その方法は最適ではなかったことが、後でわかった」というストーリーにすぎない。

　最適化の結果得られた、5銘柄から構成される Min Var と Max SR（以下、MSR）のウェートを図表3-10に示したが、一見してわかるのは、最適化アプローチで構築されたこれら2つのウェートは、時価総額型のウェートとは様相がずいぶん違うということだろう。[24] 最小分散型のアクティブ・シェアは、5銘柄の例では2節で見た等金額型とほぼ同水準ながらほんの少し高めとなっている。最大シャープ・レシオ型に至っては、5銘柄中2銘柄のウェートがゼロ（つまりこれらの銘柄には資金配分しない）という結果になり、最大シャープ・レシオ型のアクティブ・シェアは70％を超えている。一方、ENC を見ると、最小分散型は時価総額型よりも分散化している（ENC が大きくなっている）が、最大シャープ・レシオ型の ENC は2.2とむしろ指数の集中化が起きている。最大シャープ・レシオ型のウェートでは、3銘柄のみに投資するのが最適だったという結果なので、これは当然である。

　アクティブ・シェアの大きさは、入替回転率の高さという、第2章5節で説明した最適化アプローチの実務上の課題に直結している。ここでの最小分散型の構成ウェートは偶然にも比較的穏健なものに収まったが、入力するリターン、標準偏差、相関係数が変われば、当然、最大シャープ・レシオ型の例のように極端なウェート構成が出現することも十分にありうる。最適化アプローチのスマートベータを指数化する場合には、定期的なリバランスを行うのが普通だが、ある極端なウェート構成が、まったく別の、やはり極端なウェート構成にリバランスされることも当然起こるだろう。構成銘柄レベルでは、大きな

---

24) 事後的に見ると（＝後知恵では）、時価総額型のウェートはやはり最適なウェートではなかった、ということである。したがって、ウェートを非時価総額型にすることで時価総額型よりもスマートな投資成果が得られる可能性があるということになる（したがって、本書が非時価総額型指数をテーマとしてとりあげたことに意義があったことになる。まずは一安心だ）。

ウェートが与えられたり、突然ゼロになったりする場合が頻出するかもしれない。時価総額型の指数では（経営破綻などにより突然ウェートがゼロになる場合を除けば）ある構成銘柄のウェートが突然ゼロになることはほぼないので、この点で最適型のスマートベータは時価総額型とは大きく異なっている。最適型スマートベータの入替時の回転率の高さは、売買インパクトによる実際の投資リターンの劣化や指数に連動する運用資産規模の制約につながってくるだろう。

そこで、最適化アプローチのウェート手法には、実務の段階になると様々な制約が持ち込まれることになる。リバランス回数や回転率を制約して大きな構成ウェートの変化を避けたり、小型・低流動の銘柄を事前にスクリーニングで外して投資可能性の問題を緩和したり、取引コストを推定するモデルを持ち込んで期待リターンに手を加えたり、と最適化プロセスの中に様々な制約条件が課される。また、投資対象の分散に配慮した規制がある場合もある。例えば、欧州の投資信託（UCITS：Undertaking for Collective Investment in Transferable Securities）には投資家保護のために5/10/40ルールと呼ばれる規制があるが、これは、①一銘柄への投資上限が純資産総額の5％とされており、②投資後にこれを超えた時の臨時の投資上限が10％にとどめられ、かつ、③このように投資上限を超える銘柄の合計が全体の40％にならないようにする、というルールである。このルールにより投資信託の設計の段階で分散投資の原則が貫かれるというのがこの規制の趣旨である。図表3-10のMSRの例で示唆されているように、最適化アプローチを"野放し"にするならば、この5/10/40ルールはまず順守できないだろう。最適アプローチで構築されるスマートベータを欧州で投資信託にしたいならば、この分散投資のルールをも最適化の際の制約条件に盛りこむ必要がある。[25]

一般に、最適化アプローチで構築されるスマートベータは、実務上の要請から何がしかの制約が課されているとみておくべきだろう。特にそれが商業的に提供されている指数であればなおさらである。5銘柄の例で構築したMin Var

---

[25] STOXX（2015）の最小分散型指数の制約付きバージョンが好例であり、5/10/40ルールが考慮されている（指数デザイン上は、4.5/8/35と厳しめのルールになっている）。

と Max SR（MSR）には実務上の制約などは何も課していなかったが、実際にスマートベータを構築する際の処理はもっと複雑だということだ。もちろんその複雑な処理を経た結果として得られたウェートは、制約がない場合に比べて投資可能性などの点でより"まろやかな"ものにはなるだろうが、同時に、もはや最適ではないものになってしまっていることを意味していよう。モデル・リスクもまた複雑化している。

8 さらなるウェート方法の模索

　本章では、ヒューリスティック・アプローチと最適化アプローチにしたがって、代表的なスマートベータ、つまり非時価総額型のウェートがどのように構築されるのかを説明してきたが、ここではあくまでも代表的なウェート方法のみを紹介した。5銘柄にまで絞り込んだ例で示したため、大まかなイメージをつかんだうえで非時価総額型のウェートの仕組みをご理解いただけたとは思うが、あまりに単純化した説明なので、本章の内容を一般化して語るのは少々危険かもしれない。

　この危険性を認識しているにもかかわらず、あえて言わせてもらうが、まったく同じ構成銘柄であってもそのウェートの持ち方次第では、比較対象となる時価総額型に比べて、よりアクティブな、かつ、非集中化した内容が実現できる点を強調しておきたい。さらに、構成銘柄のウェートをベンチマークである時価総額型のウェートと事前に比較するだけで、スマートベータとされるウェート方法がどのような特徴を持つのかをある程度は把握できる。アクティブ・シェアの大きさは、実際に運用された場合のベンチマークに対するトラッキング・エラーの大きさと関連づいているし、有効構成銘柄数（ENC）を見ればリスクが大型銘柄にどの程度集中しているのか、その相対度合いはわかるだろう。非時価総額型にする（スマートベータ化する）仕組みを理解し、アクティブ・シェアや ENC などの指標を活用することが、スマートベータを使う第一歩となる。

　なお、本書の執筆時点では、高配当、低ボラティリティ、クオリティ（ROE

重視）などの評価軸で銘柄スクリーニングを行った指数を、無条件にスマートベータと分類している風潮があるように感じられるが、銘柄スクリーニングを行えば、（狭義の）スマートベータになるわけではないことには留意していただきたい。第1章7節で述べたように、銘柄スクリーニングを行った後に、それを時価総額型加重で保有するものは、本書ではスマートベータの定義に含めないこととした。この定義に拘泥する気は毛頭ないが、実務上で気をつけておかなければならないのは、あるスクリーニング基準を持ちこむと、当然、投資対象の母集団（もしくは原指数）の全体に比べて構成銘柄数は少なくなり、スクリーニングされた銘柄群の比率が高まるため、結果として母集団よりもリスクが高くなることである。銘柄を絞りこむことがスクリーニングの目的だから当然なのだが、スクリーニング後の状況はティルト（傾斜）と呼ばれ、特定のセグメントに絞り込んだ銘柄での集中投資になりがちである。ティルトした状況で構成銘柄を時価総額で加重すると指数はさらに特定の銘柄に集中することになる。[26] 本章でも確認したように、ウェートを非時価総額型とすることで、指数は非集中化（分散化）できることがわかった。銘柄スクリーニングを行って指数を構築するならば、構成ウェートは等金額型や、その他の何らかの代替ウェート手法を用いるほうがリスクの観点では無難だと言えよう。商業的に提供されるスマートベータが何らかのスクリーニングを行って構築される戦略であるならば、構成ウェートは非時価総額型になっているほうが、商品パッケージとしては安心感があると言えるだろう。

"非"時価総額型であればスマートベータと呼べるならば、各銘柄の時価総額とは違うデータを持ち込んでそれをいじればよいだけなので、その作り方はいくらでもある。これからも様々な手法が提案されるだろう。意味があるかどうかは別として、時価総額の逆数（これがスマートベータ2号！）、時価総額の平方根ウェート（時価総額の順位は保存されるが、ウェートは非集中化する）などいくらでもアイデアはあるだろう。ファンダメンタル型の一種として

---

[26] 例えば、配当利回りの高い銘柄を厳選して、これを時価総額型で持つことを想像してほしい。これらの銘柄群のうち、最も時価総額が大きな銘柄が減配したり、上場廃止になったら全体のパフォーマンスはどうなるだろうか。仮に、等金額型で加重していたとしたら、ネガティブな影響も $1/n$ に抑えられるだろう。

構成銘柄	(業種)	CW	EW	10本の平均
トヨタ自動車	(製造)	50.0%	20.0%	31.1%
三井住友FG	(金融)	20.0%	20.0%	16.8%
日本たばこ産業	(消費)	15.0%	20.0%	21.5%
パナソニック	(製造)	10.0%	20.0%	13.7%
ファーストリテイリング	(消費)	5.0%	20.0%	16.9%
		100.0%	100.0%	100.0%
アクティブ・シェア		—	30.0%	22.1%
有効構成銘柄数（ENC)		3.1	5.0	4.6

図表3-11 平均化されたスマートベータ

(注) 本章で登場したDW（0.75）、40% Cap、3つの等リスク加重型、2つのリスク・クラスタリング型、ファンダメンタル型、2つの最適化型のウェートを平均してウェートを計算。

配当総額などの財務データで加重したり、何がしかの株価指標を加工（スコア化）したもので加重したり、はたまた、等リスク寄与型の変形でシャープ・レシオ加重にしてみたり、と可能性は無限大だ。

本章で紹介した代表的なスマートベータのウェート方法をさらに（単純）平均化することもできる。これは、数本のスマートベータに"等金額型"で資金配分して、新しいスマートベータを作り出すのと基本的には同じ考え方である。図表3-11は、本章で紹介したスマートベータのうち、等金額型を除くウェート方法を10本選び、それを単純平均して新たな非時価総額型ウェートを作ってみたものである。ちょっと無茶をしている、というより、経済的な意味合いはほとんどないウェートと言ってよいのだが、あえて意味があるとすれば、1本のスマートベータで10本のスマートベータを選んだのと同じ効果がもたらされるはずのウェート方式と言えるだろう。

各構成銘柄には、何となくそれっぽいウェートが付与されているわけだが、最大シャープ・レシオ型のように尖ったウェートでも、ここではあくまでも10本のうちの1本ということで1/10のインパクトしかもたらさないので、全体としてはまろやかなウェートになっている。組み入れるスマートベータの本数を増やしていけば、平均化され等金額型（EW）に近づいていくであろう。これは、アクティブ・シェアや有効構成銘柄数を見てみても明らかである。さらに"工夫"すれば、10本のスマートベータを等金額型で束ねるのではなく、等

リスク加重型で束ねたり（本書の執筆中にこの方法が何となくトレンドになりそうな気配がある）、最小分散型で束ねたりすることもできる（スマート・ストラテジーやマルチ・ストラテジーなどと呼ばれる場合がある）。もっと違ったウェート方法を無尽蔵に作り出すこともできるだろうが、そのことに意味があるのか、それを受け入れる投資家がいるのかなどとはまったく別の問題である。

　こうしたウェート方法に関するアイデア（思いつき）を基に実際にインデックスを組んでみて、過去データによるシミュレーションを繰り返し、パフォーマンスを検証して、新たなスマートベータ商品が世に出てくるわけだ。もちろん、新しいアイデアが世の中に受け入れられるかは、その内容に何らかの説得力があり、かつ、パフォーマンスも（ベンチマークよりも）向上していることが最低限必要だろう。[27] 初見のスマートベータがいったい何者なのかを知るには、本章で見たように、そのスマートベータがどのように構築されたかをまず確認すべきである。次章では、スマートベータのパフォーマンスを考察するが、スマートベータの構築方法を理解しておくことは、パフォーマンスを検討する前さばきとして避けて通れないステップであると考えてほしい。

---

[27]　スマートベータ（非時価総額型指数）のパフォーマンスを測定するならば、時価総額型指数（ダメベータ）をベンチマークとするのではなく、等金額型指数をベンチマークとしてみてはどうだろう。高度なテクニックを駆使したスマートベータが、最もシンプルなスマートベータに勝てるのかを見てみたい気がする。

第 4 章 スマートベータのパフォーマンス

　前章では代表的なスマートベータの作り方を説明した。5銘柄の例では、ウェートを非時価総額型にすることで時価総額の大きなものに集中化した指数を分散化できることがわかった。一方、時価総額型指数が銘柄間の相関を見落としているという点については、最適化アプローチに基づいてデザインされるスマートベータ（最小分散型と最大シャープ・レシオ型）が1つの解決策となることもわかった。ウェートをいじっただけなのに、第2章1節で指摘した時価総額型指数の3つの欠点のうち、少なくとも集中化と相関の見落としという2つについては、スマートベータが十分に処方箋となりうるということである。

　当然、ウェートをいじった結果、どんな効果が得られるのかが気になる。5銘柄で作り上げたスマートベータは時価総額型に比べて本当にスマートなものになったのだろうか？　本章では、引き続き同じ5銘柄の例で実証するところから、スマートベータのパフォーマンスの話をはじめよう。

1　5銘柄で構成されたスマートベータの　パフォーマンスを比較する

　前章の5銘柄で構成される指数のパフォーマンスを検証するために、まずはこの5銘柄を構成銘柄とする時価総額加重型指数を計算し、これをパフォーマンス比較のための基準としよう。もし市場にこの5銘柄しかないと考えるなら

ば、この5銘柄からなる時価総額型指数が、市場インデックスであり、市場の代理変数であり、ベンチマークであるわけだ。[1] この時価総額型市場インデックスこそが、スマートベータが暗にダメベータと想定しているものであるとも言える。時価総額型は、文字どおりずっと時価で総額加重していくわけだから、リバランスはしない（簡略化のため浮動株調整[2]はしない。なお、指数計算に用いる株価については、分割などの株価修正はすんでいる）。計算に用いるのは、2005年3月末から2015年11月末の日次のデータである。なお、パフォーマンスの計測期間を通じて、5銘柄のみを構成銘柄とするので、途中で他の銘柄が構成銘柄に入ってきたり、どれかと入れ替わったりするようなことはまったく想定しなくてよい。[3]

この時価総額型（以下の図表中ではCWと略す場合がある）を原指数として第3章で紹介したスマートベータのうち、特徴的な以下の5つの指数を構築してパフォーマンスを比較してみよう。

(1) **等金額型**　等金額型指数（図表中ではEWと略す）は、毎年12月第一営業日に等金額型でリバランスを行う。つまり、等金額ウェートでスタートするが、1年間の株価変動ですっかりウェートが変わってしまったものを年末に改めて等金額ウェートになるように売買して調整するということを意味している。このウェートの考え方は特に難しい内容とは言えないが、その特徴については第3章2節を参照されたい。なお、等金額型も含め、ここで取り上げるすべてのスマートベータのリバランスのタイミングを12月第一営業日とし、同じ

---

[1] 前章からの流れとはいえ、なぜこの5銘柄なのかといぶかる向きもあろう。パフォーマンスが良かった銘柄を（後出しで）選んだのではないか、と。しかし、ここで作るスマートベータのパフォーマンスは、やはり（パフォーマンスが"良かったかもしれない"同じ5銘柄）の時価総額型指数で相対化して考察されるので、この心配は無用である。5銘柄の選び方については第3章1節を参照のこと。

[2] 実務的には浮動株調整は日々行われるわけではなく、定期的に行われる。定期的な浮動株調整のタイミングで、実は時価総額型指数のリバランスが行われていることになる。

[3] ただし、後述するように最適化アプローチのスマートベータやファンダメンタル型のように5銘柄を出発点としながらも、リバランスの際に一部の構成ウェートがゼロになりうるものについては、銘柄数が5を下回ることもあることに留意。

銘柄で構成ウェートを変えた（非時価総額型にした）場合のパフォーマンスの差異を比較しやすいように配慮した。

(2) **ファンダメンタル型**　ファンダメンタル型指数（図表中ではFWと略す）の例として、第3章5節では5銘柄の利益水準を測る指標として経常利益（単年度の数字）を取り上げ、これを各企業の経済規模の代理変数としてファンダメンタル・ウェートを作った。ここでも同様に、毎年12月第一営業日のリバランス時に、その時点で取得できる直近の本決算の数字を使ってファンダメンタル加重することにした。使っている財務指標が単年度のたった1つの指標のみという点で極端に単純化された計算方法ではあるが、この手順は実務でのファンダメンタル指数の定期リバランスとほぼ同様の作業である。財務指標については実績値を用いており、予想値も利用していないし、何ら予測してもいない。

　なお、リバランス時に単年度の経常利益がゼロ以下となった（つまり、赤字転落となった）場合には、その銘柄の構成ウェートはゼロとしている。したがって、構成銘柄数が5銘柄に満たないこともあるし、全構成銘柄が赤字という最悪の場合は、構成銘柄がゼロとなりうる。商業的に提供されているファンダメンタル型指数（当然だが、原指数の構成銘柄数が多い）では、複数の財務指標を持ち込んで経済規模の代理変数とする、単年度の数字ではなく過去数年の平均値を用いる、などの工夫がなされており、構成銘柄数がゼロとなる事態はほぼ想定しなくてよい。ここでの実験では、全構成銘柄のウェートがゼロになるという最悪の事態は避けられているが、この期間ではいくつかの銘柄が構成銘柄として採用されなかった年が数年あった。

(3) **低ボラティリティ型**　第3章6節で紹介した等リスク寄与型の一種として、低ボラティリティ型（構成銘柄の相関がすべて等しいと仮定した時の等リスク寄与型）を例として取り上げることにした（図表中ではLVと略す）。低ボラティリティ型は第7章で述べるように昨今投資家の注目を集めているスマートベータ戦略であることも理由の1つであるが、後述する最小分散型と比較することが例として取り上げた真の狙いである。同じリスク抑制型のスマー

トベータと言っても、ヒューリスティック・アプローチと最適化アプローチというスマートベータの構築方法の違いが、どのような効果をもたらすのか比較検討してみたい。なお、構成銘柄のボラティリティについては、毎年12月第一営業日のリバランス時に、過去1年間の日次データに基づいて日次リターンの標準偏差を計算し、その逆数を用いて作られたウェートを翌年のウェートとしている。

(4) **最小分散型**　最適化を行って構築される指数も計算してみよう。1つは最小分散型（図表中ではMVと略す）である。計算方法は第3章7節で紹介したものと同じであるが、毎年12月第一営業日のリバランス時に、過去1年間の日次データに基づいて5銘柄の平均リターン、その標準偏差、他銘柄との相関係数を計測したうえで、最適化を行い、そこで弾き出されたウェートを次年度のウェートとすることにする。過去1年間のデータ使って計算した値を翌年のデータの推定値にしているイメージになるが、この方法で毎年のリバランス作業を行うので、後出しジャンケン[4]と批判される筋合いはない。なお、実務での定期リバランスには最適化のプロセスに様々な制約条件が持ち込まれると述べたが、ここでのウェート計算には「ウェートは、非負（＝ゼロ以上）の値で、かつ、その合計は100％となる」という条件のほかにはいっさい制約条件を課していない。したがって、リバランス時に構成銘柄数が5銘柄に満たないことはありうるが、構成銘柄数がゼロになることはない。最小分散型なので、最適化のプロセスでは、字義どおり分散（ポートフォリオ全体の標準偏差）が最小となるような構成ウェートがはき出される。注目しておきたいのは、最小分散型と似ている低ボラティリティ型（銘柄間の相関係数を考慮せずに、単にボラティリティの低い銘柄のウェートを大きくしているもの）のパフォーマンスが、最小分散型とはどのように異なるのかという点である。

---

[4] 過去1年間のデータに基づいて計算されたウェートを翌年の指数構成ウェートとして用いているため、前年のデータに基づいて計算されたウェート（イン・サンプル）だが、これを次年度のウェート（アウト・オブ・サンプル）として持ち込むので、過去に遡ってあたかも知っていたように計算されたウェートではない。

(5)**最大シャープ・レシオ型**　最大シャープ・レシオ型（図表中ではMSRと略す）は、最小分散型と同じデータに基づいて（かつ同条件で）、ポートフォリオのシャープ・レシオが最大となるように最適化を行う。毎年12月第一営業日のリバランス時に「ウェートは非負で、合計で100％になる」という条件の下で、ポートフォリオのシャープ・レシオが最大となるようなウェートが算出される。このウェートは、過去1年間においてシャープ・レシオが最大であったと事後的にわかったウェートなのだが、これを翌年（1月初めから12月末までの期間）のウェートとしてリバランスを行う。くどいようだが、ここでも後出しジャンケンのようなズルはしていない。[5] リバランス時にある銘柄の構成ウェートがゼロとなる場合はあるが、構成銘柄数が1～5で決まるのは最小分散型と同様である。

　それでは、以上の特徴的な5つのスマートベータのパフォーマンスを、5銘柄からなる時価総額型（ベンチマークであり、この実験での原指数である！）との相対でパフォーマンスを比較しよう。図表4-1を見れば結果は明白である。さすが、スマートベータだ。5銘柄で構成される時価総額型指数をすべてアウトパフォームしているではないか！　裏を返せば、時価総額型指数はやはりダメベータだった。TOPIXをいじったスマートベータ1号と2号がTOPIXをアウトパフォームしたことと同じことが起きているわけだ。

　ウェートをいじったことでパフォーマンスが向上する理由を考察するのが本章の目的ではあるが、それを考える前に、図表4-1をもう少しよく観察しながら、個々の戦略についてパフォーマンスの特徴を細かく見ておこう。参考のために、図表4-2には、この期間の各戦略のパフォーマンス指標をまとめたのでこちらも合わせて考察してみよう。

　①この期間で最もパフォーマンスが良かったのは、最大シャープ・レシオ型（MSR）である。次にパフォーマンスが良かったのは最小分散型（MV）であ

---

[5] この実験の舞台裏では、パフォーマンスを計算してみるまで筆者の主張に沿う結果が出てくるかどうかヒヤヒヤものだった。いい結果が得られなければ、違う5銘柄で（第3章から）計算し直さなければならない事態もありえたからだ（これはフェアではない）。幸いにして、その心配は杞憂であった。

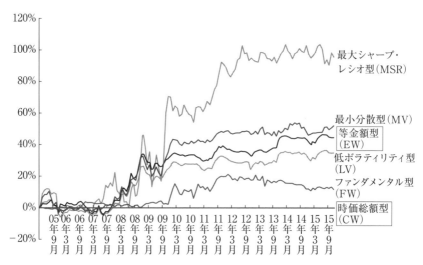

図表4-1　5銘柄から構成されたスマートベータの相対パフォーマンス
(注)　2005年4月末から2015年11月末。
　　　円ベース、配当除く月次リターンを基に計算。
　　　年1回、12月第一営業日にリバランス（銘柄入替）を行う。

り、これに等金額型（EW）、低ボラティリティ型（LV）、ファンダメンタル型（FW）と続く。最適化アプローチのほうがパフォーマンス向上は著しいという結果となった。年次リバランスを行う時に、過去1年間の日次データを基に最適化して得られたウェイトを、直近の推定値として翌年のウェイトとして用いるというやり方が、この期間ではそれなりの効果をもたらしたと評価できよう。ただし、第3章7節で述べたように、最小分散型（MV）は等金額型（EW）並みのアクティブ・シェアである一方、等金額型（EW）ほど指数の分散化は見られなかったし、最大シャープ・レシオ型（MSR）はむしろ集中度の高いアクティブ・シェアの高い戦略（いわば、尖った戦略と言うところか）であった。指数の分散化が直接リターンの向上をもたらすわけではないようだ。最大シャープ・レシオ型（MSR）のリスク水準（図表4-2の標準偏差に注目！）は時価総額型（CW）に比べて高く、むしろ指数の集中度が高くリスク水準も高い戦略のリターンは（理論どおり）高かったと言えよう。

②等金額型（EW）と低ボラティリティ型（LV）の変動はよく似通ってい

	平均リターン (%、年率、μ)	標準偏差 (%、年率、σ)	超過リターン (対ベンチマーク) (%)	トラッキング・エラー (対ベンチマーク) (%)	β (対ベンチマーク)	シャープ・レシオ	情報レシオ	定期入替回転率 (片側) (%)	アクティブ・シェア (%)	ENC
時価総額型 (CW)	8.8	26.5	—	—	1.00	0.35	—	0.0	0.0	2.97
等金額型 (EW)	13.1	25.9	4.3	9.3	0.92	0.53	0.46	9.4	32.1	5.00
最小分散型 (MV)	13.8	25.7	5.0	10.1	0.90	0.56	0.49	26.9	29.0	3.64
最大シャープ・レシオ型 (MSR)	18.3	33.0	9.5	25.0	0.83	0.60	0.38	55.2	62.6	1.97
ファンダメンタル型 (FW)	9.9	27.7	1.0	7.4	1.01	0.38	0.14	25.2	26.0	2.64
低ボラティリティ型 (LV)	12.2	25.7	3.3	8.0	0.92	0.49	0.41	10.0	28.6	4.87

図表 4-2　各スマートベータのパフォーマンス指標

(注)　2005年4月末から2015年11月末の日次リターン（除く配当）より算出。
　　　年率換算値は、1年を250として計算。
　　　年1回、12月第一営業日にリバランス（銘柄入替）を行う。
　　　シャープ・レシオの計算における無リスク資産はオーバーナイト無担保コール（日次）を使った。
　　　定期入替回転率（片側）、アクティブ・シェア、ENC（有効構成銘柄数）は各リバランス（定期入替）時点の平均。

る。これは、そもそも低ボラティリティ型（LV）のウェートが等金額型（EW）に似通っている（5銘柄が株式という同じ資産クラスであり、おのおののボラティリティもほぼ同水準である）ことの結果だろう。等金額型（EW）のほうがアウトパフォーマンスの度合いが大きいということだが、等金額型（EW）のほうが若干リスクは高いので、直感としては、やはり理論と整合的である。

③最小分散型（MV）の標準偏差が25.7095％であるのに対して低ボラティリティ型（LV）のそれは25.7120％であったので、この2つの戦略のリスクはほぼ同じと見るべきかもしれないが、最小分散型（MV）は（辛うじてだが）やはり最小分散としての面子を保った（図表4-2）。それでも、リスクを低減させるという同じ目的を掲げて構築される低ボラティリティ型（LV）と最小分散型（MV）のパフォーマンス推移（図表4-1）が微妙に違っているのは興味深い。ヒューリスティック・アプローチで銘柄間の相関を考えずに構築された低ボラティリティ型（LV）と最適化アプローチで構築された最小分散型（MV）は、"似て非なるもの、非して似たるもの"なのだろう。この期間のリスク水準はほぼ変わらなかったものの、リターンは最小分散型（MV）のほうが高かった。たった5銘柄の例であり、しかもこの期間の話ではあるが、いく

つかの実証研究（Ang et al. [2006]、山田・永渡 [2010] など）で指摘されているボラティリティ・パズル（ハイリスク・ハイリターンという常識的な期待に対して、実際の市場ではボラティリティの低い銘柄のほうがリターンは高くなるという現象）を期せずして再現してしまったことも特筆しておきたい。

リスクを加味して考察するために、この期間の各戦略のリスクとリターンの値をプロットしてみたものが図表4-3である。これを合わせて見るとさらに、

④最小分散型（MV）と低ボラティリティ型（LV）のリスクが時価総額型（CW）よりも低下していることは理解できるが、等金額型（EW）のリスクも時価総額型（CW）に比べて低下していることは興味深い。これは等金額型（EW）の別名が最大非集中型（最も分散化されているという意味）である点に関連しているが、さすがに最小分散型（MV）ほどリスク値が低下するわけではない。最大非集中というコンセプトは、銘柄間の相関を考えずに、「すべての銘柄のリスクとリターンは等しい」という極端な仮定を置いた世界の話

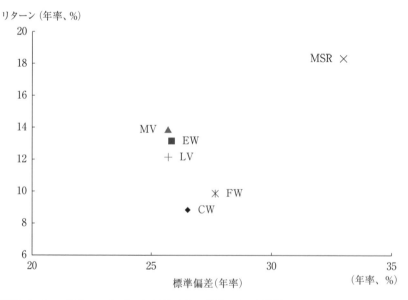

図表4-3　各スマートベータのリスク・リターンの関係

（注）　2005年3月末から2015年11月末の日次リターン（除く配当）より算出。
　　　年率換算値は、1年を250として計算。
　　　年1回、12月第一営業日にリバランス（銘柄入替）を行う。

（第3章2節を参照）であったことを思い出そう。指数の分散化だけでは必ずしも大幅なリターンの向上がもたらされるわけではないようだが、リスクを低減する機能は果たしているように見える（これも直感的に理解しやすい結論である）。

⑤ファンダメンタル型（FW）と最大シャープ・レシオ型（MSR）は、時価総額型（CW）に比べて集中度が上がってしまっていた（時価総額型［CW］の定期入替時のENCはこの期間の平均で2.97だったのに対してファンダメンタル型［FW］では同2.64、最大シャープ・レシオ型［MSR］では同1.97）が、いずれのリスク値も時価総額型（CW）より高めであった。集中度の高い指数では、一部の銘柄の値動きが指数に色濃く反映されていることを表している。[6] リスク値が時価総額型（CW）より高い、と聞いてリターンの水準を見てみると、こちらも時価総額型（CW）よりは高くなっている。ハイリスク・ハイリターンと聞いて安心するのもちょっと変な話ではあるが、これも常識的な展開で落ち着いた。

⑥リスク水準を示すもう1つの指標である時価総額型（CW）に対するベータの値（図表4-2）に着目してみると、集中度が高かったファンダメンタル型（FW）、最大シャープ・レシオ型（MSR）のベータはそれぞれ1.01、0.83なので、必ずしも高いベータとはなっていない。ただ、ファンダメンタル型（FW）以外のベータの値はすべて1を下回っているため、ここで取り上げた例については、スマートベータ化で（＝ウェートをいじったら）対ベンチマークでの値動きは穏やかなものになったという結果であった。

⑦さらに、リスク・リターンの効率性という意味でシャープ・レシオを見てみよう（図表4-2）。やはり、最大シャープ・レシオ型（MSR）が0.60と最大であった。次点は最小分散型（MV）、そして等金額型（EW）、低ボラティリティ型（LV）と続くが、どの戦略も時価総額型（CW）の0.35よりも高い値となっている。情報レシオでは、最小分散型（MV）の0.49が最大であり、やは

---

6) 例えば、最大シャープ・レシオ型（MSR）の構成銘柄が1銘柄となったのは、10回の定期リバランスのうち3回あった。ファンダメンタル型では経常利益が赤字になった場合は構成銘柄が減ることになるが、リバランス時に構成銘柄数が4となったことが4回、3となったことが1回あった。

り最適化アプローチのスマートベータに軍配が上がった。とはいえ、ヒューリスティック・アプローチで構築されるスマートベータであっても、単に時価総額型（CW）をアウトパフォームしただけではなく、リスク・リターンの効率性も向上していた点では、非時価総額型として期待される効果が十分に発揮されていたと言えよう。

⑧最後に、個別の戦略のパフォーマンスを論じるうえでは蛇足ではあるが、各戦略のトラッキング・エラーの値はアクティブ・シェアの大きさにある程度比例していることも確認しておきたい。この点については、アクティブ・シェアという指標の有用性（このことは第3章8節で既に述べた）を確認しただけであるので、ご参考まで。

以上のように、個別のスマートベータ戦略のパフォーマンス指標をいろいろと見てみると、各戦略がその名称どおりの機能をそれなりに果たしていることがわかった。集中度が高くなる戦略（アクティブ・シェアも高い）はリスク（標準偏差）が高くなっており、それに見合うアウトパフォーマンスがある一方で、最小分散型（MV）、低ボラティリティ型（LV）や等金額型（EW）などのようにリスク（標準偏差）が低めである戦略もまたアウトパフォームしていた。ただ、リスク（標準偏差）については各戦略が狙う目的が達成されているにもかかわらず、ここで取り上げた戦略の多くは、対ベンチマークでのベータの値が低めであった（これは、5銘柄の例にすぎないので、たまたまなのかもしれない）。

スマートベータは原指数となる時価総額型（CW）のベンチマークよりもパフォーマンスが優れているという触れ込みで耳目を集めることになったわけだが、以上の5銘柄での実験では、いくつかのスマートベータが時価総額型指数（ダメベータとされるもの）をアウトパフォームすることが確認できた。リスクの面でも、最小分散型（MV）や低ボラティリティ型（LV）ではリスクを低減できていることもわかった。シャープ・レシオで見るかぎり、どの戦略もリスク・リターンの面で効率化していたので、スマートベータ化の効果はあったと言ってよいだろう。

と、まとめてはみたもののしょせんは5銘柄で作ってみた指数の話にすぎない。「いやいや、勝手に5銘柄を選んできて、それで理論どおりの結果が得ら

れたと言われても……」といぶかる向きもあるかもしれない。そうした用心深い読者のために、学術研究の蓄積に本書の主張の後押しをしてもらうことにしよう。

2　学術研究におけるスマートベータのパフォーマンス比較

　ここでは、スマートベータのパフォーマンスに関するいくつかの学術論文を紹介しながら、実証分析で明らかとなった個々の戦略の特性を確認しておきたい。

　多くの先行研究は、投資対象ユニバースを決めて比較の基準（ベンチマーク）となる時価総額型指数を独自に構築したうえで、多種多様な非時価総額型指数を作り、それらをベンチマークと比較することによって、それぞれの指数がどのような効果をもたらすかを計測している。物事を比較する時には、同じ土俵で競わせることが重要であるが、学術論文の良いところはこの姿勢が徹底していることである。つまり、時価総額型と非時価総額型という対比をするならば、対象となる構成銘柄が同じで、構成銘柄レベルでの株価や株数、財務情報などインプットとして利用するデータが同じ、そして（当然ながら）パフォーマンス等を計測する時点や期間が同じ、であることが求められる。さらに、データ・ソースやパラメーター、その推計方法は開示され、また、コントロールされたバックテストが行われているため、戦略の効果が純粋かつフェアに比較される。こうすることで、実際に構成ウェートを変えることによって、パフォーマンス等がどのように変化するのかを同一基準で比較することができるわけだ。[7] リンゴはリンゴと比べなければならず、[8] リンゴとナシを比べてはならない。既にお気づきかもしれないが、前述の5銘柄の実験も実はこれと同じアプローチであるし、本書冒頭のスマートベータ1号、2号も（ふざけた名前ではあるが）、それなりにちゃんとしたリンゴ同士での比較なのだ。

　さて、米国株のスマートベータを例に、同じデータ・ソースを使った2つの実証研究結果を見ながら検討していこう。図表4-4で紹介するChow et

		Chow et al. (2011) 1964年～2009年、月次データ			Clare et al. (2013) 1968年1月～2011年12月、月次データ			
		リターン (%)	標準偏差 (%)	シャープ・レシオ	リターン (%)	標準偏差 (%)	ベータ	シャープ・レシオ
時価総額型	(CW)	9.46	15.13	0.26	9.4	15.3	1.00	0.32
等金額型	(EW)	11.78	17.47	0.36	11.0	17.2	1.06	0.39
多様性ウェート型	(DW)	10.27	15.77	0.30	10.0	15.7	1.02	0.35
リスク・クラスタリング・ウェート型	(RCW)	10.91	14.84	0.36	9.8	16.7	1.03	0.33
ファンダメンタル型	(FW)	11.60	15.38	0.39	11.0	15.3	0.97	0.41
等リスク寄与型	(ERC)	—	—	—	11.3	15.6	0.96	0.43
低ボラティリティ型	(LV)	—	—	—	11.4	14.6	0.89	0.45
最小分散型	(MV)	11.40	11.87	0.49	10.8	11.2	0.51	0.50
最大シャープ・レシオ型	(MSR)	11.99	14.11	0.45	10.4	13.9	0.82	0.40

図表4-4　米国株におけるスマートベータのパフォーマンス

(注) Chow et al. (2011) の時価総額型はS&P500。
(出所) Chow et al. (2011) についてはp.42, Table 2、Clare et al. (2013) についてはPart 1, p.12, Table 2およびPart 2, p.6, Table 1より。

al. (2011)、Clare et al. (2013) は、いずれも、シカゴ大学ブース・スクール・オブ・ビジネスに設置されたCRSP[9]のデータベースを利用している。この2つの実証研究は後者が前者の検証内容を受ける位置付けとなっていることもあり、分析対象の大部分で、個別の戦略の計算仕様はほぼ共通している。計測期

---

7) 一方、商業的に提供される既存のスマートベータ（商品）では、指数提供を行う各社のそれぞれが、独自の構成銘柄、独自のデータ・ソース、独自の計測期間（しばしば過去分のデータに制約される）を有しており、いわゆる「当社比」では比較が可能でも、指数提供者を横断して比較することは難しい。さらに、もう1つ問題がある。スマートベータは登場してまだ日が浅いため、過去リターンと言っても数年分しかデータを入手できないことが多い。もちろん指数の提供者はそれ以前に遡って"参考値"としての指数値を提供しているが、指数計算開始の前後で、同じ構成銘柄ユニバースを対象としてきたのか、同じルールで構築されているのかは不透明な部分が多い。シミュレーションの結果としての"参考値"のほうが計算期間はずっと長いので、仮に最上のシミュレーション結果に基づいて指数商品が開発されている場合は、指数計算開始以降の"参考値"と同様のパフォーマンスが本当に期待できるのかについては疑問が残る。通常は、過去の計算結果は将来を保証しない旨、指数提供会社の資料のどこかに（小さい字で）書かれているはずである。

8) 英語では、Apple-to-apple comparison。「同一条件での比較」と意訳してよい。

間の若干の違いはあるものの、これらは長期の米国株データに基づく検証結果であるので、2つ並べて見てみることにした。

　米国株の1960年代以来の月次データに基づいたこれらの例でも、スマートベータが時価総額型のベンチマークをアウトパフォームしていることは明白だ。シャープ・レシオを見てみても、すべての戦略が時価総額型のそれを上回っており、ウェートをいじっただけでスマートなものになったことがわかる。ここまでは、前節の5銘柄での実験（ぶっきら棒ながら、これを日本株データによる実証と言わせていただこう）と同じ結果である。

　個別戦略では、前節の結果とは少々違った様相もうかがえる。最も標準偏差が小さいのはどちらの実証研究でも最小分散型（MV）であったが、米国株の最小分散型の標準偏差は他の戦略を引き離すほど低い水準であった。一方、リターンが最も高いのは、Chow et al.（2011）では最大シャープ・レシオ型（MSR）であったが、Clare et al.（2013）では低ボラティリティ型（LV）や等リスク寄与型（ERC）（これらはChow et al.［2011］では取り上げられていない）であって、最大シャープ・レシオ型（MSR）のリターンが目立って高いというわけではなかった。また、シャープ・レシオが最大だったのが素直に最大シャープ・レシオ型（MSR）とはいかず、いずれの研究でも最小分散型（MV）であった。この少々皮肉な結果は、Amenc et al.（2015）の別の実証研究（1973年末から2013年末の米国株の日次トータル・リターンで実証）でも確認されるが、[10] いずれも最小分散型（MV）のリスク（標準偏差）が低いことが高いシャープ・レシオの値につながっている。この状態は、この期間の米国株市場に特有の何かが影響して生じたものなのか、それとも、米国株の最小分散型（MV）がよほど凄いからなのかは判然としない。

　Chow et al.（2011）にはベータの記載がなかったが、Clare et al.（2013）での結果を見るかぎりでは、最適化アプローチ型や等リスク寄与型のコンセプト

---

9) The Center for Research in Security Prices の略。"クリスプ"という発音が通称になっている。

10) Amenc et al.（2015）、p. 87、Table 18では、時価総額型（CW）のシャープ・レシオが0.32であるのに対し、最小分散型（MV）が0.56、最大シャープ・レシオ型（MSR）が0.54となっており、図表4-4の2つの実証研究と同様の結果が得られている。

を使ったスマートベータではベータが1を下回っている一方で、等金額型（EW）およびその派生であるヒューリスティック・アプローチのスマートベータでは高めのベータとなった。最小分散型（MV）のベータは、日本株5銘柄の例（最小分散型のベータは0.89）が比較対象になるかどうかはともかく、米国株では0.51ときわめて低かった。これは、前述のシャープ・レシオの高さにも共通しているが、（この期間の）最小分散型の標準偏差が低いことに起因している現象であると思われる。もちろん、こうした結果が最小分散という名称に恥じない内容であるのは間違いない。

　以上のように、米国株での実証結果では、各戦略の名称が示唆する内容は相当程度パフォーマンスに反映されていたと言えるだろう。この点は、個別の戦略のパフォーマンス特性に微妙な差異は見受けられるものの、前節の5銘柄での実験と同様である。繰り返し強調したいのは、日本株での（説明のために大胆に簡略化した）5銘柄の例でも、米国の学術研究の例でも、構成ウェートをいじればパフォーマンスの観点で時価総額よりもスマートなものができるということである。

　前節で指摘したとおり、指数の分散化で少なくともリスクは低減できる。さらに、相関を考慮すること（最適化アプローチ）で時価総額に比べてリスク・リターンの観点でより効率的な指数のデザインが可能である、という点が以上のような実証研究から再確認できたと思う。説明が冗長になるのを避けるためにここでは割愛したが、前記の学術研究では、米国株のみならずグローバル株での実証研究も行われており、ほぼ同旨の結果が得られている。学術研究に限らず、近年、主要な指数提供者が自社の指数を使ったパフォーマンス比較を相次いで発表しているが、ここで紹介した結果と大きく異なる内容を目にした記憶はない（もしも都合の悪い結果が出たとしたなら、それはおそらく公表されていないだろう）。

　では、スマートベータはなぜ時価総額型をアウトパフォームするのだろうか。

3 スマートベータはなぜ時価総額型指数に勝てるのか？

　設問は、裏を返せば「時価総額型指数はなぜスマートベータに負けるのか？」という問いである。時価総額型はスマートベータの原指数であるのに、どうしてダメベータの烙印を押されてしまうのか？　なぜウェイトが変わるだけでもろくも敗れ去ってしまうのか？　この問いに答えるほうが容易かもしれない。

　ここで第2章1節で述べた時価総額型の欠点の2つ目を思い出してほしい。時価総額型には割高感があると述べた。時価総額型指数では、既に株価が上昇して構成ウェイトの大きくなった銘柄に順張りで投資し、株価が低迷して構成ウェイトが下がっている銘柄にやはり順張りで少ししか投資しないということが起こっている。バブルのような誤った株価変動があれば、事態はさらに悪化する。こうした割高な時価総額型指数をパッシブ運用することでリターンを追求しようとしても、なかなか投資成果は上がるまい。第2章3節では、割安株投資が有利であることも述べているが、では、スマートベータが時価総額型指数をアウトパフォームしたということは、スマートベータ＝割安株投資を実現するもの、という図式が成り立つのだろうか。スマートベータが割安株投資になっているのか、まず確認する必要がある。

　前節でパフォーマンスを確認した米国株の例で、スマートベータが割安になっているかどうかを確認してみよう。ここでは、月次データを用いて検証したChow et al.（2011）と日次データを用いて検証したAmenc et al.（2015）のファクター分析[11]の結果を取り上げることにする。ファクター分析の方法論は第5章1節で詳述することにするが、[12] Carhart（1997）は、市場ベータに加えて、サイズ（SMB：小型株−大型株スプレッド。小型株指数のリターン

---

11)　**ファクター分析**：ファクター分析（因子分析：factor analysis）とは、多変量解析の手法の1つであり、観測データ（リターン）が合成量であると仮定して、個々の構成要素（リターンの源泉になっているプレミアム）を得ようとすることを目的とする統計手法である。

と大型株指数のリターンの差［スプレッド］）とバリュー（HML：割安株-成長株スプレッド）、およびモメンタム（MOM：上昇銘柄-下落銘柄スプレッド）というファクターに対する感応度（＝ベータ）を用いて価格変動を説明しようとするものである。図表4-5では、このモデルを用いて各戦略を分析した結果をまとめた。サイズ（SMB）、バリュー（HML）、モメンタム（MOM）の値の符号が正（負）であれば、対象となる指数にそれぞれ小型株（大型株）傾向、割安株（成長株）傾向、モメンタム（リバーサル）傾向があることを意味している。モメンタム傾向とは「上昇株がさらに上昇し、下落株がさらに下落する」順張り傾向、リバーサル傾向は「上昇株が下落し、下落株が上昇する」逆張り傾向と言い換えてもいいかもしれない（なお、図表中の決定係数以外の数値の右側についている＊［アスタリスク］は推計値の統計的な有意性を示している）。

米国株1,000銘柄を対象としたChow et al.（2011）では、S&P500（実際には大型株インデックスなのだが）を市場ベンチマークと見立てて分析（月次データに基づく）を行っている。いずれの戦略についてもサイズ（SMB）は統計的に有意な正の値だから小型株傾向があることがわかるが、これは特に等金額型（EW）と最大シャープ・レシオ型（MSR）で顕著である。すべての戦略について、バリュー（HML）もまた統計的に有意な正の値なので、割安株傾向があることがわかる。ファンダメンタル型（FW）、最小分散型（MV）、最大シャープ・レシオ型（MSR）ではバリュー傾向が強い。一方、モメンタム（MOM）の係数を見てみると、そもそも値が小さいか、統計的な有意性に問題があるものが多い。符号がマイナスになっているファンダメンタル型（FW）と等金額型（EW：こちらは有意ではない）はリバーサル傾向（＝逆張りの傾向）があることを示唆している。

一方、Amenc et al.（2015）は、米国株500銘柄を対象としたScientific Beta USA Indices[13]を利用した分析（日次データに基づく）を行っている。戦略の名称は微妙に違うが、どの戦略にも小型株傾向、割安株傾向があることは、

---

12) ファクターの話だからである。本章では、市場ファクター以外にサイズ、バリュー、モメンタムの3つのファクターが登場している。

13) EDHEC Risk Institute傘下のERI Scientific Beta社が商業的に提供している指数群。

Chow et al. (2011)		アルファ (年率%)	市場ベータ	サイズ (SMB)	バリュー (HML)	モメンタム (MOM)	R^2
S&P500	時価総額型（CW）	0.00	1.000	0.000	0.000	0.000	1.00
Equal Weighting	等金額型（EW）	0.15	1.043**	0.482**	0.144**	−0.012	0.96
RCEW (k clusters)	リスク・クラスタリング・ウェート型（RCW）	−0.13	0.954**	0.116**	0.185**	0.040**	0.91
Diversity Weighting ($p=0.76$)	多様性ウェート型（DW）	0.07	1.012**	0.173**	0.029**	0.002	0.99
Fundamental Weighting	ファンダメンタル型（FW）	0.50	1.010**	0.128**	0.338**	−0.076**	0.97
Minimum-Variance	最小分散型（MV）	0.30	0.708**	0.198**	0.344**	0.011	0.81
Maximum Diversification	最大シャープ・レシオ型（MSR）	−0.02	0.844**	0.342**	0.264**	0.061**	0.87
Risk-Efficient ($\lambda=2$)	最大シャープ・レシオ型（MSR）	0.19	1.002**	0.465**	0.250**	0.004	0.95
Amenc et al. (2015)							
Maximum Deconcentration	等金額型（EW）	1.27	0.99*	0.21*	0.11*	−0.05*	0.9736
Diversified Risk Weighted	等リスク寄与型（ERC）	1.58	0.95*	0.16*	0.11*	−0.04*	0.9676
Maximum Decorrelation	等リスク寄与型（ERC）	1.37	0.95*	0.2*	0.09*	0.01*	0.9658
Efficient Minimum Volatility	最小分散型（MV）	2.09	0.82*	0.1*	0.10*	0.01*	0.9373
Efficient Maximum Sharpe Ratio	最大シャープ・レシオ型（MSR）	1.76	0.91*	0.16*	0.11*	0.02*	0.9585
Diversified Multi-Strategy	複合戦略型（Mult）	1.62	0.93*	0.17*	0.11*	−0.01*	0.9663

図表 4-5　米国株スマートベータの4ファクター・モデルでのリスク分解

(注)　＊5％の危険水準で有意、＊＊1％の危険水準で有意。
　　　Chow et al. (2011)：米国株の1,000銘柄で構成（年次リバランス）。1964年から2009年の月次データ。
　　　Amenc et al. (2015)：米国株500銘柄で構成（年次リバランス）1973年末から2013年末の日次データ（トータル・リターン）。
(出所)　Chow et al. (2011), Amenc et al. (2015).

Chow et al. (2011) の結果と変わらない。スマートベータはやはり割安株投資になっている。

　これらの実証研究（月次データ、日次データ）で取り上げられたすべてのスマートベータ（戦略）に、（統計的に有意な）小型株・割安株傾向があることが示された。また、いずれの研究においても、市場ベータは最小分散型（MV）

を除いておおむね1に近い値となっている一方、有意なアルファがある戦略は皆無であった。[14] この結果を見るかぎり、スマートベータはあくまでもベータ戦略であり、アルファ戦略とは言いがたい。ファンダメンタル・インデックスで有名なリサーチ・アフィリエイト社会長のロバート・アーノットは、スマートベータについて「アルファと一緒にベータを買う、よりスマートな方法（a smarter way for investors to buy beta with alpha）」と言っている[15]が、これは誤解を招きかねない表現である。単に時価総額型市場インデックスをアウトパフォームするという意味では、その超過リターン＝アルファと言うこともできるが、ファクターをも考慮したパフォーマンスの分析結果からは、スマートベータにアルファがあるとはとうてい言えまい。アクティブ運用が必死な思いで銘柄選択をして探究するアルファを、スマートベータが構成ウェートをいじるだけで獲得できてしまうような印象を与える物言いでは、アクティブ運用に失礼ではないかと思えてしまう。

　スマートベータのパフォーマンスが良いのは、何がしかのアルファが存在しているからではなく、小型株や割安株などのリスク・プレミアムにアクセスがある（つまり、見返りのあるリスクを取り込んでいる）からと考えるべきである。スマートベータが時価総額型指数と一味違うのは、スマートベータが市場ベータに加えて小型株・割安株傾向などの様々なファクターに対するベータを束ねてパッケージ化したものであるからだろう。これは、スマートベータが市場リスク以外に追加的なリスクを取っていることを意味している。前述のファクター以外に低ボラティリティ・ファクター（低ボラティリティ−高ボラティリティ銘柄）、流動性ファクター（非流動銘柄−流動銘柄）など他のリスク・ファクターをさらに追加してパフォーマンスを説明すると、スマートベータが様々なファクターのパッケージであることがより鮮明になるだろうし、逆にアルファの存在はどんどん希薄なものになっていくだろう。

　「時価総額型指数はなぜスマートベータに負けるのか」という問いへの答え

14）　2つの実証研究においてアルファの水準に違いがあるのは、月次と日次の年率換算処理の影響であると考えられる。いずれも有意でないので深く考える必要はあまりない。

15）　Arnott and Kose (2014) を参照のこと。

は、スマートベータに魔法のアルファがあるからではなく、スマートベータが時価総額型市場インデックスで表現される市場リスクに、さらにいくつかのリスク・ファクターを追加したものであるからである、ということになるだろう。つまり、スマートベータには、リスク・ファクターという名の隠れたシステマティック・リスク[16]が含まれていることになる。スマートベータを"パッケージ"として見ると、どのシステマティック・リスクを取っているのかが一目ではわかりにくいということが問題と言えるが、隠れたリスクがあったとしても、それは次のリターンにつながるものと考えられる（例えば、バリュー株が経営不振から立ち直れば株価は大きく上昇し、その見返りとなるリターンも大きいことを想起すればよい）。スマートベータは時価総額型指数をアウトパフォームするが、それは市場リスクのほかに追加的なリスク・テイクをした見返りである。リスクのないところにリターンはないということだ。

4 ウェート方法からリスク・ファクターが生じる？

　構成銘柄が同じであっても、時価総額型指数を非時価総額型指数（スマートベータ）に変えると、市場リスク以外の追加的なリスク負担が生じ、これが時価総額型を上回る超過リターンの源泉になるということはわかった。では、ウェートをいじると小型株・割安株傾向などに見られる市場リスク以外のリスク・ファクターが生じるのはなぜだろうか。

　この問いに関連してまず思い出されるのは、「ファンダメンタル・インデックスは単なるバリュー・ティルトである」というファンダメンタル型への批判である。ロバート・アーノットが提唱した斬新な投資アイデアに対して、ヴァンガード社のジャック・ボーグルやプリンストン大学のバートン・マルキールなど錚々(そうそう)たるメンバーが"単なるバリュー・ティルト"と切り捨てたために、この命題の是非をめぐってちょっとした論争があった。[17] 実証結果に基づい

---

16) **システマティック・リスク**：分散投資することによっても消去不可能な、体系的な（＝何らかの規則性を持っている）リスク。

て、アーノット側が「ファンダメンタル・インデックスの概念は、"正真正銘のバリューであり、それ以外の何物でもない"というレベルをはるかに超えたもの」と断じて、[18] この論争には決着がついている。"単なる"と"はるかに超えた"のどちらの形容が適切かはともかくとして、ファンダメンタル・インデックスが構造的にバリュー・ティルトであることは、比較的簡単に説明できる（数式の嫌いな読者は、次の段落中の「つまり」まで読み飛ばしてもらってもかまわない）。

ファンダメンタル型指数のある銘柄 i の構成ウェート（FW）は、企業規模を表す何らかの財務指標として例えば純資産 B を取り上げるとすると、

$$FW_i = \frac{B_i}{\sum B_i}$$

と表され、同様に、時価総額型指数の構成ウェート（CW）は、時価総額を M とすると、

$$CW_i = \frac{M_i}{\sum M_i}$$

と表される。ここで、ファンダメンタル型の構成ウェートを変形すると、

$$FW_i = \frac{FW_i \times CW_i}{CW_i} = \frac{B_i/\sum B_i}{M_i/\sum M_i} \times CW_i = \frac{B_i/M_i}{\sum B_i/\sum M_i} \times CW_i$$

$$= \frac{1/PBR_i}{\sum B_i/\sum M_i} \times CW_i \qquad \text{(数式4.1)}$$

となり（ここで $PBR = M/B$。PBR は株価純資産倍率である）、ファンダメンタル型の構成ウェートは時価総額型ウェートに $1/PBR_i$（およびある定数）を掛けたものになっている。つまり、バリュー（HML）の尺度となっている純資産利回り（株価純資産倍率の逆数）が構成ウェートの一部を構成しているわ

---

17) ファンダメンタル・インデックスの提唱者であるロブ（ロバート）・アーノットに初めてお会いした時に、当然この論争の存在を知っていた筆者は「もしこの話になったらどうしよう」と内心気をもんだものだった。しかし、挨拶が終わって話しはじめるとすぐ、当の本人が「ファンダメンタル・インデックスはバリュー・インデックスの一種だから……」と言い出すではないか。これはまさに勧められたばかりのコーヒーをすすった瞬間だったので、吹き出しそうになったのを覚えている（粗相はしていない）。
18) Arnott et al. (2009) の10章（The Basic Criticism: Our Style and Size Tilt）を参照。

けである。ある銘柄の純資産利回りが高ければ（＝バリュー傾向が強ければ）ファンダメンタル型指数における同銘柄の構成ウェートは大きくなるという関係が、指数のメソドロジーに組み込まれている。

　この説明で、ファンダメンタル型指数では前記のように構造的なバリュー・ティルトがウェート方法に内包されており、しかも、それがファンダメンタル型のパフォーマンスに割安株傾向をもたらすということが十分に理解できるだろう。しかし、前節で見たように、スマートベータのファクター分解（図表4－5を参照）を見てみると、ファンダメンタル型のみならず、すべての戦略で小型株・割安株傾向が観測されている。すべての戦略に共通する、この小型株・割安株傾向をどう説明すればよいのだろうか。

　これについては、やはり、等金額型指数の仕組みに立ち戻って考えるのがわかりやすいだろう。等金額型はその単純さのゆえに、「どれがいいのか（＝明日上がるのはどの株なのか）わからないので、とりあえず手持ちの資金を投資対象の数だけ頭割りにしました」という戦略であると考える人が多い（ひょっとしたら、これを戦略と呼ぶことにためらいを感じる人さえいるかもしれない）。しかし、第3章で"華麗なる判断中止"と称賛したように、等金額型指数は大型株に集中化した時価総額型指数を分散化する方法であり、とにかく小型株をオーバー・ウェートし、大型株をアンダー・ウェートする。これが指数全体として小型株傾向を生ぜしめる理由である。また、等金額型は、株価が上昇して大型になった銘柄も株価が低位のままで小型に甘んじている銘柄も、等しく扱うという積極的な投資手段と見ることもできる。第2章3節の図表2－2で示した千代田化工建設の例を思い出してもらうとわかりやすいと思うが、時価総額型のウェートが市場動向に左右されながらつねに変動しているのに対し、等金額型のウェートはリバランスの際に全構成銘柄に対して等しく資金配分がなされるように固定される。とはいえ、リバランス直後から、株価変動によっていったん固定されたウェートも時間の経過とともに当初のウェートから乖離していく。次のリバランス時（例えば、1年後）には再び等金額になるような資金配分が行われるわけだが、その時点で構成ウェートが小さくなっていればその銘柄は買われ、大きくなっていれば売られる。「安値で買って高値で売る」逆張り効果がまさに割安株傾向を生んでいる。

第3章では、ヒューリスティック・アプローチで構築されるスマートベータは、基本的に等金額型の発展系、改良品であるという意味のことを述べた。作り方からして、他の戦略についても等金額型と共通するメカニズムが指数全体の小型株・割安株傾向をもたらしているはずである。個々の構成銘柄に割り当てられたウェートの大きさは戦略によって確かに違うかもしれないが、リバランスの際に固定され、次のリバランスまでに乖離していた部分をトレード（売買）することになるという意味では同じ逆張りのメカニズムが働いているはずなのである。

　最適化アプローチで構築されるスマートベータについては、リバランスの際の構成銘柄のウェートの変化が非常に大きいので、必ずしも等金額型と同じようなメカニズムが働いているとは言いがたいかもしれない。しかし、毎回のリバランスの際に、最適化によって時価総額型とは異なった構成銘柄の分散化（そして、たまに時価総額型とは異なる別の集中化）が起きているということは、時価総額上位に集中する個々の大型株に特有な固有リスク（特に割高株傾向）が強調される時価総額型とはまったく異なる、分散の小さい銘柄やシャープ・レシオの大きな銘柄群に大きな構成ウェートが割り当てられることで指数全体への影響が生じているということである。米国株の例では、最小分散型指数のリターンの標準偏差の低さが目立ち、これがベータやシャープ・レシオにも影響していたことを思い出してほしい。時価総額型指数とは異なる銘柄群の固有リスクを非時価総額型指数のウェートで強調することによって、市場リスクとは異なるリスク・ファクターが焙り出されるのは不思議なことではない。

5　たまたまなのか、デザインなのか……「マルキールの猿」を想う

　ウェート方法からリスク・ファクター（特に小型株・割安株傾向）が生じているのは、前節で紹介した実証分析で確認できたが、これは、たまたまそうだったのか、それともこれこそがスマートベータのデザインなのか、はまだわからない。実に天邪鬼な実験でこの問題を検証したのが、Arnott et al.（2013）

である。

　ここでも米国株スマートベータでの検証結果（図表4-6）を見てみよう。時価総額型指数では、この期間（1964年〜2012年）のリターンは9.66％、リスク（標準偏差）は15.29％であった。ここに掲載されたスマートベータのパフォーマンスは、すべて9.66％以上の好結果を出している。

　面白いのは、スマートベータのウェートを逆数にして保有した戦略、図表中の"Inverse-Ratio of ……"となっているもののパフォーマンスである。「あるスマートなベータのウェートの逆を言うならば、そのポートフォリオはけっして"スマート"ではないはずだ」とか、「スマートベータのウェートをひっくり返したのだから、勝っていた分くらい負けるのではないか」などと予想するのが普通だろう。「市場リスクに追加されたファクターがスマートベータのパフォーマンスの源泉だったのならば、逆にそれが足を引っ張ることになるかもしれない」と。しかし、経済学的にはまったく無意味に思える、この逆数ウェートで加重した戦略（逆さま戦略。原文ではUpside-Down StrategiesやInverse Strategiesなどと呼ばれている）も、時価総額型指数のパフォーマンスを凌駕する結果を生んでいる。これはなぜだろうか。それに、それぞれのスマートベータが狙っていたはずの戦略はちゃんと機能していたのだろうか？

戦略	リターン	標準偏差	シャープ・レシオ	アルファ（年率％）	市場ベータ	サイズ（SMB）	バリュー（HML）	モメンタム（MOM）
U.S. Cap Weighted (CW)	9.66％	15.29％	0.29	0.00	1.00	0.00	0.00	0.00
Equal Weight (EW)	11.46％	17.37％	0.36	0.15	1.05	0.38	0.12	-0.02
Minimum Variance (MV)	11.75％	11.69％	0.56	1.05	0.70	0.13	0.34	0.00
Maximum Diversification (MSR)	11.99％	13.96％	0.48	0.40	0.83	0.26	0.26	0.04
Risk Cluster Equal Weight (RCW)	11.18％	14.61％	0.41	0.31	0.94	0.03	0.21	0.03
Fundamental Weighted (FW)	11.60％	15.45％	0.41	0.64	1.01	0.05	0.37	-0.09
Inverse-Ratio of Minimum Variance (1/MV)	12.66％	18.14％	0.41	0.54	1.08	0.45	0.25	-0.04
Inverse-Ratio of Maximum Diversification (1/MSR)	12.48％	17.58％	0.41	0.52	1.07	0.38	0.28	-0.05
Inverse-Ratio of RCEW (1/RCW)	13.23％	18.96％	0.42	-0.16	1.06	0.62	0.41	-0.02
Inverse-Ratio of Fundamental Weighted (1/FW)	14.06％	18.77％	0.47	1.40	1.05	0.60	0.41	-0.11

図表4-6　米国株（1964年〜2012年）に関する"逆さま"戦略のパフォーマンス
（注）　各戦略名の後ろに本書で分類するウェート方法の記号を付した。
（出所）　Arnott et al.（2013），p. 93, Exhibit 1 より抜粋。

これまで見てきたように、名前が付いている戦略は、それなりに名前どおりの機能を果たしていた。ただ、時価総額型指数をアウトパフォームするという一点においては、名前が意味するところはあまり関係ないようにも思える。時価総額から離れ、リバランスを行うことで分散効果を獲得でき、これが集中度の高い時価総額型との対比でスマートなパフォーマンスを見せる、という点はすべての戦略に共通していた。時価総額型のウェート"ではない"ウェートであれば、スマートベータの逆数ウェートでも、いや、もっとデタラメな指数ウェートでも対時価総額型ではパフォーマンスが良くなるはずである。「ウェートはデタラメでもかまわない」と言ったら「そんなバカな」と思われかねない。指数ウェートに何らかの意味合いがなければ落ち着かないのが心情で、何かしら経済学的な意味がほんの少しでもあれば、安心してもらえるのに……。

これを真面目に研究した人たちがいる。1つは、まさに逆数ウェートの議論を仕掛けた Arnott et al. (2013) であり、この論文中に「マルキールの目隠しをされた猿」の実験が登場している。[19] 毎年末、『ウォールストリート・ジャーナル』の株式欄に向かって目隠しをした猿にダーツを投げさせて1,000銘柄中300銘柄を選び、それを等金額型で指数化するというものである。実際に猿にダーツをさせるわけにはいかないので、コンピューター上でランダムに発生させたポートフォリオを100個作って平均したもののパフォーマンスが、時価総額型のパフォーマンスを上回ったという（図表4-7）。[20]

もう1つの研究は、既に何度か紹介している Clare et al. (2013) である。こちらには「類人猿の実験」とタイトルがついているが、こちらはもっと大が

---

[19] バートン・マルキールは彼の有名な著作の中で、目隠しをした猿がダーツを投げれば市場並みのパフォーマンスを上げることができると書いている（Malkiel [2007] を参照）。元ネタは、Metcalf and Malkiel (1994) であり、同研究では1990年から1992年までの間に、専門家によるポートフォリオと猿がダーツ投げをして得たポートフォリオ（ランダムなポートフォリオ）の比較をしている。30回に及ぶテストでは専門家は猿に対して16勝14敗であった。Arnott et al. (2013) の実験はこの"故事"に則ったものである。

[20] あるセミナーでこの話をしたら、聴衆から「その凄い猿は、どこの動物園の猿でしょうか」という質問があった。質問者に座布団一枚である。

戦略	リターン	標準偏差	シャープ・レシオ	アルファ（年率%）	市場ベータ	サイズ(SMB)	バリュー(HML)	モメンタム(MOM)
U.S. Cap Weighted (CW)	9.66%	15.29%	0.29	0.00	1.00	0.00	0.00	0.00
Equal Weight (EW)	11.46%	17.37%	0.36	0.15	1.05	0.38	0.12	-0.02
Average of 100 Monkey Portfolios	11.26%	18.34%	0.33	-0.29	1.05	0.37	0.13	-0.02

図表4-7　米国株（1964年〜2012年）に関する"マルキールの猿"

（出所）　Arnott et al. (2013), p. 93, Exhibit 1 より抜粋。

かりである。コンピューターが1,000銘柄の中からまず1銘柄だけ選び、この銘柄に0.1％のウェートを付与する。この銘柄をもう一度戻してまた同じ1,000銘柄の中から次の銘柄を選び、また0.1％のウェートを付与する。これを1,000回繰り返して、ウェートの合計が100％になったところで指数構成銘柄（とその構成ウェート）が決まる。

　この仕組みだと同じ銘柄が複数回選ばれたとしたら、その銘柄の構成ウェートは「0.1％×選ばれた回数」で決まる（例えば1,000回のうち50回選ばれた銘柄の構成ウェートは5％になる）。一方、一度も選ばれなかった銘柄の構成ウェートは当然0％になり、指数には組み入れられない。この実験では、銘柄選択と非時価総額型ウェートの決定が完全にランダムに行われている。驚異的なのは、毎年1,000万匹の猿が指数づくりをするような建て付けとした点である（凄いのは計算してくれたコンピューターなのだが）。

　結論から言うと、1968年から2011年末までの間では1,000万匹の猿のうちほとんど全員が時価総額型指数をアウトパフォームしていた（同論文の p. 24、Figure 5）。猿たちはいくつかのヒューリスティック型のスマートベータをもアウトパフォームしており、猿たちに勝てたと言えるのは、等リスク寄与型、低ボラティリティ型、最大シャープ・レシオ型とファンダメンタル型くらいであった。[21]　Clare et al. (2013) は、類人猿たちのランダムな（知的とは言えない）戦略が、時価総額型指数（ダメベータ）のみならず、知的にデザインされたスマートベータをもアウトパフォームすることさえある、という実証結果を

---

21)　シャープ・レシオでは、これに加えて最小分散型の優勢が目立った。やはり、米国株の最小分散型のボラティリティの低さが寄与していると思われる。

突き付けている。

　なぜか猿の話ばかりだが、猿知恵でも儲かるならそれはそれでいいと考える向きもあるかもしれない。「類人猿の実験」に登場する猿たちは、銘柄選択でもウェート方法でもまったくのランダムで行動している。こちらの実験ではパフォーマンス比較の際に1,000万匹の平均値ではなく分布を用いているため、猿たちのウェート方法がそれぞれどんな効果をもたらしているのかは判然としない。しかし、ランダムな銘柄をランダムなウェート方法で加重するので、猿たちによって時価総額型ウェートとまったく同じものが毎年再現されることは確率的にほぼないと言っていいだろう。したがって、少なくとも猿たちによる非時価総額型指数 vs 人類がデザインした時価総額型指数という構造にはなっている。ランダムに作ったものが時価総額型指数（ダメベータ）に余裕で勝っていること、そして、この猿たちの活躍の裏でウェート方法（と毎年のリバランス）が一定のパフォーマンスを生み出しているであろうことを見逃してはなるまい。

　また、「マルキールの猿」がアウトパフォームしたことについても、銘柄選択で勝っていたというより、むしろ等金額型というウェート方法が大きく寄与したのではないかという印象が強い。100個の平均ということも影響している可能性はあるかもしれないが、図表4-7中で Arnott et al.（2013）の計測結果を見るかぎり、猿たちのパフォーマンスは等金額型のそれに酷似している。もちろん、猿たちのアルファが負の値になっているのが人類にとってはせめてもの救いであろうし、等金額型指数よりもリターンは低く、リスクは高くなっている（したがってシャープ・レシオは低くなっている）点でデタラメ（ランダム）なものよりもデザインされたもののほうが安心感はあることもわかった。

　逆数ウェートなり猿なりがパフォーマンスを上げたことについて、Arnott et al.（2013）は、非時価総額型指数であれば「どんな戦略を選ぼうと、"必然的に"小型株・割安株傾向が生じ」、これが優れたリターンをもたらすのであり、「どんなデザインとするべきかを決める投資哲学とは無関係」であると説明している。[22] この議論は、少々行きすぎているかもしれない。ウェートがデタラメであっても、非時価総額型でありさえすれば、小型株・割安株傾向によって、時価総額型指数との相対ではアウトパフォームする、という極端に一

般化した説明に聞こえるからである。実際には、これまで見てきたように、おのおののスマートベータは冠たる名称に違わないパフォーマンス特性を示している。それなのに、パフォーマンスの説明があまりに一般化、単純化されてしまうと、時価総額型に対するパフォーマンスさえ良ければどんなデザインでもかまわないととらえられる可能性もあるだろう。[23]

　ここで、ちょっと落ち着いて考えてみよう。Arnott et al. (2013) の逆数ウェート戦略には、等金額型を逆数ウェートにしたものは無かった。なぜかと言うと、$1/n$で決まる等金額型ウェートを逆にして構成ウェートを計算してみても、結局、等金額型ウェートに戻ってしまうからである（例えば、2銘柄の構成ウェートが50％と50％の等金額型指数を思い浮かべて、頭の中で計算を走らせてみてほしい）。それでは、限りなく等金額型に近いウェートであれば、何が起こるだろうか。第3章で見た多様性ウェート型や等リスク寄与型を思い出していただきたい。これらは等金額型に近いウェートを持っているので逆数にしてみても、等金額型とはちょっと違うけれど、それほど遠くはない何らかのウェートになっているはずである。逆数ウェートが等金額型に近いウェートである以上、やはり小型株・割安株傾向があるだろうことは容易に想像できる。

　一方、等リスク寄与型の逆数ウェートの例がわかりやすいと思うが、その逆数ウェートがもたらすものにはオリジナルとはおそらく別のファクター効果が現れているだろう。等リスク寄与型ではボラティリティの低いものがオーバー・ウェートされているが、その逆数ウェートはボラティリティの低いものをアンダー・ウェートすることになるので、パフォーマンス評価の際にボラティリティ・ファクターを加味するとその効果は逆に出るはずである。この例

---

22) Amenc (2015) は、マルキールの猿の議論のように単に非時価総額型指数であれば小型株・割安株傾向であると決めつけるべきでないと批判している。同論文のタイトルは、チャック・ベリーの名曲"Too Much Monkey Business（インチキばっかり）"に引っ掛けたものであり、辛辣であるが、パフォーマンスの説明をするならサイズ、バリューのファクターだけではなく、モメンタムや低ベータなど説明力の高い他のファクターが個別の戦略に様々な効果をもたらしていることをも考慮すべきであると主張している。

23) スマートベータを使う側にとっては、モデルや指数メソドロジーが不透明になりがちという問題につながる。第5章3節や第6章4節も参照。

が示唆しているのは、少なくとも、個別戦略の評価は、サイズとバリューのファクターだけではなく、他のファクターも考慮すべきであるということである。

　スマートベータが時価総額型指数をアウトパフォームすることを考えるうえでの出発点は、時価総額型指数が大型・成長株のバイアスを持っていることだった。これが、時価総額型指数＝ダメベータ、という図式を成り立たせているゆえんならば、スマートベータがアウトパフォームする主因は、大型・成長株以外の何らかの投資スタイル（ファクターによる偏り）をスマートベータが持っていて、特にサイズ（小型）とバリュー（割安）のファクターの働きが顕著である、ということになるだろう。このことは、スマートベータの様々な戦略が何も意図しないままに、ただ単に小型株・割安株傾向だけで時価総額型指数に勝ちに行っているということではなく、あくまでもある投資目的（戦略）を実現するためのデザインとして狙った成果が、ファクターとして計測されたにすぎないと考えるべきであろう。

　スマートベータの様々な戦略が意図しているのは、個別銘柄の固有リスク（個々の銘柄レベルでは見返りは小さいと考えられる）が相対的に集中している時価総額型指数からの分散化である。第3章で見たように分散化には様々な方法があるわけだが、分散化されたウェートでは、時価総額型であれば小さいウェートでしか購入されないようなものが多く保有され、リバランス時にその銘柄の株価が与えられたウェートよりもさらに大きく上昇していれば売却されることになり、下がっていれば買い増しされることになる。個別銘柄レベルにおける時価総額型指数とスマートベータの間のファクター効果の違いは、リバランス時にトレーディングによって吐き出され、毎回積みあがっていくが、これが時価総額型指数に対する超過リターンとして観測される。次章で説明するように、これまでに登場しているファクターは"長期的には見返りのあるリスク・ファクター"として、学界で認知されているものばかりであった。

　スマートベータのパフォーマンスはあくまでも時価総額型指数（ダメベータ）との相対比較においてのみ際立つものである。したがって、既に分散化された指数をスマートベータ化しても（非時価総額型にして分散を図っても）パフォーマンスが上がるとは限らない。既に何らかのファクターのパッケージ

（組み合わせと呼ぶべきかもしれない）を持っているものを、別のファクターのパッケージに変換するだけだからである。[24]

6　日経平均株価を使った実験

　スマートベータの議論は、時価総額型指数に対するものとして進められていることからもわかるように、指数が分散化されるようなウェート方法が採用されている指数を別の非時価総額型に適用しても、パフォーマンスが向上するかどうかはわからない。もちろん、既に分散化されたウェートであっても、それをさらに分散化することでパフォーマンス上の効果が現れることもあるだろう。これを確かめるために、身近な例として日経平均株価の指数ウェートをいじってみたい。

　日経平均株価（以下、日経225）は、米国のダウ工業株30種平均（いわゆるダウ平均。ニューヨーク・ダウとも呼ばれる）と同じ方式で計算される、いわゆる（ダウ式）平均株価である。業種のバランス等をも考慮したうえで、東京証券取引所第一部に上場する株式のうち取引が活発で流動性の高い225銘柄が選定され、定期的にリバランス（入替）がされている。

　平均株価は、構成銘柄の株価を単純平均することで決まるが、新株の発行や分割などがある場合にはこれを修正して指数の連続性を保てるように処理される。単純化して言えば、「組入銘柄の株価の合計を銘柄数で割って求める指数」という計算方式である。株価の騰落率（リターン）を示す時価総額型株価指数とは違い、株式の騰落金額の平均を示す指数であるが、株価が著しく高い銘柄が組み入れられてしまうと、その銘柄の値動きで指数が大きく変動してしまう（つまり、特定の銘柄に集中化する可能性のある指数である）。

　ダウ平均が登場した当初から踏襲されている計算方法ではあるが、ダウ式のウェート方法には経済的な意味はあまりないと言われている。"意味がない"

---

24)　こうしたファクターのパッケージの中身を実際に測って考察すると、サイズとバリューがパフォーマンスの向上に果たす役割が大きかったということが、逆数ウェートやマルキールの猿の議論の要諦であろう。

と言われて思い出すのは逆数ウェートや猿たちのウェートであるが、ダウ式のウェート方法が非時価総額型であることは間違いないので、本書の定義に照らして言えば、ダウ平均は実はスマートベータである。[25] とはいえ、ダウ平均が登場したのはいまからおよそ130年も前（構成銘柄が30銘柄になってからは90年ほど前）であり、その時点では時価総額型指数というものは確立していなかったので、ダウ平均の計算方法がスマートベータになるべくデザインされていたと言うわけにはいかない。開発者であるチャールズ・ダウにはまったく予想できなかっただろうが、ダウ平均が計算開始された当初から「ダウ平均は将来スマートベータになることが約束されていた」のかもしれない。日経225の知的財産権を保有する日本経済新聞社にお認めいただけるかどうかはわからないが、本書では日経225をダウ平均ともども、"意図せざるスマートベータ"と呼びたい。

では、そんな日経225の構成ウェートをいじってみよう。図表4−8は、日経225と構成銘柄はまったく同じではあるが、その構成ウェートを、①等金額型、②日経225ウェートの逆数型、および③時価総額型、の3通りにいじってみたものについて、そのパフォーマンスをTOPIXとの相対で比較したものである。

まず、日経225のパフォーマンスはTOPIXをおおむね上回っていることを確認したい。この期間、TOPIXの平均リターンが2.64％であったのに対し、日経225では4.37％であった。この超過リターンをもって「ダウ式と呼ばれる非時価総額型の構成ウェートを持つ指数なのでスマートベータである」とすぐにでも断じたくなるところだが、その前に日経225とTOPIXの銘柄数が違うことの影響を考えておかなければなるまい。日経225は、その名称どおり225銘柄を選別して構成される指数なので、1,800銘柄を超える構成銘柄を持つTOPIXとそのまま比較するのは難がある。そこで、③の日経225の時価総額型とTOPIXを比較してみよう。この期間において、③はTOPIXを若干下回っ

---

25) 時折、新聞などのメディアに「NT倍率」なるものが登場する。これは、日経225をTOPIXで（そのまま）割った値である。経済的な意味合いはほぼない指標と考えてよいが、基準日が不明確な日経平均の対TOPIXの相対パフォーマンスと読み取れないこともない。これを見ると日経225は時価総額型のTOPIXをアウトパフォームしていることがわかる。

6 日経平均株価を使った実験 107

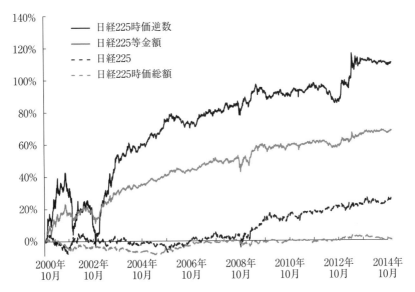

図表4-8 日経225のウェートをいじってみると……対TOPIXの相対パフォーマンス

(注) 日経225の定期入替日(9月末から10月初)の前営業日を基準として、それぞれウェートを決定したうえで、その翌日(=定期入替日)に入替(リバランス)を行って計算。
2000年10月31日から2014年12月30日の日次データ。

て推移しており(その平均リターンは2.56%)、TOPIXに対して超過リターンを生み出してはいなかった。リスク値(平均リターンの標準偏差)を見ても、TOPIXの22.32%に対して23.53%と若干上昇しているので、225銘柄を選択したこと自体によるパフォーマンス上のメリットはほぼ無かったことになる。もし日経225が時価総額型の指数デザインであったのならば、パフォーマンス上は魅力のない指数になっていただろう。③と日経225そのもののパフォーマンス(TOPIXとの相対ではあるが)を比べれば、時価総額型という"ダメ"式のウェートではなくて、"ダウ"式のウェートを採用することによってリターンが向上することは明白である。ただ、日経225は、その時価総額型に比べてより分散化された指数になっているにもかかわらず(この期間の平均的なENCは、日経225では74、その時価総額型では61)、リスク値は24.71%と上昇している。同じ銘柄で構成されていてもウェートの違いによって、ハイリス

ク・ハイリターンな指数になっている。

　一方、①日経225等金額型（TOPIX版のスマートベータ1号に対応にするもの）、②225ウェートの逆数型（同2号に対応）については、それぞれの平均リターンが7.47％、10.54％と、日経225をさらに上回っている。[26] これは、冒頭で見たスマートベータ1号と2号のグラフや、逆数ウェートやマルキールの猿の議論を彷彿とさせるものでもある。ただ、逆数ウェート型と日経225そのものを比べると、一部反転した値動きになっている期間もあり、ウェートを逆にしていることが値動きに影響していることもうかがえる。これを確認すべく、日経225およびそのウェートをいじった①②③が、それぞれどのようなファクターのパッケージになっているのかを、Fama and French（1992）に基づくファクター分析で確認しておこう（図表4-9）。

　225銘柄を選択してそれをまず時価総額型で指数化したもの（③）からまず見てみよう。各業種を代表する、指標性の高い（＝時価総額の大きい）ものが225銘柄選ばれるので、時価総額型（③）のパフォーマンスにはどうしても大型株傾向が生じてしまう（図表中のSMBの係数がマイナス）。また、選定された銘柄はこの期間、割安株傾向（同HMLの係数がプラス）を示していたため、③全体としては、大型株・割安株傾向が見られた。

　一方、ダウ式で計算される日経225は、当然同じ銘柄で構成されているにもかかわらず、指数としては大型株・成長株傾向（SMBとHMLがマイナス）を示している。大型株傾向が時価総額型に比べるとやや弱まっている（SMBの係数の絶対値がやや小さくなっている）のは、ダウ式のウェート方法で若干の指数の分散化が図られたことを示唆している。一方、時価総額型（③）で見られた割安株傾向は、ダウ式に変えたことによって成長株傾向に変わってしまっている。これは、ダウ式が構成銘柄の株価を単純平均することでウェートを決定する方法であることに起因していると考えられる。つまり、ダウ式は株価が上昇（下落）したものに大きな（小さな）ウェートを割り当てるので、時

26）　リスク値は、等金額型で24.54％、逆数ウェート型で26.59％であった。等金額型のENCは（当然）225であり、こちらは指数の分散化によるリスク値の低減が見られるが、逆数ウェート型のENCは日経225と同じ74であったので、ウェートの違いによりさらにハイリスク・ハイリターンになったことがわかる。

	α（年率%）	市場β	サイズ SMB	バリュー HML	決定係数
日経225　時価総額型（③）	0.0186	1.0180**	−0.2358**	0.0295**	0.99
日経225	0.1669*	1.0534**	−0.1427**	−0.2139**	0.95
日経225　等金額型（①）	0.1894**	1.1120**	0.1344**	0.1809**	0.96
日経225　逆数ウェート型（②）	0.2566	1.1818**	0.4281**	0.3670**	0.86

図表 4－9　日経225：時価総額型、等金額型、逆数ウェート型の比較

(注)　Russell/Nomura 日本株指数に基づく回帰分析。
　　　リスク・フリー・レートは無担保コールレート（翌日物）。
　　　*は5％有意、**は1％有意。
　　　2000年10月31日から2014年12月30日の日次データに基づく。

価総額型に比べて値上がりした銘柄（＝成長株）がより大きく表現されるわけである。

　次に、日経225のウェートをいじって等金額型（①）や逆数ウェート型（②）にすると、小型株・割安株傾向を見せるようになった。これは、本章で考察してきたスマートベータのパフォーマンスの説明、また、逆数ウェートやマルキールの猿の議論ともちろん整合的である。また、①②は小型株・割安株傾向である一方、前述のように日経225は大型株・成長株傾向を持っているので、①②と日経225とは確かに真逆のファクター構成になっていることがわかる。こうしたファクター構成の違いから、図表4－8で日経225と①②の値動きが多少反転して見えるのもうなずける。

　以上に見てきたように、(225銘柄を選んで)「時価総額型⇒ダウ式（日経225そのもの）⇒等金額型および逆数ウェート型」、という図式を見てみると、「大型・割安⇒大型・成長⇒小型・割安」というファクター構成の違いが浮き彫りになる。この実験では構成銘柄はずっと同じなので、ファクター構成が違っているのは、ウェート方法の違いによって個別銘柄の固有リスクがどのように強調されるのかによって生じている、と考えるべきである。言い換えるならば、構成銘柄が同じであっても、ウェート方法を変えることによって、まったく別のファクターのパッケージを提供することができ、そして、それが違ったパフォーマンスを出現させているということになるだろう。

　図表4－8では、「時価総額型⇒ダウ式（日経225そのもの）⇒等金額型および逆数ウェート型」という図式どおりにリターンは向上していた。この例では

（図表4-9を参照）、この図式と同じ順番で市場 β の値も大きくなり（平均リターンの標準偏差の大きさに関連している）、また、必ずしも有意ではないものの α の値も大きくなっている（等金額型ではアルファが1％有意であった）。[27] 時価総額型の α は小さくしかも有意でないので銘柄選択にアルファがあったとは言いがたい。構成銘柄のウェート方法を変えることによって、高めの市場リスク、サイズ（SMB）とバリュー（HML）に関する何らかのリスク・ファクターが追加され、これが結果として好パフォーマンスへとつながった。同じ構成銘柄でもハイリスク・ハイリターンな指数となるようなウェート方法が提供され、それぞれのウェート方法が生みだすファクターのパッケージが違っていたので、パフォーマンス向上の内容に差が出たと考えられる。

　ダウ式は、市場での平均的な株価変動を伝えるために開発されたウェート方法であり、パフォーマンスを捻出するために考案されたわけではない。にもかかわらず、時価総額型との比較では結果としてパフォーマンスが向上してしまった（やはり、是非にも"意図せざるスマートベータ"と呼ばせていただきたい！）。日経225を使った実験で、必ずしもウェート方法に経済的な意味づけがなくとも非時価総額型であれば対時価総額型でのパフォーマンスが向上する可能性があることを再度確認したという点は、Arnott et al.（2013）の逆数ウェート戦略やマルキールの猿の議論と通じるものである。しかし、同論文はスマートベータのリターンの向上について「どんな戦略を選ぼうと、"必然的に"小型株・割安株傾向が生じ」、これがパフォーマンスのドライバーになると指摘したが、日経225のウェートを操作してみると、彼らの主張は必ずしも正しくないということがわかった。日経225は、大型株・成長株傾向を持っているにもかかわらず、大型株・割安株傾向を持つ日経225の時価総額型（③）をアウトパフォームしているからである。非時価総額型が、必ず小型株・割安株傾向を生むわけでもないし、どうやら、小型株傾向や割安株傾向がつねに追加的なパフォーマンスをもたらすわけでもなさそうである。

27）ここでは Fama and French（1992）に基づくファクター分析を行ったが、さらにファクターを追加してパフォーマンスを説明することも可能である。その場合には、別のファクターが超過リターンを説明し、アルファの存在はさらに希薄なものになる可能性がある。

成長株傾向のある日経225が、割安株傾向を持つ日経225の時価総額型（③）をアウトパフォームした理由については、ファクターの内容を精査しながら、もう一段の考察が必要だろう。本章では、スマートベータをファクターのパッケージ[28]としてとらえ、こうしたファクターがパフォーマンスの説明要因となるという建て付けで検討してきた。ここでは、ファクターとはそもそも何であり（リスク要因であるとは述べてはいるが）、具体的に何をもたらしているのか、パフォーマンスにつねにプラスの貢献をするのか、などについてきちんとした説明はしていない。ファクターについては、近時注目を集めているファクター指数と合わせて、第5章で掘り下げて議論することとしたい。

7 リバランスの重要な役割

　どんなスマートベータ戦略であれ、構成ウェートは、その戦略の意図する内容を反映するように定期的なリバランスが行われる。[29] ここで改めて**リバランス**とは、指数（より一般的にはポートフォリオ）の中でアウトパフォームした構成銘柄（ポートフォリオの場合は資産）を売り、アンダーパフォームした構成銘柄（資産）を買う行為であり、定期的に行われる場合と、ある閾値（目標となる水準）に達したという条件で行われる場合がある。

　ある時点で選択された構成ウェートは、そのままの状態であり続けることはできない。パフォーマンスが良かった銘柄の構成ウェートは大きくなるし、アンダーパフォームした銘柄の構成ウェートは小さくなる。集中化した指数の分

---

[28] この表現では、時価総額型指数もまた市場およびサイズ（大型株傾向）とバリュー（成長株傾向）のファクターのパッケージということになるし、アクティブ運用の金融商品もまた何らかのファクターのパッケージであると言えよう。

[29] 一方、時価総額型指数には本来リバランスがない。第3章1節で述べたように、時価総額型指数では、各銘柄の時価総額の変動に合わせて各銘柄に割り当てられる構成ウェートも相対で変わっていくので、定期的に構成ウェートを見直して入替や構成ウェートの補正を行う必要がないからである。TOPIXなどの市場型指数の多くは浮動株調整済時価総額型指数であり、定期的に浮動株調整の見直し（安定株主の保有分の推定）を行う際に（微妙な）リバランスが発生する。

散化を狙って非時価総額型の構成ウェートをいったん確定しても、そのままほうっておけば株価の変動によって再び指数の集中化が始まるだろう。リバランスしなければ指数の分散化効果は時間とともに失われてしまう。

次章で詳説するファクター指数についても同じことが言える。リバランスがなければファクターの効果は、本来その戦略が狙っている水準から徐々に希薄化していく。図表4-10は、あるファクター指数で先進国株式のモメンタム・ファクターのエクスポージャー（影響を受けている度合い）がどのように推移したかを示したものだが、その推移は鋸の歯のようなグラフとなっている。これは、リバランス時に高まったファクター・エクスポージャーが時間の経過とともに減衰し、次のリバランス時にリフレッシュされている（＝リバランス後にリバーサルが起きている）ためである。ファクターへのエクスポージャーは、リバランス後に徐々に剥落するということだ。

リバランスとは、スマートベータの分散化効果やファクター指数のファクター効果をトレーディングによって定期的に是正する行為である、と言えよう。リバランス時には、前回のリバランス以降に蓄積された分散化効果（逆張り効果）やファクター効果が固まり、毎回のリバランスでこうした効果が少しずつ積み上げられていく。リバランス直前に"含み"になっているリターンが、リバランスによって"実現"するわけだ（もちろん、追加的なリターンはいつも正というわけではない）。

これまで本章では、スマートベータのパフォーマンスについて、ウェート方法から生じたファクターという隠されたリスク・エクスポージャーがパッケージ化されているという図式で説明してきた。それぞれのスマートベータに特有のファクターは、定期的なリバランスのつど、ルール化された自動的なトレーディングによって刈り取られていくというイメージで考えてみればよい。リバランスによって、それまでに蓄積された追加的なパフォーマンスは固まり、ファクターのパッケージはリフレッシュされる。長期にわたって何度もリバランスされる指数のパフォーマンスを、リバランスの無い時価総額型指数に対する相対で評価すると、市場リスク以外のリスク・ファクターの積み上げが検出されるはずなのである（本章の4節を参照のこと）。

スマートベータが時価総額型指数をアウトパフォームする理由として、リバ

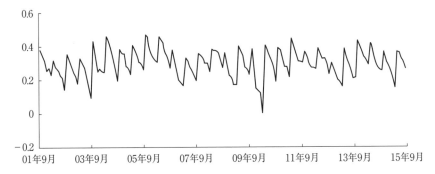

図表 4-10　ファクター・エクスポージャーの減衰：リバランスの重要性
（注）　FTSE Developed Momentum Factor Index のモメンタム・エクスポージャー。
　　　　計測期間は2001年9月から2015年9月。
（出所）　FTSE Russell (2016).

ランスの効果を重視する向きは少なくない。古くは Fernholz and Shay（1982）が「リバランス・ボーナスはリターンの源泉となりうる」と述べており、また、Perold and Sharpe（1995）は、複数の資産のリターン間には平均回帰性があるので、定期的なリバランスは追加的なパフォーマンスを獲得できる機会となりうると主張している。平均回帰性（mean reversion）とは、ある資産の価格がその本源的な価値から一定の範囲を超えて乖離すると、価格はやがてその基本価値の水準に戻る傾向のことを言う。極端に単純化して言うと、「昨日勝ったものは明日負ける、昨日負けたものは明日勝つ」ということなので、勝ったものはその一部を売却し、その売却資金で負けたものを買い入れれば、逆張りのパフォーマンスが生じるということである。

　例えば、AとBの2つの資産にそれぞれ100ドルずつ投資するポートフォリオを想定しよう（簡略化のために手数料や税金等は考慮しない）。1年後にAは90ドルに、Bが110ドルとなり（A、Bの1年目のリターンはそれぞれ-10％、+10％）、さらに1年が経過するとAもBもそれぞれ100ドルに戻ったとする（A、Bの2年目のリターンはそれぞれ+11.11％、-9.09％）。もし、最初に200ドルの資金をこのポートフォリオに投下してその後何もしない場合、1年後も2年後もポートフォリオの価値は200ドルのままである。しかし、1年後にはAとBの構成比は45：55になっている。そこで、Bを10ドル売却し

この10ドルでAを買うと、構成比は50：50と等金額にリバランスされる。この場合、2年後にはAが111.11ドル、Bが90.91ドルとなっているので、リバランスを行ったポートフォリオの価値はAとBの合計で202.02ドルということになる。リバランスしない場合に比べて、2.02ドル分のボーナスが出ている。

　この例ではAとBの2つの資産は互いに逆の値動きをしており、（仮にいずれも100ドルが本源的価値だとすると）2年間でいずれも平均回帰していることになる。リバランスを行うことでボーナスが生じることが、この例で示された。さらに、Banner et al.（2015）は、具体的な数値例を使って、リターンの平均回帰性を持ち込まなくともリバランス・ボーナスは得られることを示している。しかし、平均回帰をせず、勝ち続ける資産と負け続ける資産の2つの資産の場合には、直感的にはリバランスしないほうがポートフォリオのリターンは高くなるような気がする。だとすると、これは本当にリバランス・ボーナスと呼べるものなのだろうか？（これについては後述する。）臼杵（2014）はこうしたリバランス・ボーナスは「スマートベータのリターンが時価総額インデックスのリターンを上回る理由の1つと考えられる」と述べている。前記のAとBの2つの資産を保有する等金額型指数を想像すれば、こうした説明が意味するところをイメージしやすいのは確かである。

　とにかくリバランスしないとリバランス・ボーナスはもらえなさそうではあるが、スマートベータにはリバランスがつきものなのでボーナスはもらえそうである。ただし、ここで言う"リバランス・ボーナス"とは、そもそも何だろうか？　リバランスという行為から正のパフォーマンス（ボーナス）は必ず得られるのだろうか？　そして、スマートベータには必ずこの効果が期待できるのだろうか？

　リバランス・ボーナスを直感的に理解するためにもう1つの数値例を紹介したい。Bernstein and Wilkinson（1997）が取り上げた具体例では、1926年から1994年の期間において米国普通株の幾何平均リターンは年率10.19％であり、米国長期社債のリターンは同5.51％だった。なお、図表4-11では算術平均リターンと幾何平均リターンの2つが表示されている。本書では"（期待）リターン"という言葉を使う場合、断りのないかぎりは算術平均リターンを用いているが、算術平均リターンは「ある一定期間に平均的にどのくらいパフォー

	算術平均リターン	幾何平均リターン	標準偏差
米国普通株	12.16%	10.19%	20.20%
米国長期社債	5.83%	5.51%	8.50%

図表 4-11　Bernstein and Wilkinson の例：1926年～1994年
（出所）　Bernstein and Wilkinson（1997）.

マンスを出したかを測るもの」としてとらえられ、例えば1ドル投資したら数年後に何ドルになっているか、という最終的な富の期待値を示してくれる指標と考えればよい。一方、幾何平均リターンは、当初元本を複数の期間にわたって各期間の収益率で複利運用した時の平均収益率を意味する。一定期間にリバランスを行うことを考察する例なので、ここでは幾何平均リターンが重要である。

　さて、この2つの資産を毎年、等金額でリバランスするポートフォリオ（リバランス・ポートフォリオ）に投資すると8.34%の幾何平均リターンが得られたという。少々ややこしいが、前記の2つの資産の幾何平均リターンの（算術）平均は7.85%（＝[10.19%＋5.51%]／2）なので、リバランスすることによって年率で0.49%のボーナスが生じた計算になる。しかし、もし1926年の1月1日に2つの資産に同じ金額を投資して、リバランスをまったくしなかったら（ノンリバランス・ポートフォリオ）、この場合の幾何平均リターンは9.17%になっていたという。[30] この期間では、ノンリバランス・ポートフォリオがリバランス・ポートフォリオを上回る幾何平均リターンを提供したということだ。リバランスした場合にボーナスは出ているわけだが、リバランスせずにほったらかしにしたポートフォリオのほうがより高いリターンを得られるならば、わざわざリバランスしてボーナスなるものをもらう必要はあるのだろうか？

　リバランス・ポートフォリオがノンリバランス・ポートフォリオに苦杯を喫した理由については、比較的容易に理解できるだろう。この例では、69年間で

---

[30]　しかもこの場合には、リバランス・ポートフォリオと比べて、税支払いも、売買に必要なコストの支払いも無いので、さらに有利なポートフォリオだったはずである。ここでは税支払いや取引にかかるコストは無視して議論することにする。

株式のリターンが債券のリターンを大きく上回っていたため、最後の40年間については ノンリバランス・ポートフォリオの90％以上が株式で占められる状態となっていたという。株式のリターンは債券のリターンよりも高いため、時間が経つにつれてノンリバランス・ポートフォリオは株式に集中したポートフォリオへと変わっていった。最後の40年間のリターンは年率で

$$10.19\% \times 0.9 + 5.51\% \times 0.1 = 9.72\%$$

以上だったはずなので、69年間で9.17％という数字にもうなずける。一方、リバランス・ポートフォリオは毎年、等金額にリバランスされるので、直感的に２つの資産の（算術）平均である7.85％に近い数字になるだろうと予想はつく（実際にはボーナスがついてきたわけだが）。したがって、69年もの間に、株式に集中化したノンリバランス・ポートフォリオ（当然リスクも高い）に比べて、分散化されたリバランス・ポートフォリオのほうがリターンは低くなった。

　では、分散化したポートフォリオでもリバランスするだけで、年率0.49％のボーナスがもたらされたのはなぜだろうか。Bernstein and Wilkinson（1997）は長期のポートフォリオのリターンとリバランスの効果について以下のように考えている（数式の苦手な読者は、次の段落冒頭の"つまり、Bernstein and Wilkinson［1997］は、……"まで読み飛ばしていただいてかまわない）。同じ銘柄群で構成されるポートフォリオを想定した時に、リバランス・ポートフォリオの幾何平均リターンを G^r、ノンリバランス・ポートフォリオの幾何平均リターンを G^u とすると、その差分として計算されるリバランス・ボーナスは、

$$G^r - G^u \approx \sum_{i<j} w_i w_j \left(\frac{V_{ii}}{2} + \frac{V_{jj}}{2} - V_{ij} \right) + \left[\sum_i w_i (1 + G_i) - \left(\sum_i w_i (1 + G_i)^N \right)^{\frac{1}{N}} \right]$$

（数式4.2）

と表される。ここで、w は構成ウェート、V は分散共分散行列、G_i は構成銘柄の一期間の幾何平均リターンである。（数式4.2）の右辺第１項は必ず正の値となる。この項は、逆張り効果と呼ばれ、ポートフォリオの分散効果と同じものを示している（構成銘柄の分散の加重平均からポートフォリオの分散を引いたもの）。前述の臼杵（2014）や Banner et al.（2015）などは、この効果のみをリバランス・ボーナスととらえているが、必ず正の値となるこのボーナスは

むしろ"分散化ボーナス"などと呼んだほうがよいだろう。この項を見ると、①資産のボラティリティ V_i が大きく、②資産間の相関係数（共分散 V_{ij}）が小さいほど、ボーナスが大きくなることがわかる。一方、数式4.2の右辺第2項（[ ]で括られた部分）はディスパージョン効果と呼ばれる効果であるが、こちらは必ず負の値となる。[31] ここでディスパージョンとは、個別銘柄の幾何リターンの散らばり度合いを意味しており、③資産の幾何平均リターン G_i の差が小さい（大きい）ほど、この項の影響は小さく（大きく）なる。

　つまり、Bernstein and Wilkinson (1997) は、①投資対象である資産のボラティリティが大きく、②資産間の相関係数（共分散）が小さければ、より大きな分散化ボーナスが期待できるが、③資産の幾何平均リターンの差が大きければディスパージョン効果によってパフォーマンスが悪化する力が働くことを示している。したがって、年率0.49%のリバランス・ボーナスは、①②のプラスの効果と③のマイナスの効果の綱引きの結果もたらされたものと言える。米国の普通株、長期社債はともにリスク資産であり、相関も低いが、資産間の幾何平均リターンの開きは大きい。複利で長期にわたって運用すると、株式と債券の間のパフォーマンスに差が開いてしまうような場合は、分散化ボーナス（＝逆張り効果）は獲得できたとしても、ディスパージョン効果が大きくなってしまうので、リバランスするほうがパフォーマンス上は不利になるということである。

　では、一般に、スマートベータの対時価総額でのパフォーマンスをどう考えるべきだろうか。指数の構成要素が原指数に含まれる株式だとすると、Bernstein and Wilkinson (1997) に照らして言うならば、①株式はボラティリティの大きな資産であり、②（株と債券ほどではないが）相互にそれなりに非相関があるので、分散化ボーナスは十分に期待していいだろう。本節の冒頭でリバランスの役割をイメージする際に分散化効果を刈り取ると述べたのはまさにこのことである。一方、③構成銘柄の間の幾何平均リターンはそれなりに差があるはずなので、リバランスをすると当然ディスパージョン効果によるパ

---

31) 興味のある読者は、数学的帰納法を用いて証明してみてほしい。数式の証明が本書のテーマではないのでここでは割愛する。

フォーマンスの下押しはあるはずである。しかし、同じ株式という資産クラスの中での幾何平均リターンの差ということなので、株式と債券との間の差に比べれば、この下押し効果は小さいと思われる。[32]

　以上を勘案すると、スマートベータにはいわゆるリバランス・ボーナスが期待できそうだと言えよう。ただし、株式という資産クラスの中でのボラティリティ水準が相対的に小さくなる局面があるかもしれないし、通常は低いと考えられる銘柄間の相関も、市場環境の悪化時には連動してしまうかもしれない。同じ資産クラス内ということではディスパージョン効果は相対的に小さいはずだが、これはつねに移ろいがちである。リバランス・ボーナスの大きさは市場環境に依存していると言わざるをえまい。

　運が悪ければリバランス・ボーナスがもらえないばかりか、リバランス時の売買手数料、税金に加えて、市場インパクトが無駄になる場合もあるだろう。運用者の手間という意味でもリバランスが無駄になるかもしれない。それでも、リバランス・ボーナスが期待できそうと聞いてしまうと、リバランスを頻繁に行うことによってパフォーマンスを高めようという計算が否応にも働く。だからスマートベータ構築の際には、頻繁なリバランスが指数デザインに持ち込まれがちになる。しかし、リバランスが増えると、同時に取引コストも高くなるため、リバランス時のコストとリバランスによって得られるボーナスを考慮したうえで、リバランス頻度を決めるべきである。リバランスに不要なコストがかからないように、指数の投資可能性に対する十分な配慮が必要である。指数開発者が、自身のアイデアを投資家に受け入れてもらうためには、指数のパフォーマンスと売買による取引コストを比較考量してより良い指数を目指すべきであるし、投資家がスマートベータを選ぶ際には、可能なら字面上のリターンだけではなく取引コストをも考慮したパフォーマンスを検討すべきである。このことは第7章で再検討しよう。

　以上、スマートベータのパフォーマンスを考える締めくくりとして、リバランス・ボーナスについて考察してきた。スマートベータには定期的なリバラン

---

[32] 第3章4節で紹介したリスク・クラスタリング・ウェート型などではディスパージョン効果を減じることが可能かもしれない。今後の実証分析の課題であるとともに、指数デザイン（もしくはデータ・マイニング？）のヒントにもなるだろう。

スが不可欠であるが、分散効果とディスパージョン効果のせめぎ合いにより、つねにボーナスが期待できるわけではないことはわかった。リバランスの主目的はリターン向上を狙うことではなく、スマートベータが提供する追加的なリスク（狙ったファクター・エクスポージャー）を維持することがリバランスの重要な役割であることを忘れてはなるまい。

第5章 スマートベータから ファクター指数、マルチ・ファクター指数へ

　第4章ではスマートベータのパフォーマンスを考察した。対時価総額型の超過リターンを説明する際には、ファクター分析の結果からスマートベータには何らかのファクターへのティルト（傾斜）が生じており、それが市場リスク以外の追加的なリスクへのアクセスとなっていると述べた。ファクターはスマートベータのパフォーマンスの重要なドライバーになっている。

　ファクターこそが追加的なパフォーマンスを生む鍵となっているのならば、ファクターそのものに投資したほうが話は早い。それに、スマートベータが提供するファクターのパッケージでは、自分の望むファクターだけを入手することは難しく、不要なファクターまで付いてくる。そこで登場してくるのが、いわゆるファクター指数（および、それを組み合わせたマルチ・ファクター指数）である。最近では、「（マルチ・）ファクター指数こそがスマートベータ」であるかのような論調も見受けられるが、第1章6節で述べたように、本書では狭義のスマートベータ（非時価総額型指数）とファクター指数を別の概念として取り扱う。本章では、その概念の違いを明らかにしながら、ファクター指数およびその発展型としてのマルチ・ファクター指数について掘り下げて考察することにする。

1 ファクターとは何か？

　第4章では、スマートベータのパフォーマンスを分析する際にファクター・モデルを持ち込んだ。しかしそこでは、このファクターが何であるのかについては詳しい説明はしていなかったので、ここで改めて整理してみたい。既に、ファクターとは何かを熟知している読者には、本節は冗長に映るかもしれない。そうした方々は本節を読み飛ばしてくださってもかまわない。もちろんファクターを提供する側にいる読者（資産運用者の関係者、指数プロバイダー、研究者）の方がいらっしゃるならば、出発点に立ち返る意味でお付き合いいただけたら、とは思う。

　ファクター（factor）とは要因や要素、因子を表す英語だが、投資の世界では特に「価格変動を引き起こす要因」を指している。しかも、本章で取り上げるファクターは、もう少し詳しく言うと、システマティック・リスク・ファクター[1]である。これまでのスマートベータの議論は、ウェートをいじって時価総額型指数から離れると、何らかのファクターのパッケージができあがるという話であった。では、システマティック・リスク・ファクターなるものは何なのかをさらに考察してみよう。

　一般的なシステマティック・リスク・ファクターとしては、市場ベータに加えて、サイズ（SMB）、バリュー（HML）、モメンタム（MOM）が、既に第4章3節で登場している。これらはCarhart（1997）の提唱した4ファクター・モデルで登場するファクターであるが、このようなファクターを組み合わせるモデルの原型は、Fama and French（1992）の3ファクター・モデル（こちらにはMOMがない）であろう。この2つの先行研究をはじめ多くのファクター・モデルは、市場ベータという1つのシステマティック・リスク・ファクターによって株価変動を説明しようとしたCAPMを修正しながら発展してきたものと位置付けられている。

---

[1] **システマティック・リスク・ファクター**：何らかの規則性を持っているリスク要因。第4章3節を参照。

CAPMは、市場ベータのみによって株価リターンを説明する、非常にシンプルなモデルである。数式が苦手な読者でも、ファイナンスの教科書に必ず登場する下記の式は（少なくとも）一度は見ておいたほうがいい。この数式は第1章3節でベータの説明をする際にも登場している。

$$r_{i,t} - r_{f,t} = \alpha_i + \beta_i(r_{M,t} - r_{f,t}) + \varepsilon_{i,t} \quad (数式5.1)$$

つまり、個別証券のリターン（$r_{i,t}$）の無リスク資産のリターン（$r_{f,t}$）に対する超過リターンは、市場全体の無リスク資産に対する超過リターン（$r_{M,t} - r_{f,t}$）に対する感応度であるベータ（β）で説明できる。ここでアルファ（α）はベータによっては説明されないリターンを意味している。CAPMが成り立っていればアルファは当然ゼロであるはずである。

しかし、アルファが（正か負かは別として）存在しているなど、CAPMが実際の株価に対して持つ説明力は必ずしも高くない（すなわち、前記の数式5.1の当てはまりが良くない）ことが、その後の実証研究で次々と明らかになった。こうした報告を受けて、CAPMに代わる資産価格モデル、CAPMを補完するモデルが模索されてきた。そんな中で、「市場全体のリターンに比べて小型株や割安株はより高いリターンをもたらす」といったいくつかの定型化された事実（stylised facts）をうまく説明できるモデルとして定着したのが前述のFama and French（1992）やCarhart（1997）である。

Fama and French（1992）の3ファクター・モデルでは、時価総額で見た銘柄のサイズ（小型株と大型株のスプレッド、SMB）と、PBR（株価純資産倍率）で見た割安度（割安株と成長株のスプレッド、HML）に着目して、下式のようにSMBとHMLの2つのファクターとそれぞれに対する感応度であるベータがCAPMの式に加わった。これにより、株価リターンの説明力は向上する。市場ベータで説明できない部分については、SMBやHMLに対するベータが追加的に説明してくれるからである。当然、アルファとして残る部分はかすんでいくことになる。

$$r_{i,t} - r_{f,t} = \alpha_i + \beta_i^{Mkt}(r_{M,t} - r_{f,t}) + \beta_i^{Size}\text{SMB}_t + \beta_i^{Value}\text{HML}_t + \varepsilon_{i,t} \quad (数式5.2)$$

Fama and Frenchの3ファクター・モデルに、以下のようにさらにモメン

タム（上昇銘柄と下落銘柄のスプレッド、MOM）を加えて4ファクターにしたのが、Carhart（1997）である。

$$r_{i,t} - r_{f,t} = \alpha_i + \beta_i^{Mkt}(r_{M,t} - r_{f,t}) + \beta_i^{Size}\text{SMB}_t + \beta_i^{Value}\text{HML}_t + \beta_i^{Mmntm}\text{MOM}_t + \varepsilon_{i,t}$$

（数式5.3）

これらのモデルはポートフォリオのパフォーマンス評価やリスク分析など、学術研究においても実務においても様々な場面で広く利用されている。[2]既におわかりのように、ファクター・モデルと呼ばれるモデル群の基本的な姿は、CAPM（数式5.1）を基本としつつ、追加的に何らかの（システマティックな）リスク・ファクターを追加するかたちとなっている。しかし、このような複数のファクターを擁するモデル（これらを総称してマルチ・ファクター・モデルと呼ぶ）は、どのようなファクターの組み合わせを用いるべきなのか、については完全な答えがあるわけではない。現状では、新たなファクターが次々に提案され、あまりにも多くのマルチ・ファクター・モデルが提唱されており、学界は少々収拾がつかない状況となっているようだ。1990年代には認知されたファクターは片手の指の数くらいなものだったが、ここ数年間、研究者たちは毎年およそ40ものファクターを"発見"しているとの報告もある。[3]シカゴ大学のジョン・コックランは2011年のアメリカ金融学会での演説で、こうした状況を揶揄すべく"ファクターの動物園（Factor Zoo）"という造語を用いた。

ここで注意してほしいのは、SMBやHML、MOMといったかたちで表現されているファクターは、それぞれ対照的な銘柄群のロング（買い持ち）とショート（売り持ち）の組み合わせになっている点である。[4]例えば、バリュー（HML）ならば割安株のロングと成長株のショート、モメンタム（MOM）ならば値上がりした株のロングと値下がりした株のショートといった具合であ

---

2) 本書の執筆時点では、Carhart（1997）の4ファクター・モデルを使うことが、実証研究において株価リターンを説明する際のお作法として定着している感がある。
3) Harvey et al.（2015）を参照。
4) SMBは"Small (stocks) Minus Big (stocks)"、HMLは"High (earnings yield) Minus Low (earnings yield)"の頭文字を取って名付けられており、それぞれスプレッドであることがわかる。モメンタム（MOMentum）の名付け方は例外だが、文献によってはWML（Winners Minus Losers）とされている場合もある。

る。このようにロングとショートを組み合わせた"スプレッド"として表現されるファクターと市場ベータとの相関は当然低くなる。ファクターの相関が低ければ、いくつかのファクターをパッケージとして持つことで（分散効果が働き）、時価総額型の市場インデックス（CAPMでいう市場ベータ）に比べてリスク・リターンの面で効率的な投資戦略や指数を構築することができる。相関の低いファクターをさらに追加していけば、リスク・リターンの効率性をもっと上げることができるだろう。逆に言えば、より良い指数や投資手法を作るという目的があれば、新しいファクターを発見しようとするインセンティブも働きやすい。さらにうがった見方をすれば、こういったイメージをかもし出すためのワードとして、"スマートベータ"という言葉はピッタリだったのかもしれない。

　ただ、そもそもファクターは実証研究の中で推定されたものであって、ファクターが結果として間違ったリスクの測度となっている可能性もあれば、きちんと計測されていてもファクターがまったく有効でないことが後で判明する可能性もあるだろう。どんなモデルを採用するかによって、ファクターの分解の仕方は変わってくる（モデル依存性と呼ばれるリスクである）。伝統的なファクターを論文どおりに忠実に再現したものもあれば、そうではない（何か新しい）ものもあるだろう。

　新たなファクターが相次いで報告される中で、どのファクターが"本物"であり、どれがデータ・マイニング[5]の結果なのかを検証する動きも出ている。Levi and Welch（2014）は、学界および実務の提唱する600（！）のファクターを検証したが、その49％は、事後的にゼロもしくは負のプレミアムをもたらし

---

5) 英語では data-snooping と呼ばれる場合もあるが、ほぼ同義と考えてよい。最近では、AIやビッグデータの文脈で「データベースから有用な情報を抽出する技術体系」といったポジティブな意味で使われることもあるが、統計学や計量経済学では、「都合のいいようにデータを操作する禁じ手」といったあまり感心しないほうの意味で使われる。つまり、何らかのデータと価格変動との間にあるおぼろげな関係を、統計処理を駆使して何らかのファクターに仕立て上げる行為を指す。ある関係について統計的な有意性が見つかれば、その関係性をファクターと呼ぶ。モデルに基づいてデータ検証した結果が好ましくない内容であれば、棄却するのはモデルであるはずなのに、むしろデータを棄却する（つまり都合のいいデータ・サンプルを探す）、といった具合である。

ただけであった。つまり、ファクターが本物であるのかどうかは、コイン投げよりほんの少しだけいい確率でしかないということである。Harvey et al. (2015) は、316のファクターを調べたが、ほとんどがデータ・マイニングの結果と見受けられ、統計的な有意性を持つものは1990年代と同様に片手の指の数くらいしかないという、より悲観的な報告をしている。過去のデータ検証から発見されるファクターは、多くの研究者が同じデータベース（例えば第4章2節で登場したCRSPなど）をさらい回して得られる結果のうち、出版にこぎつけることができたものに限られていると思われる。しかし、ファクターを考慮した投資手法が本当に有効かどうかを吟味するならば、その手法に、①リターンの見返りが期待できるのか、②経済学的な裏づけはあるのか、③市場や推計期間、計測方法を変えても存在が確認できる頑健（ロバスト、後述する）なものか、④長期のデータで検証され、かつ、アウト・オブ・サンプル[6]で確認されているか、を精査すべきであろう。

　プロダクト開発の際にバックテストを繰り返すことによって得られた新しいファクターは、データ・マイニングの危険性をはらんでいるので敬遠されがちである。新たなファクターを提唱したいなら、過去データに基づくシミュレーションの（良好な）結果だけでなく、将来にわたってアウトパフォーマンスの持続性があることをもデータで示さねばならない。長期的に市場をアウトパフォームすると主張したいならば、どのような理由で超過パフォーマンスがもたらされるのか、その論拠を示すことも重要である。[7] 実証結果だけではなく理論的背景がしっかりしていることが、有効なファクターであると認知される第一歩であるし、アカデミズムが検証する際の鍵ともなるだろう。システマティック・リスク・ファクターと呼ばれるようになるまでには、長い道程があるということである。

---

6) **アウト・オブ・サンプル**：モデル構築の際に使ったデータとは異なるテスト用のデータ。
7) 新たなファクターを探すならば、まず何らかの理論に基づいて、価格変動とファクターの間の関係を明らかにし、そのうえでファクターが変化した際の価格への影響度（感応度、β）を明らかにするべきである。続いて、様々なストレス・テストを行い、そのファクターが頑健であるかどうかをテストをすべきであろう。

その点、文献の蓄積がある（Well-documented）ファクターは有利である。前記の要件が繰り返し試された結果、一応"本物"のシステマティック・リスク・ファクターとしての学界のお墨付きを得られているからである。

2　主要なファクターとその学術的根拠

　Goltz（2015）は、学界にも実務にも認知されているファクターについて、その論拠も含めて整理してくれている。ここでは、Goltz（2015）の論文サーベイにしたがって、主要なファクターと考えられるバリュー（割安）、モメンタム、低リスク、サイズ（小型）、利益性、投資の6つを紹介しておきたい。

　ファクターが有効であるのかどうかを実証するという点では、長期的に市場をアウトパフォームすることを示す必要があるだろう。スマートベータやファクター指数の実証研究では圧倒的に米国株式を取り上げたものが多い。米国株のデータであれば少なくとも40年ほど遡って検証することが可能であるし、文献によっては1920年代から超長期のデータに基づくものもあるからである。図表5-1は、市場ベータと6つの主要なファクターについて、実際に長期でのプレミアム[8]が観測できたかどうかを示したものである。

　利益性と投資という比較的新しいファクターについては1960年代からの検証結果が示されているが、それ以外のファクターについては1920年代に遡って検証されている。検証されたデータについては年次、月次と混在しているものの、それぞれのファクター・プレミアムの水準を見てみると、サイズ、利益性、投資の3つのファクターについては年率で2%程度のプレミアムとなっている（ただし、サイズ・ファクターのプレミアムについては統計的な有意性に難がある）。それ以外のファクター・プレミアムは年率で7%～9%となっている。

　サイズ（小型株傾向）とバリュー（割安株傾向）は、第4章でパフォーマンスを検証した際に、逆数ウェートとマルキールの猿の議論（Arnott et al.[2013]）で追加的なパフォーマンスのドライバーとして強調されていたもので

8）　**プレミアム**：リスクを取ったことの見返りとしてのリターン。

	ファクターの定義	期　　間	プレミアム	t 値	出　　典
市場ベータ	時価総額型指数の無リスク資産に対する超過リターン	1926年～2008年	7.72%（年）	3.47	Ang et al. (2009)
サ イ ズ	小型株-大型株スプレッド（時価総額）	1926年～2008年	2.28%（年）	1.62	Ang et al. (2009)
バリュー	割安株-成長株スプレッド（益利回り＝PBRの逆数）	1926年～2008年	6.87%（年）	3.27	Ang et al. (2009)
モメンタム	高リターン株-低リターン株スプレッド（過去12か月、最終月を除く）	1926年～2008年	9.34%（年）	5.71	Ang et al. (2009)
低リスク	低リスク株-高リスク株スプレッド（ベータ、ボラティリティ、固有リスク）	1926年～2012年	0.70%（月）	7.12	Frazzini and Pedersen (2014)
利 益 性	高利益率株-低利益率株スプレッド（ROEや総利益率など）	1963年～2013年	0.17%（月）	2.79	Fama and French (2014)
投　　資	低投資株-高投資株スプレッド（総資産の変化率）	1963年～2013年	0.22%（月）	3.72	Fama and French (2014)

図表 5 - 1　米国株式におけるファクター・プレミアムの実証結果
（出所）　Goltz（2015）より作成。

ある。既に述べたように、この 2 つのファクターは Fama and French（1992）が最初に提唱したリスク・ファクターであり、これらに長期投資することでリスク・プレミアムが得られると広く信じられている。また、これにモメンタムを加えたのが、Carhart（1997）の 4 ファクター・モデルであることも既に述べた。市場ベータを含む、図表 5 - 1 の上から 4 つのファクターは（サイズの有効性に疑問が残る実証結果ではあるが）、現在の学界ではスタンダードとして地位が確立しているものである。

　低リスク・ファクターについては、長らくの間、ボラティリティ・パズルと呼ばれ、アノマリー[9]として扱われてきた。このファクターは、少なくとも米国株市場において無視できない水準の有意なプレミアムを提供していることが

わかる。第4章2節で、米国株の最小分散型のシャープ・レシオが著しく高いことについて、1960年代から直近までのリスク（標準偏差）が低いことで説明したが、これもまた低リスク・ファクターには何がしかのプレミアムがあることの一例である。スマートベータのパフォーマンスをファクター・モデルで分析する際に（例えば図表4-5）、低リスク・アノマリーを加えると、説明力はさらに向上するだろう。

利益性と投資の2つのファクターは、学界でも新顔のファクターである。米国株式に関する1960年代からの実証結果では、有意なプレミアムが存在していることがわかる。Novy-Marx（2012）は、利益性指標はバリューと負の相関があるとしているし、Cooper et al.（2008）は、投資ファクターはCarhartの4ファクター・モデルを考慮した後でも十分説明力があるとしている。これまでのファクターとは違うものであると認知されたわけだ。

この2つの新参のファクターは、特に「高い利益性と低水準の投資」として組み合わせて語られることが多い。ただ、これらのファクターにプレミアムがあるとの結論では一致しているものの、こうしたファクターをどのような財務指標を用いて表現するのかについては研究者によって違っており、必ずしもコンセンサスがあるわけではない。また、この2つのファクターは、実務では"クオリティ"という名称でラベル付けされるファクターに近い。クオリティは、ROEなど企業の収益性を把握する財務指標を複合的に用いて銘柄スクリーニングした内容を指している場合が多いが、定義が不明確で曖昧模糊としている印象を否めない。利益率の高さ、利益の安定性やレバレッジの低さなど代理変数が多くコンセンサスはないが、ハイ・クオリティ（高品位）という表現は一昔前（1960年代）のニフティ・フィフティ（優良株）をイメージさせる。高品位であることを市場に十分には認知されていないものを探すのだとしたら、これまた一昔前のアクティブ運用手法であるGARP[10]やベンジャミン・グレアム[11]の時代（1920年代！）の銘柄ピックの話を彷彿とさせる。しかし、ここで言うクオリティ・ファクターはあくまでもクオリティ・リスク・ファク

9）　**アノマリー**：既存の投資理論では証明のつかない価格形成や、経済合理性だけでは説明できない動き。

10）　**GARP**：Growth At Reasonable Price。割安になった成長株を発掘すること。

ターであり、ファクターを投資に活かすということは、評価の低い優良銘柄を探すことを意味しているわけではない。"クオリティ"という名前が付されていてもクオリティ・ファクターがファクター（リスク指標）である以上、長期的な見返りが期待できるリスクを負担することを意味していることを忘れてはならない。

　さて、以上の6つのファクターは、長期のデータでの検証が行われており、有効なファクターとして認定されるための第一関門を突破していると言えるだろう。この結果が、実証データを変えてみても成り立つかどうかを検証するのが次のステップとなる。「ある手法が様々な投資環境でも効果的に機能する」ことを**ロバストネス**[12] と呼ぶ。もちろん、ここでは学界のお墨付きを得られたものだけを紹介しているわけだから、当然、この6つのファクターはロバストな（頑健な）内容を持っているはずだ。米国株での実証と同様に、グローバル株式（文献によって分析対象は国別指数、グローバル指数などと多岐にわたる）で実証されているのはもちろんのこと、株式以外の資産クラスでも、類似の研究が数多く行われている。図表5-2は、6つのファクターの存在を確認した実証結果のうち主要な論文を一覧にしたものである。

　実証研究の蓄積は、ファクターとして認められるだけのデータの裏づけが十分にあることを意味しているが、他の多くの資産、他の市場、別の推計期間でもファクターの有効性が多くの研究者によって試されることで、そのファクターが頑健であることが確認される。しかし、真に重要なのは、その理論的根拠、つまり、ファクターにはなぜこうしたプレミアムがあるのかという理由である。これについては、リスク・テイクに見合うだけのリターンがもたらされるというリスクの観点からの説明と、投資家の非合理性がプレミアムをもたらす鍵になっているという行動理論に基づく説明、のそれぞれ二面のアプローチがある（図表5-3を参照）。もし、市場効率性が成り立つならば、非合理的な

---

11) **ベンジャミン・グレアム**（Benjamin Graham）："バリュー投資の父"と称される経済学者。証券会社、投資会社を経て1928年からコロンビア大学で教鞭を執った。『証券分析』、『賢明なる投資家』の著者。賢明なる投資家として有名なウォーレン・バフェットの"師匠"として有名である。

12) **ロバストネス**：頑健性、構造安定性、ロバスト性。

	米国株式	グローバル株式	債券・コモディティ等他の資産クラス
サイズ	Banz (1981); Fama and French (1993)	Heston, Rouwenhorst, Wessels (1999); Fama and French (2012)	—
バリュー	Basu (1977); Rosenberg, Reid, Lahnstein (1985); Fama and French (1993)	Fama and French (2012)	Asness, Moskowitz, Pedersen (2013)
モメンタム	Jegadeesh and Titman (1993); Carhart (1997)	Rouwenhorst (1998)	Asness, Moskowitz, Pedersen (2013)
低リスク	Ang, Hodrick, Xing, Zhang (2006); Frazzini and Pedersen (2014)	Ang, Hodrick, Xing, Zhang (2009); Frazzini and Pedersen (2014)	Frazzini and Pedersen (2014)
利益性	Novy-Marx (2013); Hou, Zhang, Xue (2014); Fama and French (2014)	Ammann, Odoni, Oesch (2012)	—
投資	Cooper, Gulen, Schill (2008); Hou, Zhang, Xue (2014); Fama and French (2014)	Watanabe, Xu, Yao, Yu (2013)	—

図表 5－2　主要なファクター・プレミアムの実証研究
(出所)　Goltz (2015) より作成。

　行動に基づく価格の歪みは持続しないと考えるべきである。しかし、投資家の行動バイアスだけではなく、投資家には流動性制約やショート制約があるなど、裁定メカニズムが機能しない状況をも考慮すれば、行動理論からの説明にも説得力があり、ファクターの持続性を主張することはそれほど難しいことではない。一方、リスクに基づく説明は、ファクターの論拠としてはより直接的であり、適切かもしれない。
　バリュー・ファクターの経済学的な裏づけについて、Zhang (2005) や Choi (2013) は、不況時でも抱えている有形資産を簡単には減らすことができないため企業の資産価値はあまり変わらない一方で、株価の変動は大きく、ま

	リスクの観点からの説明	行動理論による説明
サイズ(小型)	低い流動性、高い損失の可能性、下方リスクには高いリターンの見返りがある。	小型株に対する投資家の関心の低さ。
バリュー	資産を置き換えることの費用の高さにより、市況悪化時のショックに対して感応度が高くなる。	悪いニュースに対する過剰反応と直近の出来事に基づく期待形成が、低い株価評価につながる。
モメンタム	高成長が期待できる企業は期待成長率に対する感応度が高い。	投資家の自信過剰と自己奉仕バイアス(*)が短期のリターンの持続性につながる。
低リスク	流動性制約ある投資家は低リスク資産にレバレッジのかかっている状況を、流動性制約の厳しい市況悪化時に売却しなければならない。	高リスク株についての見解不一致があり、ショート制約があるために高い株価評価につながる。
利益性	資本コストの高い会社は最も収益性の高いプロジェクトにしか投資しない。	投資家は成長企業の収益性が高いのか低いのか判別できない。
投資	資本コストが高い場合には限定された投資プロジェクトにしか投資しない（低水準）。	低水準の投資しか行わない会社に対する誤った期待が低い株価評価につながる。

図表5-3　主要なファクターの経済的な裏づけ
(注)　***自己奉仕バイアス**：成功は自分の手柄とするのに失敗の責任を取らない人間の一般的傾向。
(出所)　Goltz (2015) より作成。

た、レバレッジも上昇するために、割安株には市況悪化の影響が大きくなると説明している。成長株は企業が持っている成長ポテンシャルで株価評価が決まっているので、成長株は割安株と違ってベータが安定している。一方、Lakonishok et al. (1994) が示したバリュー・ファクターの論拠は行動理論に根差している。すなわち、一般の投資家は足元の動きで将来を判断してしまい、その判断と異なる証拠を無視してしまいがちであるという心理が働くことで、割安株の割安さが放置されてしまう、という考え方である。

　Fama and French (1992) は、小型株は、バリュー効果を考慮した後でも、低いリターンと利益の不確実性が見込まれるため、短期的な経済ショックに弱いと考えた。サイズ・ファクターに関する他の説明としては、小型株の低流動性に着目する考え方 (Amihud and Mendelson [1986]) や小型株の下方リスクの高さを指摘するもの (Chan et al. [1985]) などがある。行動論の立場では、単に小型株に対する投資家の関心の低さが影響しているという考え方（い

わゆるネグレクト効果）が一般的である。

　モメンタムの論拠については、企業の期待成長率に対する感応度の高さというリスクに基づく説明（Liu and Zhang [2008]）と、投資家の短期的な過剰反応という行動論に基づく説明（Daniel et al. [1998]）とがある。ただし、モメンタム・ファクターは、市場によっては必ずしもプラスのリターンをもたらしていない（リバーサル効果が強く表れる市場もある……日本である）ため、実証結果を説明する論拠はあまり強固ではない（あまり頑健なファクターとは言えないということだ）。

　低リスク・ファクターについて、Frazzini and Pedersen (2014) は、低リスク資産（相対的にボラティリティやベータが低い投資対象）は流動性ショックのリスクにさらされているので、低リスク資産には保有する見返りがあると説明している。つまり、流動性制約のある投資家は低リスクの資産にレバレッジをかけて保有するが、市況が悪化するとこの投資家はレバレッジを維持できず、こうした資産を（安値で）売却せざるをえなくなることが、プレミアムの源泉になっているという考え方である。一方、行動理論に基づく低リスク資産のプレミアムについての説明としては、非合理的な投資家が正しい価値を超えて高リスクの株式の価格を釣り上げてしまうために、結果として高リスクの株式は低いリターンをもたらすという考え方がある（Baker et al. [2011] など）。

　最後に、利益性ファクターと投資ファクターについては、資本コストが高い企業は収益性の高い投資案件に絞り込んで投資を行うため、長期のリターンは結果として高くなるという考え方が基本となっている。Asness (2014) は、株価は将来利益（将来の配当の流列）を現在価値に割り引いたものと考えれば、利益性ファクターはむしろ経済合理的なファクターであると主張している。一方、行動理論の立場では、企業外部者である投資家には収益性の判断が難しいことやあまり投資しない企業に魅力を感じないような心理が働くことなどを論拠としてあげている。

　以上に見てきたように、少なくともここで紹介した6つのファクターについては、ファクターとして認められるだけの経済合理性に基づく裏づけと実証分析による挙証、文献の蓄積があると言えるだろう。学界のお墨付きのあるスタンダードなファクターならば、とりあえずは安心して利用できそうだ。

そこで、学術研究に根差すファクターを用いて、日本株のファクターを検討した例を紹介したい。太田（2015）は、前述の6つのファクターのうち投資ファクターを除く5つについて、日本株でのファクターの検証を行っている。同論文では、サイズ（SMB）、バリュー（HML）、モメンタム（WML）、ボラティリティ（SMR）、クオリティ（QMJ）という名称で呼ばれているが、それぞれ図表5-2で登場する実証研究にならって定義されている。[13] 太田（2015）で言うボラティリティとは本章で言う低リスク・ファクターと読み替えてよいし、ここで言うクオリティについては（総資産粗利益率を使った）利益性ファクターに該当する。図表5-4は、2001年1月から2015年1月までの期間のファクター（スプレッド）の推移を累積で見たものである。それぞれのファクターが市場ベータ以外にもたらす超過リターンの推移と考えられる。

太田（2015）によれば、この期間のファクターのプレミアムは、サイズで3.60％（年率換算、以下同じ）、バリュー4.95％、モメンタム0.38％、低リスク1.48％、利益率0.43％であった。これらを米国株での実証結果（例えば、図表5-1を参照）と比べてみると、日本株では、サイズ効果は大きいが、低リスクと利益性の効果はあまり大きくなく、モメンタム効果は著しく小さいという特徴があることがわかる。また、日本株ファクターの相関関係を見ると、それぞれのファクター間の相関は低いと評価できるが、成長株と高利益率株、成長株とモメンタム株のプレミアムは比較的類似している可能性がある（図表5-4の下段、バリュー［割安株］とモメンタム、利益性との間に負の相関が見られる）。

図表5-4を見ると、ファクターはつねに市場をアウトパフォームするわけではなく、アンダーパフォームの可能性は十分に秘められていることがわかる。この推計期間について言えば、大きな相対的なドローダウン[14]が見られないのはバリューだけであり、それ以外のファクターの超過リターンには循環

---

13) 太田（2015）は、Russell/Nomura日本株指数（Total Market）をベースとしているため、サイズおよびバリューについては同指数のスタイル指数を用いているが、モメンタム、ボラティリティ、クオリティの3つのファクター（同論文ではスタイルと呼んでいる）については、同指数のメソドロジーにならって独自に拡張を行っている。

14) **ドローダウン**：リターンが大きく下落すること。

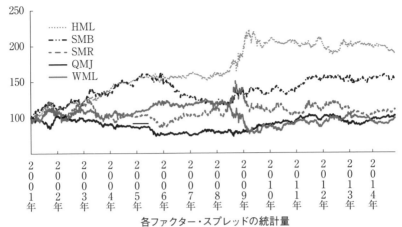

図表5-4 各ファクター・スプレッドの累積パフォーマンス

(注) 2001年初の指数値を100とし、各ファクター・スプレッドの累積パフォーマンスを計算。2001年1月4日から2015年1月30日。
平均、標準偏差は日次リターンから計算し、年率換算している。
記号は以下のとおりである。HML：バリュー、SMB：サイズ、SMR：ボラティリティ、QMJ：クオリティ、WML：モメンタム・スプレッド。

(出所) 太田（2015）。

的な動きがあるようにも見える（しかも、当然ながらそのタイミングはバラバラである）。もちろん、バリューといえどもつねに安定して超過リターンを生んでいるわけではない。2009年からはバリュー・ファクターのさえない展開が続いており、見返りとしてのリターンが生まれているとは言いがたい。

　ファクターとは、長期的に見返りがある、システマティックなリスクを意味している。長期の資産運用を目指すのであれば、市場リスクとは別のファクターを追加することによりプレミアムを獲得できる可能性は十分にある。実証分析の蓄積もそれを示してくれている。しかし、図表5-4は、どの時点でどのファクターを選択したか（ファクター投資のタイミング）によって、全体のパフォーマンスは大きく変わっていたであろうことを教えてくれている。長期

的に見返りがあるとはいえ、ファクターへの投資は追加的なリスク負担を行っていることを忘れてはなるまい。リスクなのだから、ある一定のファクターに偏りを持ったポートフォリオを持つことは（少なくとも短期的には）危険である。

3 ファクターを投資対象に
——ファクター指数の登場

　学術研究が認めた標準的なファクターは、うまく使えば追加的なパフォーマンスを獲得するドライバーたりえる。これはあくまで、「市場リスク・プレミアムに対して追加的なリスクを取ったことの見返りとして、対市場での相対的なパフォーマンスの向上が期待できる」という意味である。ファクター指数は、主要なリスク・ファクターへの投資を実現するための道具として登場した。小型、割安（バリュー）、モメンタム、低リスク、高収益率、低投資のように長期的なプレミアムが得られるファクターに直接投資するものとしては、ロング・オンリーの指数が用いられることが多い。[15]

　ファクター指数が開発され、その指数をベースとした商品が提供される以前は、投資家がファクター・エクスポージャーを得るためには、アクティブ運用者に頼らざるをえなかった。しかし、運用者に銘柄選択の裁量が許されながらも、運用ベンチマークに縛られているアクティブ運用では、純粋なファクター・エクスポージャーを獲得するのは難しい。ファクター・アプローチが指数化されたことで、投資家はファクターに容易にアクセスできるようになった。ファクター指数に連動するパッシブ運用を採用すれば、廉価に、いままで以上に効率よくファクター・エクスポージャーを得ることができる（もちろん、それが欲しければ、の話であるが）。市場以外のリスク要因へのエクス

---

[15]　ただし、ここまでパフォーマンスの分析に用いたファクター・モデルでは、ロング・ショート（ファクター・スプレッド）が使われていることには留意したい。ファクター・スプレッドを、ロング・ショートのかたちでそのまま指数化する場合もあり、これをパッシブ運用することも可能である。第6章2節を参照のこと。

ポージャーからリターンを得ることは魅力的であるうえに、ファクター同士の間の相関が低い[16]ことから、ファクター指数を複数採用することでポートフォリオの分散効果を高めることもできるだろう。

さらに、特定のファクター指数を組み合わせることで、伝統的なアクティブ運用を疑似的に再現することも可能だろう。例えば、従来のクオンツ・アクティブ・ファンドはバリューとモメンタムの組み合わせで、バフェットの投資スタイルはクオリティ、低リスク、バリューの組み合わせで合成すると、それぞれ類似のパフォーマンスを提供してくれる金融商品ができあがるはずである（しかも、アクティブ運用よりも廉価である可能性が高い）。どんな指数だろうがどんなファンドだろうが、ファクター・モデルで解析を行い、その分析結果に基づいてファクター指数への投資配分を決めてポートフォリオを作ると、分析対象となった指数やファンドに近いものを再現することができる。これは、いわゆるレプリケーション（複製）という作業であるが、この作業はそれほど難しいものではない。

このようなファクター指数の使い方には、従来の運用商品に対して脅威ともなりうるような潜在性がある（第6章7節を参照）。しかし、この時にレプリケーションが抱える課題としては、ファクター指数と呼ばれる、（学術的に認められた）ファクターを再現してくれるはずのものが、本当に期待どおりにファクターを再現するようにデザインされているかどうか、であろう。ファクター指数が表現するファクターが投資家の期待とズレていたら、上に述べたメリットは失われてしまう可能性があるからである。

既に、数多くの指数プロバイダーがファクター指数を相次いで提供開始している（図表5-5を参照）。[17] 採用されるファクターは、Carhart（1997）の4ファクターに加えて、低リスク・ファクターなど、さらにいくつかのファク

---

16) 図表5-4の右下表のファクター間の相関係数を参照のこと。
17) 指数プロバイダーによっては先行して開発された指数群のうち、本来ならスマートベータと分類すべき指数（例えば、最小分散型や等金額型、低ボラティリティ型など）をファクター指数に含めている例もある（S&P DJ 社と MSCI 社）。FTSE/Russell 社ではファクター加重型で、ERI Scientific Beta 社では複合型（他のウェイト方法も選択可）で、ファクター指数のウェイト方法が統一されている。

	S&P	MSCI	FTSE	ERI Scientific Beta
サイズ (SMB)	Mid/Small-Cap (CW, EW)	Mid/Small-Cap（CW） Equal Weighted（EW） [Size Tilt]	Size Factor	Large/Mid-Cap*
バリュー (HML)	Value（CW） Pure Value Enhanced Value Intrinsic Value Weighted（FW）	Value/Growth（CW） Value Wweigted （FW）	Value Factor	Value/Growth*
モメンタム (MOM, WML)	Momentum（MCW）	Momentum Tilt	Momentum Factor Residual Momentum Factor	High/Low Momentum*
低リスク (SMR)	Low Volatility（1/Vol） Minimum Volatility （MV） Reduced Volatility Tilt（MCW）	Risk Weighted（1/Vol） Minimum Volatility （MV） Volatility Tilt	Volatility Factor	High/Low Volatility*
低ベータ (BAB)	Low Beta（CW）			
高ベータ	High Beta（Beta）			
クオリティ (QMJ)	Quality	Quality Tilt	Quality Factor	
利益率				High/Low Profitability*
投資	Capex Efficiency （EW）			High/Low Investment*
イールド	Dividend Aristocrats （EW） Dividend Opportunities （FW） Dow Jones Dividend Select（FW, MCW） Buyback（EW）	High Dividend Yield （MCW） [Dividend Tilt]	Yield Factor	
流動性			Illiquidity Factor	

図表 5-5　様々なベンダーから公表されるファクター指数

(注)　各社の指数名称のうち "Index" はすべて省略。

　　　指数名称の（ ）内の略称については、CW：時価総額型、MCW：修正時価総額型、EW：等金額型、FW：ファンダメンタル型、MV：最小分散型、1/Vol：低リスク型、Beta：ベータ加重型のウェイト方法を示している。ERI Scientific Beta の各指数のウェート(*)は複合型（Diversified Multi-Strategy）が初期設定となっているが、時価総額型に加えて5つの加重方法を選択することができる。それ以外の何も記載のない指数名称ではファクター加重型の指数となっている。

　　　MSCI の指数名称のうち [ ] のついているものは本書の執筆時ではローンチ予定となっているもの。各社とも今後のラインナップには追加、変更があると思われる。

(出所)　S&P DJ "Smart Beta Index Directory 2016"；MSCI "MSCI Factor Indexes: Adding to the Investment Tool Kit"；FTSE Russell "FTSE Global Factor Index Series v2.4"；ERI Scientific Beta "Benefits of Multi-Beta Multi-Strategy Indices: May 2015"、および各社ウェブサイトより作成。

ターを含めたラインナップとするものが多い。今後、実証研究によって新たなファクターが提唱され、それが認知されれば、指数化されるファクターも増えるだろう（もちろん、いままで有効であると信じられていたものの有効性が否定されれば、指数化されるファクターの数が減ることもありえる）。ただし、同じファクター名称を用いていたとしても、ファクターの定義や代理変数の選び方には、指数プロバイダーによって独自性がある。商業的に提供されているものなので、商品差別化という狙いもあるだろうが、実際にファクター指数に投資した場合のパフォーマンスが上がるように、こったデザインになっているものもある。商品性が向上すれば何も問題はないのだが、バックテストだけが美しいデータ・マイニングの結果にすぎない場合もある。当然、商業的に提供されるファクター指数が標榜するファクターは、学術研究の言うファクターとは少しズレている公算が大である。

　（商業的に提供される）ファクター指数の一般的な構築方法は、①投資対象地域選択（原指数、投資ユニバースの決定）、②ファクターに基づく銘柄選択、③指数ウェート方法の決定、④投資可能性への配慮、の４段階に分解して考えるのがわかりやすい。それぞれのステップは、下記のような内容を含んでいる。[18]

①投資ユニバース（銘柄の母集団）の決定　　通常は対象となる時価総額型インデックス（原指数。マザー・インデックスと呼ぶこともある）が出発点となる。ただし、投資ユニバースを最初に絞りこむと、その時点で市場型指数とは異なる内容となることに留意したい（大型株や小型株といったサイズ効果などが生じる）。

②銘柄スクリーニング　　ファクターの定義にしたがって、ボラティリティ

---

[18] この作業を料理に喩えるなら（無理に喩える必要もないのだが、本章の最後にも料理の喩えが再登場するので）、①食材の産地（ユニバース）を選定、②食材（構成銘柄）を選定、③調理方法（ウェート方法）、④味付けや温度、食感、見た目の調整（流動性や取引コスト等への配慮）、という感じだろうか。こうして提供される料理（特定の指数名）は、食べる人の舌（顧客のニーズ、目的）に合うものであれば、評価される。複雑怪奇な創作料理は、一部には受けるかもしれないが、それほど美味しくはないかもしれない。気持ち悪ければ無理に食べる必要はない。

(低リスク)、過去リターンの高さ（モメンタム）、PBR や PER（割安株）、配当利回り（イールド）などの基準で銘柄選択を行う。複数のファクターを考慮する場合には、一定の基準化を行ったり、ランキング順位を用いたりして、ファクター・スコアなるものを作り、スコアの順位（ランキング）に基づいて銘柄選択を行う。[19] 最適化手法が持ち込まれる可能性もあるが、指数を使う側の立場で考えれば、シンプルで、わかりやすいやり方のほうが好ましいだろう。なお、①の原指数の全構成銘柄を基に、②の銘柄スクリーニングをまったく行わず、③のステップで時価総額型以外の構成ウェートを採用する場合は、（狭義の）スマートベータの作り方と同じである（第3章を参照）。

　③**加重方法の決定**　　②で選択された銘柄群を時価総額加重した指数は、従来スタイル指数などと呼ばれていた。等金額型、等リスク寄与型、最適化型など非時価総額型のウェート方式で加重されたファクター指数もある。時価総額型のファクター指数をスタイル指数と呼び、それ以外のファクター指数（非時価総額型のウェートなので、定義から言うと、これはファクター指数であり、かつ、スマートベータである）と区別するほうがいいかもしれない。商業的に提供されるファクター指数では、ファクター加重型というウェート方法が採用される場合が多い。これは、各構成銘柄の時価総額にそれぞれファクター・スコア（②のプロセスで計算した何らかの指標値やそのランキングのスコア）を掛けたもので新たにウェートを作るものである。ファクター・スコアで銘柄を絞り込んだ後に、時価総額の大きな銘柄のウェートをさらに（スコアで）大きくしているので、ファクター・エクスポージャーもまた大きくなるようなデザインとなっている。当然ながら、ファクター・ティルト（傾斜）をきつくするものであり、指数は集中度の高いものになるため、こうした指数のリスク水準はより高いものになっていると考えるべきである。

　④**指数運営のための調整・制約**　　細かい話ではあるが、①から③の工程をどの頻度で見直すのか（定期入替、リバランスの頻度）、定期入替時の回転率（入替によってどの程度の売買が必要になるか）と売買インパクト（入替時の

---

[19] ファクターを計算するデータの違い、スコアを計算する仕様の違いなど、同じファクター指数でもデザインの違いによって、その内容、効果は変わってくることに留意したい。

売買が大きくなると価格変動によるコスト負担が生じる）、原指数との乖離幅（トラッキング・エラー）など、投資実務において必要となる様々な調整のためのルール決定が行われる。仮に、売買が困難ないわゆる低流動の銘柄群を除外したいならば、前記①のステップで、そうした銘柄群を最初から除外しておく場合もあれば、この段階で低流動性のスクリーニングを行って基準を満たさない構成銘柄候補を切り捨てる場合もある。ただし、投資可能性に配慮して流動性スクリーニングや小型株スクリーニングを行うと、指数に新たなファクター効果を生じさせるだろう。例えば、低流動銘柄、マイクロ・キャップ[20]を構成銘柄から外すだけでも大型株、モメンタム株、グロース株などのファクター効果が頭を持ち上げてくるだろうし、大型株の構成ウェートにキャップ（上限）を付けると割安株効果、小型株効果が生じてしまう（第3章3節を参照）。制約のない指数をまず検討し、どのようなファクター・エクスポージャーを提供する指数になるのかをモニターしながら徐々に制約をかけるほうが良いと考えられる。

基本的には、望ましいファクター・エクスポージャーを②で選び、指数の集中度に配慮しながら③でウェート方法を選ぶことで構築される指数のほとんどの部分が決まってくるが、前記でインデックスを組んでみて当初想定した効果が得られないならば、うまくいくまで①から④の工程を再検討することになるだろう。試行錯誤によって指数の商品性は高まるだろうが、バックテストで良いトラック・レコードにつながる指数構築方法が模索されるわけだから、データ・マイニングの危険性も当然増してしまう。大切なのは、トラック・レコード（イン・サンプルでのパフォーマンス）の良さよりも、事後的な（アウト・オブ・サンプルの）ファクターの継続性である。ヒストリカルと呼ばれる指数の過去値（トラック・レコードをそのまま用いている場合が多い）はあくまで参考値であり、注視すべきは、指数の運営が実際に開始して以降の"ライブ・パフォーマンス"であることを忘れてはならない。[21]

ここで注意を促しておきたいのは、ファクター指数の加重方式に対する考え

20）　**マイクロ・キャップ**：きわめて時価総額の小さい銘柄。

方である。②のステップでは、何らかのファクター効果を求めて銘柄選択を行うために、構成銘柄数は原指数に比べて減っているはずである。原指数が市場インデックスである場合はイメージしやすいと思うが、銘柄数が減った分だけ、(対市場での)リスクは上昇している。こうした銘柄群が、例えば時価総額で加重される場合には、銘柄数が絞り込まれていて、かつ、大型銘柄に集中化している、よりリスクの高いインデックスができあがる可能性もある。もちろん、ハイリスクなので、それだけでリターンが高くなる可能性はある。ファクターが狙うのは、リスク・テイクの見返りとしての長期のプレミアムなので、これは当然である。

ただ、時価総額型のファクター指数では、抽出したはずのファクターがもたらす効果に加えて、時価総額で加重したことによる大型株・成長株傾向というファクター効果が新たに生じてしまう(第2章の議論を思い出そう)。ファクターに対する感応度の高い銘柄群を選び出して、純粋なバリュー・ファクターを抽出したい時には、時価総額型が必ずしも最適なウェート方法とは限らない。これに対して、ファクター加重型であれば、抽出したファクター効果に加えて、ファクター・スコアの大きさがウェートにも反映されるので、選んだファクターはさらに色濃く描かれそうではある。ここで選ばれたファクターに対する感応度の高い構成銘柄にさらに絞り込んでいくと、さらに極端にファクターに偏った、いわば"尖った指数"ができあがるが、尖った分だけ追加的なリスクも上昇していよう。しかし、ファクター加重型指数もまた、定期的なリバランスを伴う非時価総額型指数であるので、リバランス時に小型株・割安株傾向が潜む可能性は否定できない(第4章の議論を思い出そう)。どんな加重方式を選択するにせよ、ファクター指数には、ウェート方式から発生する別のファクター効果が(若干かもしれないが)含まれていることに留意すべきである。スマートベータをファクターのパッケージとみなすべき理由がここにもある。

---

21) 新しい指数が雨後の筍のように次々と登場しているが、年金基金を中心に機関投資家の指数選択は慎重になってきている。ある指数を採用するのであれば、ライブ・パフォーマンスには説得力、訴求力がある。"生演奏"ならば歌手の実力はよくわかるだろう。

あるスクリーニングをして、原指数の時価総額をあるファクターの高低によって二分して指数化する場合（例：大型株指数や小型株指数、バリュー指数やグロース指数など）は、時価総額型指数を中心に考えるべきである。これらは、従来は、スタイル指数と呼ばれてきた。理論も時価総額型でファクターを考察してきたので、ファクター分析に用いる指数としては、こうした時価総額型のファクター指数（＝スタイル指数）に分があるだろう。しかし、厳密には、前述のように時価総額型で加重しているので大型株・成長株バイアスが生じているはずである。バリュー指数にとって時価総額型のウェート方式が最適なのかどうか、なかなか答えは出ない。

一方、ファクターを投資対象そのものととらえるなら、ファクター・エクスポージャーを選択しつつ、そのファクターに（必ずしも忠実な再現ではないかもしれないが）効果的に投資できるようなウェート方法を採用することもできる。例えば、等金額型のウェート方法を採用することで指数の分散化を図る場合もあれば、前述したようにファクター・スコアで加重することで集中度の高い尖った指数を構築する場合もあるだろう。つまるところ、どの加重方式を採用するかは、ファクター指数に利用者（＝投資家）が何を求めているのかによる。

また、ファクター指数の設計の際に、銘柄ユニバースのうち総時価総額を50％ずつに分割して指数化するのか、例えばファクターの上位と下位の10％だけを選別して指数化するのか、その方法論の違いによっても、リスク水準は当然変わる。後者は、銘柄数が少ない、ファクター・スコアが極端である、順位の変動に敏感なのでリバランス時の回転率が高いなどの、いわゆる尖った指数になっている。Amenc et al.（2016）は、選択される銘柄数の違いによるファクター効果の違いを検証しているが、必ずしも尖った分だけファクター効果が強化されているわけではないことが明らかとなっている。図表5-6では、ファクター・スコアの上位50％で銘柄を選択する場合と、上位20で銘柄を選択する場合のファクター指数のパフォーマンスの差を示している（ウェート方法については時価総額型［CW］と等金額型［EW］の2種類が用意されているので、それぞれ対応するものを比較しよう）。上位20％に絞り込んだ場合のほうが確かにリターンは向上しているが、これは一方でボラティリティ・とトラッ

	ベンチマーク (CW)	ファクター・スコア上位50% (CW) (EW)		ファクター・スコア上位20% (CW) (EW)	
平均リターン(年率)	12.26%	13.87%	16.01%	14.99%	16.62%
ボラティリティ(年率)	16.09%	16.04%	16.64%	17.12%	17.37%
シャープ・レシオ	0.44	0.55	0.66	0.58	0.67
相対リターン(年率)	—	1.61%	3.75%	2.73%	4.36%
TE(年率)	—	4.61%	5.74%	7.53%	7.79%
情報レシオ	—	0.33	0.66	0.36	0.56
アウトパフォームの確率(3年)	—	68.12%	76.04%	70.06%	72.94%
年間回転率(片側)	2.68%	29.25%	32.58%	48.15%	48.64%

図表5-6　分散化したファクター・ティルトと集中化したファクター・ティルト

(注) 米国株時価総額上位500銘柄をベンチマークとして、米ドル建てトータル・リターン(配当込み指数)で分析。
計測期間は1974年12月31日〜2014年12月31日(40年間)。
サイズ、バリュー、モメンタム、低ボラティリティ、高収益率、低投資の6つのファクター指数(モメンタム指数は半年に1回、それ以外は年1回リバランス)で検証した平均値。
年間回転率は毎年のリバランス時の平均値。
(出所) Amenc et al. (2016)、Exhibit 2より抜粋。

キング・エラー(TE)の上昇を伴っており、シャープ・レシオや情報レシオは特に改善しているわけではない。しかも、上位20%に銘柄選択を絞りこむと、指数の回転率が上昇してしまい、指数プロダクトとしては取引コストの高い、あまり魅力のないものになってしまう危険性もあるだろう。

図表5-6に掲げた指標のみに基づいて総合判断するなら、ファクター・スコア上位50%を選択して、それを等金額型で指数にするものが投資家には魅力的に見えるのではないだろうか。商業的にファクター指数を提供するなら尖った指数のほうが確かに(マーケティング上の)訴求力はありそうだが、Amenc et al. (2016)の分析結果を踏まえると、分散化された指数としてデザインされるほうが商品パッケージとしては安心感があると言えるかもしれない。

以上に見てきたように、商業的に提供されるファクター指数は、上述の①から④までの指数デザイン・プロセスの至るところで小技を駆使することによって構築される。仮に同じ名称のファクター指数があっても、その内容は指数提供者の指数デザインの考え方(哲学と呼ぶべきか?)によってまったく違っている可能性は十分にある。クオリティなど、定義が曖昧で解釈の余地が大きい

ファクターについてはなおさらである。どのファクターを使うのか、どのようなスコアを作ってスクリーニングを行うのか、どのようなウェート方法を用いるのか、選ばれたファクターを最大限に活かすのか、それとも、原指数の特性を活かすのかは、ファクター指数を実際に利用する前に熟知しておくべきであろう。

4 マルチ・ファクター指数の登場

　これまで述べてきたように、ファクター指数は、主要なリスク・ファクターへの投資を実現するための道具として登場した。長期でのリターンの見返りが期待できるとはいえ、ファクターはつねに安定して超過リターンをもたらすわけではないので、どの時点でどのファクターを選択したかによって、投資パフォーマンスは大きく変わる。単品のファクター指数で超過リターンを獲得しようとすれば、そのファクターの投資タイミングをはかることがきわめて重要となってくる。しかし、そもそも市場の方向感（市場タイミング）さえよくわからないのに、ファクターの推移についてわれわれは予測ができるのだろうか？

　「タイミングがわからないならば、次善策としては分散を図ればよい」と考える向きにとっては、複数のファクターを併せ持つマルチ・ファクター指数は魅力的に映るかもしれない。1本の指数で、複数のファクターに投資できるからである。複数のファクターを保有するメリットを謳うのは、比較的簡単である。図表5-4で紹介した日本株のファクター・スプレッドについて、太田（2015）は「単純に等ウェートで保有する」ことで、分散効果によるリスク低減が起きることを示している。図表5-7の黒い太線は5つのファクター・スプレッドを束ねたものの累積パフォーマンスであるが、これは、いわば、5つのファクター・スプレッド指数を等金額型で保有した時のパフォーマンスの推移と言えるものである。この場合の標準偏差は年率で5％弱であり、各ファクターの単独の数字（下段表を参照のこと）よりも、3％〜7％程度低い値となっている。一方、平均リターンは、当然、5つのファクターの平均的な水準

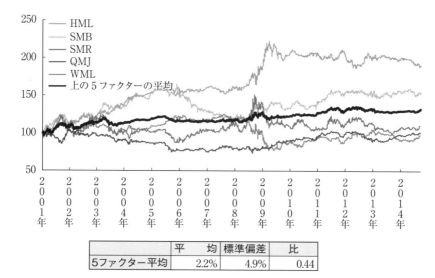

図表5-7　5ファクター・スプレッドの単純平均を取った場合における累積パフォーマンス

（注）2001年初の指数値を100とし、各ファクター・スプレッドの平均の累積パフォーマンスを計算（2015年1月末まで）。
　　　平均、標準偏差は日次リターンから計算し、年率換算している。
　　　記号は以下のとおりである。SMB：サイズ、HML：バリュー、WML：モメンタム、SMR：ボラティリティ、QMJ：クオリティ・スプレッド。
（出所）太田（2015）。

になっている。等金額型で束ねるという非常にシンプルなやり方ではあるが、リターンをそれほど犠牲にすることなくリスク低減に成功している。しかも、この期間の累積パフォーマンスは、緩やかな右上がりになっており、あまり投資タイミングを気にしなくてもいいイメージをかもし出している（この後にどうなるかは、もちろんわからない）。

この例が示唆するように、マルチ・ファクター指数の仕組みは、どのファクターを選別し、それをどんなウェートで束ねるか、に尽きる。ファクター指数の構築方法と同様に、ファクターの定義、ファクターを計算するデータの違い、スクリーニング方法の違い、ウェート方法の違い（等金額型、等リスク型、最適化型、それらの組み合わせなど）などの面で、指数の差別化はもちろん可能である。

既に、MSCI の"Diversified Multi-Factor（DMF）Index"、FTSE/Russell の"Global Diversified Factor Index Series"、ERI Scientific Beta の"Developed Multi-Beta Multi-Strategy index"など、主要な指数プロバイダーからは、意匠をこらしたマルチ・ファクター指数が提案され、商業的に提供されている。それぞれの指数の作り込みは、かなり複雑であり、また、自由度のあるデザインを持つ（ビルディング・ブロック方式で、いくつかのウェート方法やトラッキング・エラーの水準などのパーツを組み合わせる）ものもある。ここで、それぞれの指数についての詳細な説明は割愛するが、マルチ・ファクター指数の作り方には、トップダウンとボトムアップの2つのアプローチがあることは特筆しておきたい。

　トップダウン・アプローチでは、太田（2015）の例のように、複数のファクター指数（バリュー、サイズ、モメンタムなどの単品のファクター指数）を合成して、1本のマルチな指数にする方法である。これは、直感的でわかりやすいやり方ではあるが、それぞれのファクター指数をどのウェート方法で束ねるかという点で、指数プロバイダー側の裁量が大きい。また、単品のファクター指数がそもそもどんなウェート方法を採っているのか、そのうえで束ねる際のウェート方法とどう関係するのか、全体感を意識した作り込みが必要な部分もある（第3章で紹介したリスク・クラスタリング・ウェート型のやり方に類似している）。スクリーニングによって抽出された複数のファクターに加えて、複雑なウェート方法から様々なファクターが生じ、それが複雑に絡み合って、指数全体のマルチ・ファクターが醸成されるのだが、全体像は見えるけれど、その内部構造は複雑すぎてよくわからなくなってくる。

　一方、ボトムアップ・アプローチでは、指数のレベルでファクターを束ねるのではなく、構成銘柄のレベルでファクターの合成を行ってしまう方法である。このアプローチでは、個別銘柄の指数構成ウェートは、指数における特定のファクター・エクスポージャーが最大となるように最適化を行うことで決定される場合が多い。前述した指数のうち MSCI のマルチ・ファクター指数は、ボトムアップ型であり、最適化を行って構築される（原指数とボラティリティ水準が等しくなる制約の下で、個別銘柄ベースのファクター・スコアを最適化）。ボトムアップ・アプローチの難点は、最適化にはモデル・リスクがある

点、また、メソドロジーが不透明になりがちな点などである。こちらも「全体像は見えるが内部構造はよくわからない」という点ではトップダウン型と同じだが、ボトムアップ型の内部構造がわからなくなるのは、構造が複雑だからというよりも、そもそも不透明だからということかもしれない。

　どちらのアプローチを採ろうとも、複数のファクターを反映する1本の指数ができあがることに違いはない。指数の利用者としては、「ではどちらのアプローチが良いのか」という点で答えを求めるよりも、マルチ・ファクター指数という投資手法を選択する本来の目的でもある「どのパッケージ化された指数に、安定したパフォーマンスを望めるのか」という観点から答えを探すほうが賢明であると考えられる。マルチ・ファクター指数については、どんな市場環境でもアウトパフォームできる、いわば全天候型の指数であるという触れ込みなので、単品のファクター指数に比べて下方リスクが相対的に小さく、超過リターンが（少しずつでも）積み上がっている指数が歓迎されるだろう。[22] リスク・リターンの面で効率的なファクター指数であり、シャープ・レシオの高さを評価軸として指数が選好されるはずである。

　皮肉なことに、指数プロバイダーは、極力、シャープ・レシオの高い指数に仕上がるように試行錯誤を繰り返すので、（当初の理念は薄れ）データ・マイニングの危険性はさらに高まっていく。データ・マイニングではないとしても、指数プロバイダーが意匠をこらせばこらすほど、指数のデザインはより複雑で難解な（しばしば、不透明な）ものになっていくだろう。開発者の想いとは裏腹に、理解しにくさのゆえに利用者側が敬遠する商品提案になる可能性も十分にある。マルチ・ファクター指数は後発のアイデアなので、生のパフォーマンスに関するデータが不足しているのが現状である。有効性を検証するためには、今後のデータの蓄積が待たれる。

---

22) 単品のファクター指数でも、類似の投資環境であれば同じ効果がもたらされることがわかっているならば、ファクター指数は「相対的にロバスト」な指数として評価される。マルチ・ファクターだとどんな市場環境でも「絶対的にロバスト」な指数であることが求められているわけだが、これはあくまでも市場に対する超過リターンが「絶対的にロバスト」である状況であり、市場リスクは残っているので絶対収益という概念とは違っている。

本書の執筆時点では、ファクターの将来の動きを予測して、大胆にファクター・アロケーション（各ファクターへの投資タイミングをはかる）を行うような指数の存在は確認できていないが、こうした動的なインデックスをデザインすることももちろん可能である。ファクターへの投資タイミングが予測可能かどうかについてはここでは不問に付すことにするが、投資タイミングにベットする方法論が確立しているならば、それを金融商品として世に問うてみてもいいだろう。第1章で述べたように、こうした指数は本書では取り扱わない。ここまでくると、従来クオンツ・アクティブ戦略と呼ばれた運用商品をインデックス化することとの違いはわからなくなってしまうからである。「マルチ・ファクター指数に連動するインデックス・ファンドはクオンツ・アクティブのファンドである」と断言する論客も少なくない。

　スマートベータにせよ、ファクター指数にせよ、可能なかぎり、シンプルでわかりやすい指数デザインのほうが利便性は高い、という考え方もあるだろう。複数のファクター指数をいろいろ組み合わせるのは、むしろ投資家の楽しみとして取っておくほうがいいのかもしれない（第6章、第7章を参照のこと）。

5　スマートベータとファクター指数の概念整理

　繰り返しになるが、本書でのスマートベータの定義では、時価総額型のファクター指数はスマートベータとは呼ばない（こうした指数は従来は、スタイル指数と呼ばれている）。一方、非時価総額型のウェート方法（ファクター加重型を含む）を採用しているファクター指数は、本書で言うところのスマートベータである。ファクター指数の加重方法は、その目的や用途に応じて選択されるはずである。

　マルチ・ファクター指数の場合には、この議論は不毛かもしれない。目にしたことは一度もないが、時価総額型で構築されるマルチ・ファクター指数があったとしたら（作り方を聞いてみたいが）、それは本書の定義ではスマートベータではないことになる。通常、マルチ・ファクター指数は、等金額型や等

リスク寄与型、もしくはいくつかの加重方式を平均した方法（第3章8節を参照）で束ねられるか、構成銘柄レベルで最適化されたウェートで構築されるのである。したがって、非時価総額型のウェート方法であるという観点で、マルチ・ファクター指数は、本書でもスマートベータに分類されることになる。しかし、複数のファクター指数を束ねるという考え方は、そもそも複数の資産クラスに分散投資する商品と同じ考え方であり、時価総額型指数のウェートをいじっただけでスマートベータに変わる、という本書の冒頭の話と同列に語られるものではないだろう。第1章7節で述べたように、本書では、（狭義の）スマートベータを語る際にはウェート方法に関する議論にとどめ、非時価総額型かどうかという定義にしたがって区別することにした。

　スマートベータとファクター指数を区別したのは、こうした概念整理のためでもあるが、実は、（想定される）用途が異なるので区別しておくほうが有益だと考えたためでもある。

　スマートベータは時価総額型の市場インデックス（に連動するパッシブ運用）の課題への処方箋として登場した。構成銘柄が同じでもウェートが変わるとパフォーマンスが向上した。しかも、シャープ・レシオを上げたりリスクを下げたり、多種多様な戦略が提供されることで、単体としてのスマートベータは、投資家にとって使いやすい"何がしかの付加価値がある"ものとなった。

　第4章では、こうしたパフォーマンスの向上をファクター・モデルで分析した結果、スマートベータがいくつかのファクターのパッケージであり、このパッケージが、時価総額型が提供するパッケージとは異なるものであることによって相対パフォーマンスが向上することがわかった。ただし、スマートベータは、ファクターに意識を集中してデザインされた指数ではないので、個別の戦略名は必ずしも含まれているパッケージの中身（ファクターの組み合わせ）を保証していないし、時間の経過とともに含まれているパッケージの中身が変わる可能性もあった。

　そこで、スマートベータがファクターのパッケージならば、ファクターそのものに投資したほうがわかりやすいという考え方が登場する。それがファクター指数として提供されたことで、投資家は、特定のファクター・エクスポージャーが必要な場合には、最適と思われるファクターに直接かつ容易にアクセ

スできるようになった。ところが、単体のファクター指数のパフォーマンスは安定しておらず、アンダーパフォームが続く市場環境となる場合もあるので、複数のファクターに分散投資をする、いわば"全天候型"のマルチ・ファクター指数が登場することになった。市場リスク以外のファクター・リスクを効率的に指数に反映して、安定的にリスク・リターンを向上させる、という触れ込みであり、複雑にこねくり回されたデザインの指数が次々に発表され、何かスマートなものと考えられている。

複合指数でファクターを分散することばかりに熱狂している印象がある今日このごろではあるが、集中化した指数を非時価総額型のウェートで分散化するという、スマートベータの役割がなくなったわけではない。スマートベータという呼び名はあまりに包括的であるが、スマートベータとファクター指数を混同することはやはり得策ではない。せっかく違う言葉なのだから本書では区別をしている。それぞれの指数の「仕組みを理解して」、それを「使いこなす」のが本書の真の狙いだからでもある。

スマートベータは指数の集中化に対する処方箋、ファクター指数はファクターを直接コントロールする処方箋として、それぞれ使い方は違う。両方の課題に対応したいならば、ファクターを選んで、そのうえで指数の分散化も図るべきである。スマートファクターとかスマートストラテジーと呼ばれている指数（例えば、ERI Scientific Beta のマルチ・ファクター指数）などの複合戦略も登場してきた。ただ、全体的には複雑でわかりにくくなってしまった、という印象は否めない。

と、ここまで、まるで"……と言えば"の連鎖で語られる連想ゲームのように、スマートベータからファクター指数およびマルチ・ファクター指数へと話は進んできた。ここまで述べてきたことは、実はここ数年のいわゆるスマートベータの歴史、発展経路といったものなのだが、本章のまとめとして、スマートベータとファクター指数の概念の違いをより良く理解するために、料理に喩えて整理してみよう。

（狭義の）スマートベータは各戦略の名称がある程度その内容を示しており、言うなればアラカルトの料理名のようなものである。辛さが控えめの最小分散型、旨みを追求する最大シャープ・レシオ型、手間はかからないけれどそれな

りに美味しい等金額型などなど、料理名を聞けばどんな味がするのかおおよその見当はつく。こうした味は、構成銘柄という食材をどのように調理（ウェート方法を選択）したかによって決まってくる。

　スマートベータという料理の味（パフォーマンス）を調べるためには、ファクター分析という器械にかけて測ってみると、どんな呈味成分,[23] つまり、味を決める要素が含まれているかがわかる。最小分散型には、ボラティリティという辛さ（苦さ？）の成分があまり含まれていないことがわかるだろうし、等金額型は簡単に作れるのに、小型株傾向や割安株傾向という下味がしっかりついていることもわかった。

　ただし、スマートベータという料理にはこうした呈味成分（つまりファクター）があらかじめ一定量含まれていて、あるスマートベータを選択するということは、ある料理の全体の味をそのまま受け入れることを意味している。自分の好きな味だけを選んだり、自分で味をコントロールしたりすることはできない（卓上には調味料が置かれていないレストランでの食事と思えばよい）。もちろん、その料理の食べ時や旬（マーケット・タイミング）を選ぶことはできるし、調理人（指数プロバイダー）の腕次第では微妙な味の違いが出せるはずなので、同じ料理名でも自分の好みの味を提供してくれる店を選ぶことはできるだろう。

　一方、ファクター指数は、この呈味成分だけを人工的に抽出してそれをそのまま食することに近いイメージと言える。苦味や酸味を抑えるという手法もあるだろうが、逆に強烈に甘いとか、強烈に旨い何かを作ることもできるだろう（これを料理と言えるかどうかはわからない）。かなり奇妙な食事方法なので、それを美味しく感じられるかどうかはまた別の問題である。呈味成分の濃度を上げていくと単品ではとても食べることはできないだろうし、もしかしたら

---

23) 読みは"ていみせいぶん。"食品に含まれる成分のうち、味を感じさせる原因となる物質のこと。甘味、塩味、酸味、苦味、うま味、という5つの基本成分があるが、それ以外にも、まろやかさとかコクなどの曖昧な味わいの表現もある。ファクターの定義にも、曖昧なものが少なからずある。タンパク質や脂質、炭水化物という栄養素に喩える方法も考えてはみたが、ファクターの定義は栄養素に喩えるほど明確なものとは言えないので、呈味成分という表現に落ち着いた。

体にも良くないかもしれないので、今度は、こうした純度の高い呈味成分をほどよく配合したマルチ・ファクター指数が登場することになる。これが、ごった煮なのか、マルチ・ビタミン剤のようなものなのかはわからないが、とにかくいろいろ入っていて体には良さそうだということになる。ただし、いったい何に効くのかは、いまひとつよくわからないものとなってしまった。食べる側としては、味覚も変わるし、その時の気分で食べたいものも変わるはずなので、定番だからといって"マルチ・ファクター味"を調理人に無理矢理すすめられるのもどうかと思う。自分で味を調節することはできないし、いつが旬（マーケット・タイミング）なのかはもはや考えられなくなるので、「それなら食べなくてもいいや」と食事を断念してしまうかもしれない。もし、自分で注文した味だけを丁寧に絞り出して提供してくれるレストラン（？）があれば、話は違うかもしれない。

　第6章では、スマートベータとファクター指数の使い方を考えることになるが、その際にこの比喩をさらに敷衍してみると面白いだろう。数多くのスマートベータにいっぺんに投資するのはどういうことか？　同じ戦略ばかりに集中して投資すると何が起きるのか？　ファクター指数はどんなふうに使えばいいのか？　全天候型のマルチ・ファクター指数だけを選んで（全額？）投資すればこと足りるのか？　スマートベータとファクター指数を組み合わせるとどうなるのか？　などなどである。この比喩に乗っかってニヤリとしながら考えていただきたい。

y
第6章 スマートベータとファクター指数の使い方

1 それぞれの仕組みを理解して使いこなす

　スマートベータ（非時価総額型指数）やファクター指数、はたまたマルチ・ファクター指数は、投資の万能薬ではなく、「これだけに投資しておけばよい」という代物ではない。これらの指数群は何かしらのベータを表現するものにすぎず、その投資パフォーマンスが良いといっても、あくまでもそれは時価総額型との相対での話でしかない。低リスクを謳い文句にする戦略でも、市場全体が急落や急騰する時には、連動して下落をするかもしれないし、追加的なリスクを取っている分だけパフォーマンスがさらに劣化する可能性もある。[1] それでも、スマートベータやファクター指数の仕組みを十分に理解したうえでこれらを使いこなすことができるならば、時価総額型市場インデックスに追随するパッシブ・ファンドよりは長期的な投資成果は向上するはずであり、こうして新しい投資アイデアを早々に諦めてしまうのはあまりにもったいない話だろう。
　これまでの議論を少々振り返ってみよう。スマートベータは、時価総額型の市場インデックスに連動するパッシブ運用が抱える課題への処方箋として登場

---

1) 東日本大震災の直後には、電力株をオーバー・ウェートしていた最小分散型のファンドが軒並み市場インデックスをアンダーパフォームした。当時は最小分散型指数に連動するパッシブ運用よりも、最小分散型のアクティブ運用が主流であったが、指数連動商品であっても結果は変わらなかっただろう。過去データに依存するモデルを核とする指数や運用商品は、株価変動の背景にある構造変化に対しては脆弱である。

した（第2章）。第4章でパフォーマンスを決めるメカニズムを解説する際に、スマートベータはファクターのパッケージであると表現したが、スマートベータでは投資家自身がどのファクター・リスクを取っているのかを直接コントロールすることはできないことが明らかとなった。しかし、スマートベータの登場が投資家にファクターそのものへの投資を意識させるきかっけとなったことは間違いあるまい。近時、特定のファクター・エクスポージャーに容易にアクセスできるファクター指数の提供が本格的に始動し、投資家の注目を集めるようになっている（第5章）。

　この文脈でスマートベータとファクター指数の使い方を考えてみると、スマートベータは時価総額型指数の集中化に対する処方箋として、ファクター指数はファクターを直接コントロールするための処方箋として、それぞれが位置付けられるわけだから、使い方はおのずと違ってくるはずである。例えば、等金額型指数や最小分散型指数などは、直感的でわかりやすい名称を冠した投資戦略であり、その仕組みを理解してしまえばこうしたスマートベータの用途は比較的はっきりと見えてくるように思える。一方、ファクター指数は、ファクターを中心とした投資戦略、ポートフォリオ構築に有効であると謳われているが、それがいったいポートフォリオ全体に何をもたらすのかを理解しないと具体的な使い方はなかなか見えてこない。

　そこで、第5章の最後で持ち出した料理の比喩を思い出すことにしよう。いわば、食材（構成銘柄）をあるがままに（時価総額型で）食べさせられる市場インデックスに対して、同じ食材を用いながら調理方法を変えたアラカルト・メニューという感じで提案されたのがスマートベータであった。味の決め手はファクターの組み合わせだとわかると、好きな味（ファクター）だけをひたすら絞り出してファクター指数を噛み締めるという（かなりバーチャル、というよりシュールな）食事方法も編み出された。これまで慣れ親しんだ（そして、ちょっと飽きがきた）時価総額型指数のパッシブ運用から、少々手の込んだスマートベータ投資の実務に直面すると（つまり、「さあ、何か美味しい変わったものでも食べようか」と思っても）、実は何を食べるべきなのか、何を食べたいのか、食べてはいけないのは何か、自分はどんな味が好きなのか、その（投資）目的は意外とわからなくなるものである。わからないから全部食べれ

ばいいというものでもないだろう。[2] 少々比喩が長くなってしまったが、要は、何かを使いこなすためには、何のためにそれを使うのかを考えておく必要があるということである。

「スマートベータとファクター指数をどのように使えばいいのか」という本章の問いかけこそが"トリセツ"としての本書の最も大事な眼目なのだが、まずは投資家がどんな投資目的を持っているのかを明らかにしたうえで、適切な使い方を説明するべきだろう。その際には、自分の資金を自分の意思で運用する個人投資家と、他人の資金をプロフェッショナルの立場で運用する機関投資家とでは、当然、スマートベータ/ファクター指数に対する向き合い方、付き合い方は違ってこよう。本章ではまず、個人投資家、そして、機関投資家の順に、それぞれの投資目的に照らして、新しく登場した投資ツールをどのように活用すればよいのかを考えてみたい。

2 絶対リターンが欲しい個人投資家にとってのスマートベータ/ファクター指数の使い方

本書で既に登場したいくつかの図表を目にすると、「このグラフで見られる市場インデックスに対する超過収益をそのまま受け取ることはできないものか」という感覚を抱かれることだろう。これは、何も個人投資家に限ったことではなく、機関投資家も運用者も含めたすべての読者の共通した願いだと思う。

残念な結論を先にお伝えしておくと（薄々お気づきではあろうが）、ただスマートベータやファクター指数に投資するだけでは、絶対収益確保という願いは叶わない。スマートベータはダメベータとしての時価総額型市場インデックスが存在しているからこそスマートたりえるわけだし、ファクター指数（およびマルチ・ファクター指数）は市場リスクに加えてファクター・リスクを追加することにこそ存在意義があるわけだからである。どちらも市場ベータ無しに

---

2) スマートベータの黎明期であるので、実験的につまみ食いするというやり方もあるかもしれない。一部の基金が商業的に提供されるインデックスの連動商品をひとまとめに採用するような動きがあるが、これは過渡的な現象であると思われる。

は語ることのできない投資ツールでしかない。単にスマートベータ/ファクター指数に連動する金融商品を買い持ち（ロング）するだけでは絶対収益確保は無理であり、絶対収益が欲しければ市場リスクを消し去る必要がある。例えば、図表 0 - 1 のスマートベータ 1 号の超過リターンが欲しければ、等金額型 TOPIX をロングして、（普通の）TOPIX をショートすればよい。残念なのは、本稿の執筆時点では等金額型 TOPIX という指数も無ければ、TOPIX 構成銘柄を等金額型で保有するような運用商品も見当たらないことである。[3]

一方で、最小分散型、ファンダメンタル型、高配当型（一部、等金額型）、低ボラティリティ型、などの日本株のスマートベータ ETF は既に上場している。[4] これらのうち超過収益が継続して安定しているスマートベータに連動するファンドをロングしたうえで、市場型インデックスの連動商品（先物や ETF/ETN）を信用売りするか、インバース型のファンドを併せ持つことで、市場リスクは相殺することができる。この時に、スマートベータ連動商品と市場インデックス連動商品との差分が絶対リターンとして入手できる。

ただし、市場インデックスとスマートベータの連動性（相関）や、それぞれの指数のリバランスのタイミングの違いなどによって、微細なズレが生じるであろうから、市場リスクを完全に消し去ることができるかどうかは保証できない。こうした取引を行うには、指数同士が連動していること、指数に連動する商品がそれぞれ投資対象となっている指数とまったく同じ内容を提供できていること、取引にかかる売買コスト、運用報酬や税金が無視できるほど小さいことなどを確認しておく必要があろう。最も重要なのは、投資家がこのやり方を制御できるだけの知識と経験（と度胸）を持ち合わせているかどうかである。場合によっては、紙の上のパフォーマンスが消滅するだけでなく、結果的に投資パフォーマンスが悪化してしまうかもしれない（それでも市場リスクにはおおむねヘッジがかかっているわけだから、市場が大荒れしても大損はしないは

---

3) さらに残念なことに、現時点では、スマートベータ/ファクター指数に連動する ETF やパッシブ型公募投信の本数は、日本国内では限定的である。以下の議論は、試論（絵に描いた餅）としてお付き合いいただきたい。新たな投資商品の登場を期待している。
4) 日本取引所グループの ETF 銘柄一覧では日本株（テーマ別）に分類されている。詳しくは、http://www.jpx.co.jp/equities/products/etfs/issues/01.html を参照。

2 絶対リターンが欲しい個人投資家にとってのスマートベータ/ファクター指数の使い方　159

ずである)。

　こうしたマーケット・ニュートラル戦略[5]を採用する場合には、リスク抑制型のスマートベータ（最小分散型や低リスク型のスマートベータや低リスクのファクター指数）をロングする方法は得策と言えないだろう。リスク抑制型のスマートベータは、必ずしも市場インデックスに対する超過リターンを狙うものではなく、字義どおりリスク回避のためのものなので、この方法では長期的な超過リターンを獲得することは難しいかもしれない。もちろん、低ボラティリティのアノマリーを信じるならば、超過リターンの獲得を狙えなくもないが、この方法は低ボラティリティ・ファクターという名のリスク・ファクターにベットするものであることを意識しておく必要があるだろう。また、リスク抑制型のスマートベータや低リスクのファクター指数のベータは時価総額型の市場ベータに比べて低い場合が多く、ロングとショートで利用するインデックスのベータが異なるために市場リスクを相殺することは必ずしも容易ではないことにも留意したい。

　ファクターに長期のプレミアムがあるならば、ファクター・スプレッドを指数化したものに投資することができれば絶対収益獲得の方法の1つとなりうるだろう。ファクター・スプレッド指数への投資は、スマートベータ/ファクター指数と市場インデックスの差分をもらう戦略ではなく、例えば、小型株と大型株、割安株と成長株との間の差分（ファクター・スプレッド）をそのまま獲得することを狙う戦略である。したがって、この手法には、市場リスクの相殺が指数デザイン上内在している。しかし、これまた残念なことに、ファクター・スプレッド指数は現時点ではあまり商品化が進んでいない。したがって、ファクター・スプレッド指数を用いた投資戦略のイメージを把握していただくだけになってしまうが、ファクター・スプレッド指数に投資することによって、第5章の図表5-4や図表5-7のグラフの推移（日本株の例）がおおむね手に入ると理解しておけばよい。

　同様に、米国株での例も見ておこう。図表6-1は、1968年9月から2012年

---

5)　マーケット・ニュートラル戦略：ロング・ショートによって、マーケット（市場）全体の価格変動に左右されない安定的な収益の確保を目指す投資戦略（運用手法）。

	市場リスク Mkt	サイズ SMB	バリュー HML	モメンタム Mom	低ベータ BAB	低流動性 Liq	クオリティ QMJ	収益性 Prof	市場リスク以外の平均
リターンの平均	0.88%	0.13%	0.46%	0.70%	0.87%	−0.02%	0.39%	0.34%	0.41%
最　大　値	16.10%	11.02%	13.87%	18.39%	15.60%	28.74%	12.31%	6.84%	15.25%
最　小　値	−23.24%	−22.02%	−9.86%	−34.72%	−15.67%	−38.30%	−12.53%	−7.06%	−20.02%
中　央　値	0.78%	0.06%	0.40%	0.80%	0.92%	0.71%	0.44%	0.32%	0.52%
平均/標準偏差	0.20	0.04	0.16	0.16	0.27	−0.00	0.16	0.15	0.13
標準偏差	4.50%	3.14%	2.89%	4.30%	3.23%	5.68%	2.47%	2.29%	3.43%
VaR(95%)	7.60%	4.88%	5.30%	6.54%	5.66%	7.28%	4.25%	4.08%	5.43%
VaR(99%)	11.65%	7.83%	8.86%	12.11%	8.84%	11.41%	7.40%	5.95%	8.91%

図表6−1　米国株における標準的なファクターのリスク・リターン

(注)　1968年9月から2012年12月の米国株式データに基づく。
　　　Mkt、SMB、HML、Mom は Fama のウェブサイト、BAB、QMJ は Frazzini のウェブサイト、Prof は Novy-Marx のウェブサイトよりダウンロード。
(出所)　Amenc et al.（2015), Table 11（p. 60）および Table 12（p. 61）より抜粋して編集。

12月までの米国株の月次リターンで計算した標準的なファクター・スプレッドのリターンとリスクの値を改めて整理したものである。第5章で登場したおなじみのファクター群を別の実証分析で見たものであるが、どのファクターについても、平均、中央値のいずれも月次では1%に満たない水準のリターンであり、そのリスク（標準偏差）は2%〜5%の水準にある。リターンの最大値と最小値を見るかぎりでは、低流動性ファクターやモメンタムはかなり派手な値動きをしている。最小値を見ると下方リスクはけっして小さいとは言えず、時として市場リスクよりも大きなドローダウンも発生しうる。各ファクター・スプレッドを平均化すれば、それぞれのファクター・スプレッドの推移が相殺され、確かに穏やかな値動きを期待できそうではある（図表6−1の右、市場リスク以外のファクターの平均を参照）。このことは、単品のファクター・スプレッドよりも、マルチ・ファクター・スプレッドを投資対象とするほうが安心感はあるということにつながるが、それでもやはりドローダウンがあることは気になる。

　図表6−1を見るかぎり、どのファクターについても、総じてスプレッドの推移は安定していないわけだが、このあたりが、ファクター・スプレッド指数の商品化が進んでいない理由の1つなのかもしれない。絶対収益を狙える戦略であるとしても、短期的なドローダウンは覚悟しておかなければならないからである。しかも、実際にスプレッド指数に投資したとしても、回転率の高さや

売買インパクトの高さで、投資コストが嵩むために、必ずしも期待どおりのリターンが獲得できない可能性もあるだろう。

　投資家がファクター・スプレッド指数への投資を最も難しく感じるのは、その投資タイミングではないだろうか。仮に、ファクター・スプレッド指数が計算されたとおりのスプレッドとまったく同じリターンを提供してくれるものであるとしても、同指数に投資するタイミングをズバリ当てるのは難しいだろう。市場の値動きもうまく予想できるかどうかわからない状況で、ファクター・スプレッドの推移がうまく予想できるとは思えない。Hsu et al.（2016）は、CRSPの投信データベースを用いた実証分析において、投資家がしばしば投資タイミング判断を誤っていることを示した。バリュー運用者は割安株プレミアムを獲得して市場を上回る投資パフォーマンスを上げているのに、バリュー投資家はこうしたバリュー運用者が運用するファンドに資金供出するタイミングを誤ってしまい、その投資成果は台無しになっているとのことである。バリュー・ファンドに限らず、長期的に良好なパフォーマンスをあげる商品が存在しても、その商品に対する投資タイミングを間違えれば元も子もない。今後、ファクター指数をダイナミックに扱うアクティブな運用商品や、市場タイミングを考慮したマーケット・ニュートラル型金融商品（ヘッジファンドなど）などの様々な商品が登場するのは想像に難くない。素人判断よりは、「プロの投資家、運用者による投資タイミングに任せればいい」という考え方もあるだろうが、その"プロ"の力量が「それほどでもない」ということがわかったという結果に終わるだけかもしれない。[6]

　投資成果をあげるためには投資タイミングについて考慮しなければならないが、熟慮したところで投資タイミングがわかるとも思えない。投資タイミングがわからないので、ファクター・スプレッドを分散して持つマルチ・ファクター・スプレッドを商品化する提案も考えられる。しかし、こうした商品が複雑な商品設計を伴うものであるならば、今度は、モデル・リスクが無いか、データ・マイニングがはびこっていないかどうか、など商品内容の細部にも神

---

[6]　念のため記しておくが、Hsu et al.（2016）によれば、素人さんよりはプロのほうが的確な投資判断を行っているという。

経を尖らせなければならなくなるだろう。

　以上に見てきたように、スマートベータ/ファクター指数を駆使すれば、絶対収益確保がまったくできないというわけでもないが、この分野の商品ラインナップが豊富とは言えない現状では、実際にはなかなか難しい投資方法であると言わざるをえまい。しかも、絶対収益確保のためには、個人投資家であってもプロ顔負けのスキルを求められるために、お手軽な投資方法とは言えない。

　もちろん、個人投資家の中には、絶対収益確保を狙う人ばかりではなく、市場ベータを受け入れ、市場ベータとうまく付き合っている投資家の方々も当然いるだろう。市場型指数に連動するインデックス投資を既に手がけ、もしかしたらインデックス・ファンド投資に飽きてしまっているような投資家にとっては、スマートベータに連動するETFなどの金融商品は魅力的に映るかもしれない。こうした投資家の方々には、市場型インデックス（ダメベータ）に連動するファンドは手数料によって選別するしかない、ごく普通の商品と見えるだろう。市場ベータを受け入れることのできる（個人）投資家なのであれば、後述する機関投資家の資金運用でのスマートベータ/ファクター指数の使い方を参考にしていただけるのではないかと思う。

3　機関投資家がスマートベータ/ファクター指数に期待すること

　機関投資家であっても絶対収益が欲しいのは言うまでもないことであるが、前節で検討したようにスマートベータ/ファクター指数を駆使したところで劇的な絶対収益確保が達成できるとは思えない。機関投資家は他人資金の運用をプロフェッショナルとして行っており、その運用内容については説明責任を負っている。当然、スマートベータ/ファクター指数を自身の運用するポートフォリオに導入するならば、それなりの理由（＝説明責任を果たせるだけの論理）が必要となる。その際、スマートベータ/ファクター指数という投資手段が本来の投資目的に適合していなければならない。ここでは、年金基金など機関投資家を想定し、その投資目的をイメージしながら、新しい投資ツールの活

Q. 採用を決めた要因は？（強い動機5～弱い動機1の5段階評価）	
分散投資	3.78
時価総額型指数よりも低いリスク	3.74
時価総額型指数よりも高いリターン	3.50
信頼感のあるファクター・エクスポージャー	3.20
透明性	3.07
低コスト	3.04
その他	2.78

図表6-2　欧米の機関投資家がスマートベータを採用した理由

(注)　2014年1月から2月の間に実施されたEDHEC Alternative Equity Beta Survey（電子メールによる投資家調査、128件）の結果より。
欧米の投資家が中心（欧州66%、米国16%）だが、資産配分の担当者（CEO/CIO/CFO等、全体の44%）および運用者（同27%）へのアンケート調査である。
調査対象の87%は資産規模1億ユーロを超える投資家。
(出所)　Amenc et al. (2015), Exhibit 2.2, p. 115.

用方法を模索してみよう。

図表6-2は、スマートベータやファクター指数に実際に投資した欧米の（プロの）投資家がどのような狙いで、こうした戦略を採用したのか、その目的として上位にある項目をあげたものである。

このアンケート調査で投資家の期待として上位にある、（時価総額型指数との対比での）リスクの低さ、リターンの高さ、はわかりやすい投資目的である。プロの投資家は、時価総額型市場インデックスをベンチマークにして投資効果を測定するので、対時価総額型指数でのリスク・リターンの向上は彼らの投資目的にかなっている。時価総額型市場インデックスに連動するパッシブ・ファンドをポートフォリオの中核にすえている投資家（いわゆるコア・サテライト型[7]のポートフォリオを有する投資家）であれば、サテライト部分に、ルールにしたがって構築される低リスクもしくは高リターンの戦略を持つことで、全体のポートフォリオのリスク・リターンのコントロールを容易に行うことができる。もしかしたら、サテライトではなくコアの部分をスマートベータ

---

7)　**コア・サテライト型**：運用資産を大きく2つに分けて、コア（中心的な部分）では安定的な運用成果を図る一方で、サテライト（残りの一部資金）では高いリターンを目指す運用手法。コア・パッシブ・サテライト・アクティブなど。徳野・元村（2002）を参照のこと。

/ファクター指数に置き換える投資家もいるかもしれないし、コア・サテライト型というコンセプト自体が、スマートベータ/ファクター指数を利用する新たなポートフォリオ構築方法に置き換えられるかもしれない。

　この調査で、機関投資家の最大の関心事が分散投資であるという結果は納得のいくものだ。新たな投資のツールが現れ、それが従来の投資対象（株式の分野では時価総額型市場インデックスのパッシブ運用）と異なる（良好な）リスク・リターン特性を持ち、しかも、従来保有している時価総額型市場インデックスとは多少なりとも相関が弱いのであれば、こうした投資ツールを採用することによって投資家は自身のポートフォリオの分散効果をより強固なものにすることができる。指数への連動商品というかたちで廉価な商品提供がなされるならば、なおさら投資家に歓迎されるだろう。もちろん、「新しい投資対象だから採用する」というような単純な話ではダメである（プロなのだから）。データの裏づけがあり、理論の建て付けのきちんとしたものであるならば、新しい投資対象に分散投資する妙味があると考えるべきである。それでも、プロの投資家たちが自身の保有するポートフォリオ全体と新たな投資対象との関連性をどのように考えているのかはなかなかうかがい知ることはできない。スマートベータ/ファクター指数をポートフォリオに活かす分散投資のあり方を考察することが必要だ。

　次に、投資アドバイスを行う立場のプロたちは、スマートベータ/ファクター指数のどのような使い方を提案してくれているのだろうか。図表6-3では、米国の投資アドバイザーがスマートベータやファクター指数を取り上げる（＝彼らの顧客に推奨する）理由として主要なものを一覧にしたものである。

　上位にきているのはリスク抑制、リターン向上、分散投資、コストの低い投資対象へのスイッチと大別できそうである。この種のアンケート調査は調査時点がいつであるのかによってもランキング結果が変わってくるだろうが、市場の先行き不透明感が高まる局面では、リスク抑制という触れ込みは投資家に対して多大な説得力を持つと思われる。また、図表6-2でも透明性や低コストの項目がプロの投資家に歓迎されていたが、従来採用していたアクティブ運用との比較では、スマートベータへの乗り換えが魅力的に見えてしまうだろう。アクティブ運用のファンドもまた、（ファクター分析をしてしまえば）ファク

Q. 利用の決め手となった理由は？（強い動機を選択した回答、複数回答可）	
市況悪化時の下方リスク回避	62%
低いボラティリティ	53%
アルファの増加	49%
高い利回り	40%
ポートフォリオの分散化	38%
コストをも考慮した特定の投資目的に対応	36%
類似のアクティブ戦略より低コスト	36%
顧客ニーズ	30%
新商品提案	24%
低い回転率	22%
高いシャープ・レシオ	21%
合理的な戦略であるとの印象	19%

図表6-3　米国投資アドバイザーがスマートベータを利用する理由

（出所）　FTSE Russell, "Smart Beta: 2015 Survey Findings from U.S. Financial Advisors," Exhibit 6, p. 8.

ターのパッケージとして表現でき、ファクター指数を使ってレプリケーション（複製）することも可能である（ただし、パッケージの内容が時としてふらついているように見えるところがスマートベータとは異なる点である）。投資アドバイザーもこれを見逃さず、図表6-3でもアクティブ戦略に比べたコスト面での優位性を掲げている。実際にアクティブ運用からの乗り換えを推奨しているわけだ。

　さて、以下では、こうした投資目的別に具体的にスマートベータやファクター指数の活用方法を検討する。まず、投資成果を向上させる目的で機関投資家が関心を持っている、①リスクを低減する、②より良い相対リターンを追求する、という2点について考察しよう。ここではスマートベータの利便性が明らかになるだろう。次に、③ファクター指数をポートフォリオにどう活かすのか、④アクティブ運用の代替という観点でスマートベータ/ファクター指数採用によるコスト削減は可能か、について検討することにしたい。上記のアンケート調査ではまだ認識されていなかったようだが、やや発展的なテーマとして、⑤スマートベータ/ファクター指数はALM（資産負債管理）に役立つのか、という論点も紹介しておきたい。これまで述べてきたスマートベータ/ファクター指数の特徴を思い出して、どんな指数群を用いることがそれぞれにおいて効果的なのかを意識しながら、本書ならではのスマートベータ/ファク

ター指数の使い方を提案してみたい。

4 リスクに対する処方箋

　スマートベータを利用する理由として必ずといっていいほど上位にくるのは、リスクの抑制というテーマである。長期の資産運用、特に年金基金の運用においては、低リスク志向は根強い。2008年のリーマンショック、2011年の東日本大震災など、株式相場が大きく下落する局面では、リスク抑制はより重要視される傾向がある。「火事の後で消火器を買う」ような話にも聞こえるが、行動理論のアプローチでは十分に納得のいく話である。[8] また、パッシブ運用をポートフォリオの中核にすえるパッシブ・コア型のポートフォリオ運用を行う基金は、市場インデックスに連動する部分がどうしても大きくなってしまっているわけだが、テール・リスク[9] が顕在化し、株価低迷が続くと指数どおりに（きちんと）下落するパッシブ運用に不満が高まるのもまた人情というものである。[10] こうした局面ではアクティブ運用、特にリスク抑制を謳うものにどうしても他力本願したくなるのである。

　リスク抑制策として浮上したのが、最小分散型と低リスク型、等リスク寄与型などのスマートベータである。第3章で見たように、最小分散型では最適化によってポートフォリオのボラティリティを最小にする構成銘柄ウェートが導

---

8) 検索容易性ヒューリスティックスと呼ばれる行動バイアス。過去の経験の中から意思決定を行うための情報を引き出すことを指す。また、この例を、直近のボラティリティ水準を特定の参考値にしながらその周りで意思決定を行っていると見れば、この行動バイアスはアンカリングであると言ってもいいだろう。

9) **テール・リスク**：まれにしか起こらない事象が発生するリスク。確率分布の裾野（テール）部分に該当することからこう呼ばれる。株式市場では、正規分布で説明できない大きな価格変動（テール・イベントによる価格変動）が実際に発生していることが知られている。

10) 年金基金の担当者が「下がり続ける相場でパッシブ運用を継続してもナンセンスだ」とぼやいておられたのを耳にしたことがある。下がり続けるとわかっていたならば、そもそもリスク資産に投資するべきではなかった。これも後知恵バイアスと呼べるだろう。

き出された。また、低リスク型、等リスク寄与型の指数構成ウェイトでは、ボラティリティやベータの逆数を用いて加重される方法であった。これらは、同じ構成銘柄であっても、極力リスク水準を低減しようというウェイト方法である。確かに、5銘柄で構成される実験でも、学術研究による長期のパフォーマンス検証でも、これらの指数群のリスク値は、原指数である時価総額型指数に比べて、やはり低い水準に収まっていた（第4章）。リスク抑制を目的としてデザインされたスマートベータは、サイズ（小型株）、バリュー（割安株）に加えて低ボラティリティのファクターのパッケージとなっているのである。一方、低ボラティリティのファクターだけを取り出したファクター指数（スクリーニングして絞り込んだ銘柄群をさらにファクター加重で指数化した、より"濃度"の高いもの）を用いれば、時価総額型指数だけの場合に比べて、ポートフォリオのリスク水準（ボラティリティ）は低下するだろう。

　年金基金の関係者に最小分散型指数や低リスク型指数への志向が強い理由は、年金資金の運用が長期の資産運用であることに関連している。ここで、ポートフォリオの平均リターン（算術平均）をr、各年度のリターンから計算される幾何平均リターンをg、そのボラティリティをσ^2とすると、算術平均リターンと幾何平均リターンの間には、

$$g \approx r - \frac{1}{2}\sigma^2 \qquad （数式6.1）$$

という関係が成り立っている。リターンのばらつき（分散）が大きい資産である株式の長期運用を考えると、算術平均リターンと幾何平均リターンの差は当然大きくなる。この状況（数式6.1）で、単純な発想で言えば、複利の利回りであるgを上げるには、σを下げればよいことになる。同じ株式に投資するにしても「市場型インデックスよりもリスク抑制の効いたスマートベータを採用すればσは下がりgが上がるではないか」と。しかし、これは安易すぎる発想と言わざるをえまい。理論的には、σを下げるとrも下がってしまうからである。

　饗場（2016）はいくつかのスマートベータのパフォーマンスを検証し、「下落局面でパフォーマンスの良いスマートベータ戦略は、総じて上昇局面ではパフォーマンスが悪い傾向にあった。市場に対してリスク水準を抑制するという

ことは、低ベータ戦略になっていることを意味しており、マーケットリスクプレミアムを一部放棄しているとも言えよう」と述べている。下落リスクを抑えることで長期的な収益の安定性確保を目指すのはよいが、リターンは犠牲になるはずであり、特に、株価上昇の局面では市場インデックスに劣後することを覚悟しておかねばなるまい。年金基金が資産配分を決定する際には、株式という資産クラスのリスク水準は市場型ベンチマーク（TOPIXやS&P500など）に基づいて測定されるはずである。しかし、いったん株式への資金配分をした後で、最小分散型指数や低リスク型指数ばかりを選択すると、当初に想定されたリスク配分と比べて、リスク水準が低いポートフォリオができあがってしまい、その分だけ当初に期待されたリターンよりも低いリターンしか得られない結果に終わる可能性もある。商品（運用ベンチマーク）選択の結果、当初に期待していた資産配分（政策ベンチマーク）とは整合的でなくなることに配慮が必要である。

　一方、長期の資金運用にとって、（数式6.1）の g に一時点であれ大きなマイナスの値が入る（テール・リスクが発現する）ことは、その後、この痛手が複利で効いてくることを意味し、長期で期待される運用成果の軌道にキャッチアップすることが難しくなる。リスク資産を保有している以上、価格の急激な変動によって日々積み上げた成果が一瞬にして消失してしまうことは覚悟しているだろうが、目標リターンである g を確保するためには、こうした急落をどのように避ければよいのかが最重要の課題となる。これまで、投資の際のリスク評価を標準偏差（σ）で考えてきたが、標準偏差は、価格あるいはリターンがその平均からどのくらいは離れているか（バラつき）の尺度であった。しかし、多くの投資家にとって（より一般的な意味での）リスクとは、むしろ決められた目標収益率からどの程度下回ることがあるのか、という観点で意識されているものだろう。[11] ダウンサイド・リスク[12]を評価する指標としては、ドローダウン、相対ドローダウン[13]がある。

11）　もう少し広く言うと、平均（期待）値をどのくらい下回るのか（＝ダウンサイド・リスク）、投資した金額をどのくらい下回るのか（＝元本割れリスク）、安全資産に投資した時よりもどの程度投資成果が悪くなるのか（リターンが無リスク金利よりも低くなるリスク）、などの考え方があるだろう。

では、最小分散型や低リスク型のスマートベータは、テール・イベントが発生した際のダウンサイド・リスクを低減する特効薬になっているのだろうか。饗場（2016）は、リーマンショック（2008年10月）、東日本大震災（2011年3月）、2015年夏の中国株の暴落（2015年8月）の3回の下落局面（テール・イベントの発生時）で、最小分散型指数（例として、MSCI日本株最小分散指数を取り上げている）は市場インデックス（TOPIX）ほどには下落しておらず、相対のドローダウンが1％～5％程度改善していることを確認している。また、最小分散型指数とTOPIXのリターンの分布を比較し、測定期間については最小分散型指数のテール・リスクが市場インデックスよりも大きくなかった点を確認している。

　最小分散型指数は、TOPIXに比べてリターン分布の歪度が負に大きく、尖度が正に大きくなっているが、これはリターン分布の形状がマイナス側に偏っていて、かつ中心付近が尖っていることを意味している。分布の中心が尖っているということは、その分だけ分布の裾野が厚くなり、テール・リスクの上昇を疑いたくなる。しかし、分布の裾野を拡大してみると（図表6-4の下図）、TOPIXよりも大きなマイナスのリターンが発生しているわけではないことがわかる。この例（MSCI日本株最小分散指数）では、最小分散型のテール・リスクが大きいとは言えないことがわかった。

　しかし、東日本大震災直後の電力株の暴落で、最小分散型の（アクティブ）ファンドが予期せぬダウンサイド・リスクに見舞われたという苦い記憶をお持ちの年金運用関係者は少なくないだろう。大震災前までは電力株は低リスク、低ベータ株の代表格だったからである。アクティブ・ファンドにせよ、当時はまだスマートベータと総括されていなかった最小分散型指数や低リスク型指数にせよ、過去のデータに基づいてポートフォリオが構築されるため、何かの制約条件（セクターへの配分比率を制約するなど）が無いかぎり、ポートフォリオに電力株が含まれていない運用商品は無かっただろう。[14] 構成銘柄のリスク属性が、過去のデータ、トレンドから一変してしまうとパフォーマンスは当初

---

12) **ダウンサイド・リスク**：想定外の事態から株価が信じられないほど急落してしまうような状況。

13) **相対ドローダウン**：対ベンチマークでの相対での最大下落率。

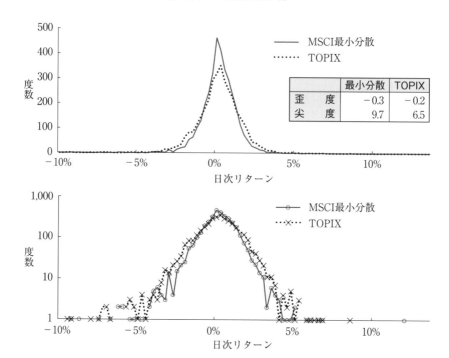

図表 6-4　最小分散型指数のテール・リスク
(注)　上図も下図も同じグラフであるが、下図は分布の裾野を見やすくするために縦軸を対数目盛にしたもの。
　　　日次配当込リターンを使用。
　　　分析期間は2001年11月30日から2015年1月29日。
(出所)　饗場 (2016)、図表 8～10、p. 5。

---

14)　今後、この東日本大震災の記憶が、最小分散型や低リスク型の指数をデザインする際に、データ・マイニングやモデル・リスクを引き起こす温床になるのではないかと心配している。過去データの検証の際に、バックテストを美しく見せるには、セクター・ウェイトを制約するなどの方法で大震災直後の電力株のドローダウンに対応するだろうからである。制約条件が厳しくなると、最小分散型指数や低ボラティリティ・ファクター指数は、本来の姿からは乖離したものになる。

15)　過去データにテール・リスクの発現（つまり、大きなドローダウン）がある場合、シミュレーションはこの過去データの呪縛からなかなか逃れられない。こうした過去のイベントのシミュレーションへの影響を減らしたいならば、リバランス期間を短くしつつ指数のリバランス頻度を上げるなどの対応（姑息な手段）も思いつくかもしれない。しかし、こうした対応は、指数の回転率が上昇するうえに、本質的な解決方法とは言えないので、効果的ではない。

の期待を大きく裏切ることになる。[15]

　ファクター・リスクの観点で考えると、そもそも"リスク"はそれほど下がらないのかもしれない。なぜなら、リスク抑制の目的でデザインされたスマートベータは、低ボラティリティというリスク・ファクターに投資していることになるからである。第5章で見たように、低ボラティリティ・ファクターは長期的な見返りのあるファクターの1つとしての地位が確立している。それでも低ボラティリティ・ファクターが短期的にアンダーパフォームする可能性は十分にある。銘柄を絞り込んで、しかもファクター加重する場合には、傾斜(ティルト)のきついリスクの高い指数になっているので、短期的には市場以外の追加的なリスクの"本性"が見えてしまう局面もあるだろう。大震災前の最小分散型戦略は、電力株への過大なウェート配分をすることでリスク・リターン効率的なパフォーマンスを見せていたのだが、大震災直後にリスク・テイクのツケが回ってきたと見ることもできる。セクターに偏りのある戦略は、その名称に"低リスク"や"最小分散"という言葉が含まれていたとしても、市場インデックスよりもリスキーになっている可能性があることを忘れてはならない。投資家がドローダウンを嫌うならば、スマートベータやファクター指数以外の手段（デリバティブを用いたヘッジや株式への配分比率の引き下げなど）でテール・リスクをコントロールするほうがよいはずである。この場合には、皮肉な言い方ではあるのだが、ゼロ・ベータ（つまり、投資しないでキャッシュ保有としておくこと）が最もスマートなベータと言えるかもしれない。

　以上に見てきたように、リスク抑制を期待する投資家にとっては、最小分散型指数や低リスク型指数、低ボラティリティ・ファクター指数などは、長期的には株式ポートフォリオのリスクを低減させるツールとして役立つと言えるだろう。しかし、饗場（2016）の分析でも、相場急落時に市場インデックスをアウトパフォームしたとはいえドローダウンがまったくなくなったわけではなく、「スマートベータを採用したから、ドローダウンに対してもある程度は対応することができる」などと過剰な期待を抱くのは禁物である。さらに、急落後に株価が反転する際には、最小分散型指数は市場インデックスに比べて戻りが鈍いかもしれないことも考えると、リスク抑制型指数が長期においてドローダウンに対する特効薬になるとは考えないほうがよい。リスク抑制の副作用と

して、株式ポートフォリオ全体のベータが低下することにも留意が必要である（第4章1節を参照のこと）。十分な分散投資を行って"全天候型"のポートフォリオとするか、デリバティブを用いるなど何か別のヘッジ方法を考えるかが本質的な対応であろう。もう一歩踏み込んでしつこく言うならば、リスクの高い指数ならば投資をしないことが最も有効なリスク回避方法である。

5 相対リターンの向上

　本書における冒頭からの一貫したメッセージは、市場インデックスに対する相対リターンの向上こそがスマートベータの真骨頂である、ということである。ここまで、時価総額型のインデックスの構成銘柄について何らかのスクリーニングすることなしに、構成銘柄のウェート方法を変更するだけで、対ベンチマークの相対リターンが向上することを示してきた。等金額型指数、ファンダメンタル型指数などのヒューリスティック・アプローチで構築されるものがまず思い浮かぶが、やはりここは最大シャープ・レシオ型指数に本領発揮してもらいたいところだ。

　一方、ファクター投資は、長期では十分に報われるはずの追加的なリスクを取ることによって高いリターンを実現する方法である。長期の運用が必要である年金基金運用にとっては、ファクター投資は有効と言える。しかし、ファクター指数を投資対象として実際に採用するならば、単体のファクター指数は時としてアンダーパフォームすることがあることを覚悟しておかねばならない。単体のファクター指数と比べると、（数種類の）ファクターとウェート方法を組み合わせた複合戦略や"全天候型"としてデザインされるマルチ・ファクター指数は、相対パフォーマンスの観点では、より輝いて見えるにちがいない。個々のファクター・リスクは、分散投資をすることによって和らげることができるからである。

　ただ、スマートベータにせよ、ファクター指数にせよ、良好な相対パフォーマンスの背景には、市場リスク以外に追加的なリスク・テイクを行ったことがあり、あくまでもその見返りとしての追加的なリターンが得られているという

ことも忘れてはならない。

　それでは、どの指数が良いのだろうか？　相対パフォーマンスの向上を目指してスマートベータ/ファクター指数を選択する際に、評価基準となるのは、超過リターンの大きさ、アルファの大きさ（ただし、ファクターを考慮した後のほうがよいだろう）、およびシャープ・レシオの高さ、などだろう。市場リスク以外のリスクの対価として追加的なリターンを得ているという文脈では、評価基準としてはシャープ・レシオを重要視すべきである。しかし、時価総額型市場インデックスに対するリターンの向上という目標を設定し、シャープ・レシオの高いものばかりが選別されるような業界動向となってしまうと、指数プロバイダーは提供したいインデックスの成績（過去のシミュレーション結果）をあげることにばかりに腐心するだろう。理論の裏づけがないままに、データ・マイニングが繰り返される危険性をはらむシナリオである。シミュレーションで優れたパフォーマンスを示す指数の見栄えがどんなによくても、その指数の連動商品に投資金額を全額つぎこむのは賢明とは言えまい。スマートベータ/ファクター指数は、学術の世界ではそれなりに年数の経ったコンセプトであることは確かだが、年金基金などをはじめとする機関投資家がこれらの指数を納得して使うには、導入時に十分な検証をする必要があり、指数としてはこうした検証作業に耐えうるだけの十分な長さのトラック・レコード（ライブ・パフォーマンス）を持っていることが望ましい。

　相対パフォーマンスを追求できる指数を探し出して、それを賢く選ぶことは、投資家自身の責任においてなされるべきである。これは、年金運用において基金の担当者が優れたアクティブ運用者を選定することと似ている。選択肢に上がってくる複数の指数の中身を理解し、その中からどれを選び、どの投資タイミングで運用を開始するのか、投資家の責任は大きい。ある指数を選択するにしても、最終的に選ばれた指数が、果たして投資目的に合っているかどうかもチェックをする必要がある。相対リターンを追求する目的で指数選びを開始したのに、途中で（いろいろな人からいろいろ吹き込まれて）リスク低減やコスト削減などに目移りしてしまった結果、当初の目的から遠く離れたものを選んでしまうこともあるかもしれない。

　スマートベータ/ファクター指数を導入した後も、実務担当者は大変である。

こうした指数群が長期的には報われるものであっても、短期的なアンダーパフォーマンスが避けられない以上、年金基金の担当者には、いままで以上に高度なリスクマネジメント、ポートフォリオ管理能力が要求されよう。当然、説明責任もある。

より具体的な相対パフォーマンス追求のイメージを持っていただくために、いくつか海外事例を紹介しておこう。

スマートベータ（ここでは狭義の意味で、非時価総額型指数）を採用する先駆けとなったのは、スウェーデンの公的年金の一部を運用するファンドであるAP2（運用資産総額は約4兆円）だろう。AP2の年次報告によれば、2003年からスウェーデンの国内株式で等金額型指数（Equal Weight Sweden Index）、グローバル株式でGDP加重型指数（国別の時価総額の代わりにGDPの相対的な大きさで加重する指数：MSCI GDP Weighted Index）を採用し、2006年にはファンダメンタル型指数（MSCI World Value Weighted Index）を採用している。[16]

オランダの医療系労働者の職域年金基金であるPFZW（Pensioenfonds Zorg en Welzijn）は、国内ではABP（オランダ公務員年金基金）に次いで大きな積立金（約19兆円）を持っており、その運用はPGGM（他の基金の積立金も合わせて運用）が担っている。PGGMの株式ポートフォリオは、伝統的株式（45％：時価総額型のグローバル指数［FTSE World Index］に連動）、スマートベータ（30％）、責任投資（10％）、プライベート・エクイティ（15％）の4つのセグメントで構成される。スマートベータのセグメントでは、バリュー型、最小分散型、クオリティ型を組み合わせた指数をPGGMが内製し、このインデックスに対して低いトラッキング・エラーでインハウス運用を行っている。[17]「業界で使われているベンチマーク指数がつねに最も効率的とは限らない」という考え方を、こうした戦略的ベンチマーク（Strategic Benchmark）

---

16) "Second Swedish National Pension Fund Annual Report 2013"、を参照。2015年版の年次報告を見ると、最小分散型（MSCI World Minimum Volatility Weighted）と低ボラティリティ型（MSCI World Risk Weighted）が新たな運用ベンチマークとして追加されている。

17) Fay and van Dam (2013) を参照。

というコンセプトで示した点は革新的である。

　スウェーデンのAP2、オランダのPFZW（というよりPGGM）では双方ともに、スマートベータという言葉が流行するよりもずいぶん以前の段階から、時価総額型指数に対する相対パフォーマンスの追求が実践に移されていたことがわかる。AP2の等金額型指数、PFZWの戦略的ベンチマークは、いずれもオリジナルなスマートベータと言え、年金基金の担当者がスマートベータの導入に直接的にかかわっている印象が強い。また、資産配分の段階で、非時価総額型指数を活用しようという意図が明確である。ポートフォリオのリスク管理をどのように行っているかは定かではないが、それぞれ採用した指数のトラッキング・エラーのコントロールについては公表資料に言及がなされている。市場インデックスに対する超過リターンの獲得がどの程度の追加的なリスク・テイクによってもたらされているのかについてはしっかり意識されているのだろう。いったんスマートベータを採用したならば、ファクター・リスクの動静にも目配りをする必要が出てくる。そうなると日常的に、ファクター分析を行う環境も必要だろう。スタイル指数（時価総額型のファクター指数）などによって、自身が担当するポートフォリオのリスクをモニターし、ポートフォリオにファクター（もしくは投資スタイル）の偏りがあった場合には、それが意図したものであるのかどうか、部分的にせよ補正するべきかどうか、などの判断も必要となる。ポートフォリオの補正を行うならば、市場タイミングも重要な要素となるだろう。AP2やPFZW（PGGM）の場合には、株式ポートフォリオの大部分がインハウスで運用されている点からも、こうした基金が高度なポートフォリオ管理能力を有していることがうかがえる。

　市場型インデックス運用を中心にすえている機関投資家が、対市場での超過リターンを狙うならば、先端的な欧米基金のように、スマートベータ（非時価総額型指数）のパッシブ運用への移行を行うのが手っ取り早い。マルチ・ファクター指数の採用でも、ほぼ同様の効果をあげられよう。この場合、運用資産の管理上でまず注意すべきなのは、新たに採用する指数が、ベンチマークである市場型インデックスとどの程度のトラッキング・エラーやベータを示すのかを事前に把握し、採用後もきちんとモニターすることだろう。複数の指数を組み合わせて使うという話ならば、指数同士の相関関係や分散効果をも把握して

おく必要がある。こう考えると、スマートベータをポートフォリオに加えることは、伝統的なアクティブ・ファンドを管理することと大差はない。比較的容易に実践できる内容ではないだろうか。

6　ファクター指数を用いた分散投資は現実的か？

　スマートベータの活用に比べると、（シングル）ファクター指数をポートフォリオにどう活かすのか、は難題である。個々のスマートベータを選ぶのは「アラカルトの料理を注文するようなものである」と述べたが、一方でファクター指数を呈味成分に喩えたように、料理店で甘味、塩味、酸味、苦味、うま味……、のみを注文するのは難しいだけでなく、少々奇妙でもある。

　ファクター指数の利用については、しばしば**ファクター投資**の文脈で語られることが多い。いわく、「欧米の先端的な投資家はファクター投資を行っており、これを実現するにはファクター指数が有効である」と。これは、少々乱暴な議論である。「ファクター指数に投資すればファクター投資」と言えば字義どおりなのかもしれないが、そんな単純な話ではない。ファクター投資をなぜ行うのか、実際にどんな投資手法なのか、ファクター指数をどのように使うのか、などの詳細な記載のない文献も多い。ほとんどの場合、（シングル）ファクター指数だけでは短期的なアンダーパフォームがあるのでマルチ・ファクター指数のほうがいい、というご丁寧な忠告（というか、誘導）は続いているようではあるのだが。

　ここでファクター投資とは、経済成長や、企業収益、インフレーション、ボラティリティ、流動性などグループ化されたリスク・クラスを想定し、こうしたリスク・クラスごとにそれぞれの投資対象がどのようなエクスポージャーを持っているのかに応じて資金配分を行うポートフォリオの構築方法を指す。ファクター投資はけっして新しい概念ではないが、2008年の金融危機以降に特に注目されるようになった。株式、債券といった伝統的な資産クラスに十分な分散投資をしていても、金融危機時には資産間の相関が上昇し、分散効果が働かなかった。金融危機が、より良く分散されたポートフォリオとは何を意味し

ているのかを再考させる機会となったわけである。伝統的な資産で分散投資を行うのではなく、ポートフォリオのリターンをもたらすファクターに分散する投資方法のほうが、リスク調整済リターンの最適化やドローダウンの最小化を効果的に行うことができると言われている。

こうしたファクターで構成されるポートフォリオを有する先進的な機関投資家としてよく紹介されるのは、デンマークの労働市場付加年金基金（ATP）やカナダの公的年金積立金を運用するカナダ年金制度投資委員会（CPPIB）、ニュージーランドの国富ファンドであるニュージーランド退職年金基金（NZSF）などである。[18] ファクター投資の出発点は、資産保有者（アセットオーナー）である年金基金が、資産運用上必要なリスクの水準と利用すべきファクター・リスクプレミアムを理事会で決定し、これらをレファレンス・ポートフォリオとして明示することである。レファレンス・ポートフォリオには資産保有者の投資理念、リスク配分の考え方が反映されており、このポートフォリオを運営するには、資産クラスごとにアルファを追求する運用者を複数抱える方法ではなく、複数のインデックスごとに戦略的にベータを分散する方法が採用される。

ここまでの説明でおわかりのように、ファクター投資の実践とは、むしろポートフォリオ全体のリスクをどのように管理するのかという話であり、必ずしも株式ポートフォリオの中でどのようなスマートベータ/ファクター指数を選んで投資をするのかという話ではない。レファレンス・ポートフォリオの構成要素の一部としてファクター指数（市場、バリュー、サイズなど）があるならば、これらの指数がリスク管理上の重要なベンチマークとなるのは間違いないが、これは全天候型のマルチ・ファクター指数に投資すべきだという話とはずいぶん距離がある。実際の運用内容とレファレンス・ポートフォリオとの間に許容できない水準の乖離が生じた場合には、ファクター指数を使ってこれを補正することも考えられる。[19] ようやく、戦略的なベンチマークとしてファクター指数を指定し、また、ファクター・リスクをヘッジするツールとしてファ

---

18) ファクター投資は金融危機を経験した後の実務的な要請からはじまった。ATPについてはJepsen (2011)、CPPIB、NZSFについてはAng (2014) を参照。

クター指数を使う、という具体的な利用のイメージが浮かび上がってきたわけだが、これは既にファクター投資を実践している先端的な投資家のための話である。こうした先端事例は、「現時点でファクター投資を行っていないが、ファクター指数をちょっと使ってみようか」と考えている投資家が参考にするような事例とは思えない。

　ファクター投資もさることながら、ファクター指数をポートフォリオに追加するだけでも、資産配分を資産クラスごとに行う伝統的な方法に比べて、より高次のリスク管理プロセスが必要になる。図表6−5は、従来のポートフォリオ運営に加えて、スマートベータ（非時価総額型指数）を追加する、ファクター指数を追加する、ファクター投資を行う、などといったそれぞれの場合に年金基金（より一般的に投資家）が何をしなければならないかを整理したものである。投資家は、どのファクターを採用するのか、どの程度のリスク・テイクを行うべきか、どのようにモニターをすべきか、短期的なアンダーパフォーマンスに耐えられるのか、などを考慮して、ファクター・アロケーションを個別に構築しておく必要がある。単にファクター（もしくはスタイル）・リスクをモニターする環境を有しているだけではなく、長期的なファクターの動静に対するオピニオンを持っておくことも必要になるだろう。こうなると、どうしても腰が引けてしまい、ファクター指数による分散投資に実際に踏み切れる投資家の数は限られるのではないだろうか。

　ファクター指数を戦略的に活用しているやや異色な例として、米国のアリゾナ州退職年金基金での取り組みを紹介しておこう。アリゾナ州退職年金では、株式への投資比率が66％（米国株38％、外国株22％、プライベート・エクイティその他6％）と高めである。[20] 同基金は、2013年以降バリュー、サイズ、モメ

19）　ポートフォリオ全体のファクター・エクスポージャーをモニターして、不足しているエクスポージャーは該当するファクター指数で補い、過大なエクスポージャーがある場合には該当する指数をショートするなどして、ファクターの偏りを補正できる。これまでは、伝統的なアクティブ・ファンドを用いてこうしたファクター・エクスポージャーの調節をしていたが、これは、そもそもピースが合わないジグソーパズルをするようなものであった。ここは、ピースがぴったりはまるはずの（シングル）ファクター指数の出番だろう。

20）　石川（2013）を参照。

運用内容	ポートフォリオ構築の考え方	投資家に求められる役割
リターン・リスクの最適化（従来の方法）	所与のリスク水準に対するリターンの最大化	既存のポートフォリオ運用
スマートベータ（非時価総額型指数）をポートフォリオに追加	（上記に加えて）ファクター/スタイルの管理	高次のリスク管理、ファクター分析
ファクター指数をポートフォリオに追加	資産配分時に採用するファクター・リスクとその水準を決定	ファクターの動静に関する長期予測
ファクター投資	ファクターを用いた最適化	ファクターに関する信念、説明責任

図表6-5　スマートベータ/ファクター指数をポートフォリオに活かす

ンタム、クオリティの4本の米国株ファクターETFが上場する際にシードマネー（それぞれ1億ドル）を拠出している。これらの4本のファクターETFに対する資金配分を、市場環境に合わせて機動的に変えることでファクター・プレミアムを獲得することを投資目的としたからである。米国株式ポートフォリオのサテライト部分にこれを位置付けたとはいえ、年金資金運用でETFを活用した点、年金基金自身がファクターのダイナミック・アロケーションを行っているなどの点で画期的と言えよう。追加的なファクター・リスクを積極的に取りにいくことでさえ説明責任が生じるのに、ダイナミックな資産配分でアウトパフォーマンスを狙いにいくことは、他人資金を預かる機関投資家にとってはとてもハードルが高いと思われる。さらに、そもそもファクターの動きは予測できるのか、長期で見返りがあるファクターへの投資を短期の投資戦略に活かすことができるのか、ファクターのモデル依存度は高いが利用しているファクター指数には推計誤差は無いのか、などファクター指数の動的アロケーション戦略について懐疑的に見る向きも少なくない。この事例は、外部アドバイザーの協力を得ているものの、アリゾナ州退職年金基金が自ら（ファクター指数を用いた）アクティブ運用を行っている例として位置付けられよう。

　大手の年金基金は、ファクター指数を自身のポートフォリオに活かすのに必要なリソースを持っているだろうし、外部アドバイザー（特に証券会社のクオンツ部隊など）を利用して実際にファクター投資に踏み出すこともできるだろ

う。デンマーク最大の職業年金基金であるデンマーク年金生活ファンド（PKA）では、主要な指数ベンダーが提供する既製品のインデックスは利用せずにファクター投資を実践しているという。それでも、同基金のポートフォリオ・マネジャーは、「ファクター・プレミアムを獲得するのに必要な考え方は持っているが、ファクター戦略を実行するには証券会社の力を借りるほうが望ましい。こうした戦略を日々実行するのは労働集約的であり、ポートフォリオ・マネジャーが数人しかいない年金基金が実行するのは効果的ではない」と述べている。[21] ファクター投資には、クオンツ分析の能力、日々のモニタリング、短期的、長期的なファクターの動静に関する判断などが必要であり、ファクター投資の実践は容易ではない。実際にファクター投資に踏み出すことのできる投資家はやはり限定的であると思われる。

ファクター投資の運営体制が十分に持てないアセットオーナーだとしたら、流行のファクター指数に飛びついてはならない。事前に慎重な検討が必要である。ファクターの投資タイミングをはかるのはプロでも難しい。そこで、（指数ベンダーにすすめられて）スマートベータやファクター指数にとにかく分散投資してみたり、もしくは、十分に分散したファクター投資をお手軽に実践できるという触れ込みのマルチ・ファクター指数に投資したくなったりするかもしれない。長期的に時価総額型市場インデックスをアウトパフォームし、しかも1本で複数のファクターに投資するので"全天候型"、さらに、運用はパッシブなので廉価と来れば、"流行の"マルチ・ファクター指数を受け入れない手はないと思いがちだろう。しかし、このマルチ・ファクター指数に投資する目的は何だったのか思い出してほしい。

確かに、ベンチマーク対比での相対リターン向上やリスク・リターンの効率化という理由はあるだろう。それでも、こうした新指数の導入が真に投資目的にかなっているのかどうかをつねに自問自答すべきである。極論すれば、（指数ベンダーのすすめる）マルチ・ファクター指数を中核にすえたパッシブ運用の一本槍で字面上はファクター投資したと言えるのかもしれないが、果たして

---

21) Woodall（2015）が引用しているPKAのポートフォリオ・マネジャーSøren Groossの発言内容を抄訳した。

これが投資家にとって本当に理想的なファクターの分散投資なのかは疑問である。一方、分散投資という名の下に、新しく登場する指数をとにかく採用してみるという考え方もいただけない。例えば、バリュー型のアクティブ・ファンドを既に保有しているのに、バリュー・ファクターにティルトした指数を無理に追加しても、分散投資としてはあまり意味がない。また、運用委託をする際に運用者を選択するのと同様に、複数社のインデックス、その連動商品を比較、検討しなければなるまい。最終的に何を採用するかは投資目的に立ち返って熟考する必要があるだろう。

繰り返しになるが、ファクター指数をポートフォリオに活かすのはそれほど容易ではなく、現状では、（シングル）ファクター指数の使い道はかなり限定的である、と言わざるをえない。ファクター投資というテーマから、各ファクターを映す指数群が提案され、一呼吸おく間もなくマルチ・ファクター指数が登場したが、結局のところ、ファクター指数は、マルチ・ファクター指数を構築するための礎、というよりただの呼び水となったにすぎないのではないか、とさえ思えてくる。

7 アクティブ運用を代替するスマートベータ/ファクター指数

アクティブ・ファンドを複数のファクターのパッケージととらえ、アクティブ・ファンドの代わりに、単品のファクター指数のパッシブ運用に切り替えようという考え方を推し進めてみると、最終的にマルチ・ファクター指数の連動商品にたどり着いてしまうようだ。では、このマルチ・ファクター指数はポートフォリオにどのような効果をもたらすだろうか？　相対リターン向上のツールという役割を考えれば、低コストのアクティブ・ファンドというとらえ方が一番しっくりくる。アクティブ・ファンドを否定したはずだったのに、ここでまた別種のアクティブ・ファンドに戻ってきてしまったわけだ。

ファクター投資の理論的支柱となったのは、ノルウェー政府年金基金（グローバル・ファンド）の委託研究を行った Ang et al.（2009）であると言われ

ている。同論文は、世界第2位の資産規模を有するノルウェー政府年金基金の運用実績を分析し、1998年から2009年において、同基金のポートフォリオの総量に対して、同基金が採用したアクティブ運用が果たした役割を詳らかにした。図表6-6では、ファンドのリターンがどんなリスクによってもたらされたのかを示したものであるが、（時価総額型インデックスに基づく）市場リスクに基づくリターンの割合が99.1％である一方、アクティブ・リスクによってもたらされたリターンは0.9％であった。金融危機時を除く期間（2008年以前：1998年1月～2007年12月）では、アクティブ運用の寄与はわずか0.3％であるという。

さらに、同論文ではアクティブ・リスクの7割がファクター効果によって説明されると述べ、ファクター効果をベンチマークに組み入れることを提唱した。アクティブ・ファンドを採用しても、全体で見るとその効果はインデックス・ファンドと大差なく、しかも、アクティブ・リターンのほとんどがファクターと関連づいているならば、ファクターが提供してくれるリスクプレミアムは廉価なファクター指数から入手すれば良い、という考え方である。アクティブ運用をファクター指数で代替、レプリケーション（複製）することができれば、運用報酬を削減することもできる。また、機械化した運用に置き換えることで、（アクティブ）運用者の裁量がなくなるため、いわゆるマネージャー・リスクも回避できる。

確かにこのコンセプトには一理あるが、ファクター指数によるアクティブ・ファンドの置き換えは実務ではどのように行われるのだろうか。これを図表6-7の概念図で示しておこう。

CAPMの考え方で説明されていたアクティブ運用のアルファ（α）は市場

	ファンド		債券		株式	
	全期間	2008年以前	全期間	2008年以前	全期間	2008年以前
ベンチマーク・リターン	99.1％	99.7％	97.1％	99.8％	99.7％	99.7％
アクティブ・リターン	0.9％	0.3％	2.9％	0.2％	0.3％	0.3％
合計	100.0％	100.0％	100.0％	100.0％	100.0％	100.0％

図表6-6　ノルウェー政府年金基金のリターンの分散属性
（出所）　Ang et al.（2009）.

7 アクティブ運用を代替するスマートベータ/ファクター指数　183

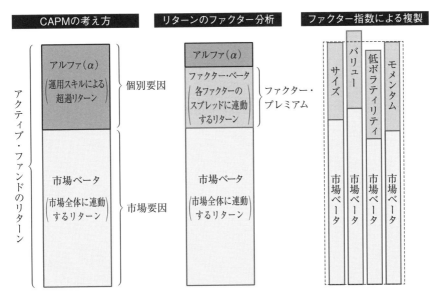

図表 6-7　アクティブ・ファンドのリターンの要因分解、ファクター指数による複製

ベータで説明されない超過収益を意味していた。パフォーマンスの説明要因を市場ベータだけでなく、様々なファクターにも求めるようになると、市場ベータやファクター・ベータによって説明できない部分（＝運用者のスキルによって得られると考えられる超過リターン）は、ファクターの数が増えれば増えるほど、削られていく。ジョン・コックランの言う"ファクターの動物園"（第5章1節を参照）となれば、CAPMのアルファが雲散霧消するのは当然である。

ここで注意してほしいのは、リターンのファクター分析（例えば、第5章（数式5.2）や（数式5.3）が好例）では、各ファクターに対する感応度（＝ベータ）を推計するが、その際に各ファクターはそれぞれファクター・スプレッド指数として表現されている点である。しかし、本章2節で述べたように、ファクター・スプレッド指数は現時点では市井に出回っておらず、実務では市場インデックスにファクター・スプレッド指数を追加してアクティブ・ファンドを複製するような動きは見られない。現実には、ファクター分析の結果、説明要因となるファクターが特定された後は、ロング・オンリーの（シングル）ファクター指数を持ち込んで、それらを組み合わせることによってアクティブ・

ファンドを合成しようということになる。それぞれのファクター指数は市場との連動部分とファクターへの連動部分を持っており、これを図示すると（図表6-7）、例えば、1本のアクティブ・ファンドを4本の（ロング・オンリーの）ファクター指数で複製するようなイメージとなる。もちろんこの4本のファクター指数を束ねてマルチ・ファクター指数として一本化してしまうこともできるだろう。ただし、おのおののファクター指数には狙ったファクター以外のファクターが含まれる場合があり、また、それぞれのファクター指数は何がしかのアルファを持っている場合もある。また、ファクター指数を合成した際の分散効果などがアルファとして乗ってくる可能性もあるだろう。これらは、ウェート方式や流動性に対する配慮など指数デザインに依存しており、不明なので図表6-7の中では省略した。

　緻密なファクター分析、ファクター・スプレッドを忠実に再現できる指数、十分なデータ・サンプルがあれば、いくつかのファクター指数を組み合わせることによって、アクティブ運用の複製は可能である。投資哲学がしっかりしており、運用ノウハウがあり、運用者の裁量が小さいアクティブ運用ほど、特定のファクターの組み合わせを生み出している可能性があり、皮肉なことにこうした"哲学のある"ファンドの複製こそ容易なのかもしれない。いずれにせよピッタリ同じものが複製できるかどうかは腕次第ということになるが、完全な複製はできないにしても"ほぼ同じ"リターンを獲得することはできるだろう。

　複製の結果、ポートフォリオは市場インデックスのパッシブ運用とファクター指数のパッシブ運用だけで構成されることになるが、問題は、こうしたアクティブ運用の複製を誰が行うのか（資産保有者から見た場合には、誰にやらせるのか）という点である。投資家自身が行うのはなかなか難しいだろう。例えば複数のアクティブ運用を採用する基金は、コンサルタントや外部アドバイザーにポートフォリオ全体のファクター構成を診断してもらい、全体を複製するために必要なファクター指数群のパッシブ運用をそろえれば、既存のポートフォリオを丸ごと市場インデックスとファクター指数に置き換えることはできる（これが望ましい姿であるのかどうかは、議論の余地がある）。しかし、投資家ごとに違う内容のポートフォリオを保有しているはずなので、それぞれのポートフォリオに合わせて（シングル）ファクター指数の組み合わせは異なる

ものになるだろう。もしこのファクター指数の組み合わせをマルチ・ファクター指数で置き換えるならば、指数ベンダーが提供する汎用品を採用するのではなく、投資家ごとにカスタム化された指数（Bespoke Indexes）を用意するべきだろう。欧米の先駆的な投資家のように、外部アドバイザーの協力を得てカスタム化した指数群を通じてファクターへの資金配分を実践するのであれば、既製品のマルチ・ファクター指数はまったく不要ということになる。

　既製品のマルチ・ファクター指数に連動する運用商品は、クオンツ・アクティブ運用、廉価な伝統的アクティブと大差なく、その商品設計（アクティブ運用でいう投資哲学に相当）に賛同する投資家があれば採用されるかもしれない。[22] しかし、ファクター指数を用いてアクティブ運用を置き換えるならば、まずポートフォリオ自体を見直すのが本筋であり、そこで利用されるのはやはり投資家ごとにカスタム化されたマルチ・ファクター指数となるべきだろう。この時、ファンド運用にかかるコストはアクティブ運用からインデックス運用に移行するので、少なくとも運用費用の一部は削減できるだろう。いったん基本ポートフォリオが固まれば、どの（アクティブ）運用者が優れているのか探し出す手間とコストも不要になる。しかし、インデックスのもたらす付加価値の対価としての指数に対するフィーおよび指数のカスタム化を行う際に外部アドバイザーに支払う報酬が新たにかかってくるので、これらの合計が、アクティブ運用に支払う報酬の総額よりも低ければ、コスト削減が実現することになる。ファクター指数でアクティブ運用を代替することで報酬支払い総額が低下すれば、コスト控除後のリターンはそれだけ高くなるので検討する価値は十分にある。

　「よりわかりやすく、しかも簡単なアクティブ運用」の代替は既に起きはじめている。"スマートベータ前夜"にも最小分散型やファンダメンタル型などのアクティブ運用商品は存在していた。これらは、一定の指数計算ルールに基

---

22) 複数の運用者を含む有識者の中には、マルチ・ファクター指数に懐疑的な向きが多い。マルチ・ファクター指数は単にクオンツ・アクティブ運用を機械化したものにすぎないという論調である。新約聖書で言う"New wine in old bottles"、つまり、古い考えでは測ることのできない新しい考えなどではとうていなく、"Old wine in new bottles"、外見は新しいが中身は古いものということなのだろう。

づく、いわゆるクオンツ・アクティブ運用としてくくられるものである。こうした運用商品が、まずスマートベータのインデックス運用に置き換えられてきたのが現状である。運用内容とパフォーマンスがほぼ同じならば、投資家にフィーを削減するインセンティブが働くのはしかたがないことだろう。ポートフォリオ構築の際の投資家の悩みは、アクティブ運用者とインデックスのどちらを選べばよいのかという問題だけである。アクティブ運用者が選択される可能性があるのは、インデックス・フィー（＋パッシブ運用の報酬）並みにアクティブの運用報酬を引き下げる場合か、インデックスでは再現できないような独自の運用内容を持つ、いわば"どアクティブ"な商品提供ができる場合に限られるだろう。アクティブ運用者にとっては厳しい時代が到来している。[23]

8 スマートベータを用いた資産負債管理

　ポートフォリオの効率化という文脈で、スマートベータ／ファクター指数を利用する方法をもう1つ紹介しておきたい。足元で実証研究が進みつつある分野であり、やや発展的な内容になるが、スマートベータ／ファクター指数を**資産負債管理**（Asset Liability Management：以下、ALM）に役立てようという試みである。

　確定給付型の年金基金の担当者にとって重要なのはALMである。年金負債に見合わないリスク負担をいかに減じ、負債に影響を及ぼすリスク・ファクターを極力、年金資産側に適合させることが重要な関心事となる。一方で、年金資産の増加は将来の給付に余裕を持たせることができるため、資産側で追加的なリスクを取ってリターン向上を追求することもまた重要な視点である。こ

---

[23] インデックスによるアクティブ運用の代替は、ファンド・オブ・ファンズ（以下、FoF）など投資信託の分野でも起こりうる。スマートベータに分散投資するFoFが登場する可能性もあるし、より実践的には、FoFで採用される一部の戦略をスマートベータ（パッシブ・ファンド）に置き換えることで、ファンド全体のコスト（経費率）を低減し、ネット・リターンを向上させることもできるだろう。ただし、この話は、スマートベータの使い方の話ではなく、商品提案の話である。本章のテーマは、あくまでも、こうした商品を投資家がどのように選ぶべきなのかを考えることである。

れらを両立させるために、前者を重視する負債ヘッジ型ポートフォリオ（Liability Hedging Portfolio：以下、LHP）と後者を重視するパフォーマンス追及型ポートフォリオ（Performance Seeking Portfolio：以下、PSP）の2つにポートフォリオを分割して資産運用を行うことが出発点となる。

　年金基金がLHPとPSPとの選択を考える時に重要なのは、ファンドの積立比率[24]である。積立比率が1を超えていればファンドは将来の支払いに不安がないことを意味しており、この場合には、このファンドは無理にパフォーマンスを追求する必要はない状況にある。むしろ長期にわたって安定して負債の変動をヘッジすることができるようなポートフォリオ構築や商品選択を考えるべきであろう。字義どおりLHPに大きな資金配分を行うわけだが、LHPの内容はまず債券が中心になる。[25] 長期にわたる運用であることを考慮するとLHPの一部に株式を割り当てる場合があるが、この場合はリスク抑制型や最小分散型のスマートベータ、もしくは、低ボラティリティ・ファクター指数などが有力な選択肢となるだろう。また、LHPの一角に高配当型のスマートベータなどのインカムゲインを重視した戦略を含めることも一考に値する。安定的に（高い）配当が支払われるならば、キャッシュフローの面で負債とのマッチングに貢献できるからである。LHPで採用されるのは、低ボラティリティや収益性や高配当など、長期債との連動性の高いファクターを有するスマートベータ/ファクター指数ということになるだろう。

　一方、積立比率が1を下回っている場合は、ファンドは積み立て不足に陥っていることを示している。この状況では将来の給付はままならず、この時には負債だけをヘッジしてもしかたがない。こうしたファンドは、パフォーマンス追求型の商品選択がどうしても必要になる。将来の給付が可能になるようなポートフォリオを目指すのがPSPであり、その中身は、長期的に見返りが期待できるバリューや小型へのファクター投資などが有効だろう。こうしたファ

---

24)　**ファンドの積立比率**：年金負債に対する年金資産の比率。
25)　LHPのデザインについては、負債とLHPの親和性が重要であり、負債の代理変数である長期の固定利付国債とのトラッキング・エラーを意識する必要あるだろう。代理変数とLHPの関係を考えるうえでは、キャッシュフローのマッチングのみならず、ファクター・リスクの相関も考慮するべきだろう。

クターのパッケージとなっているはずのファンダメンタル型などのスマートベータももちろんPSPの候補となる。追加的に負担したリスクに対してどの程度のリターンが期待できるかが重要なのであり、この場合の商品選択・指数選択にはシャープ・レシオが評価基準となる。理論的には、最大シャープ・レシオ型がPSPの最有力候補なのは間違いない。

つまり、LHPがリスク抑制とインカムゲイン重視の戦略で構成される一方で、PSPはハイリスク・ハイリターンを目指す戦略で構成されており、この2つのポートフォリオに対する資金配分を積立比率の水準に応じて機動的に変えていくことになる。[26] 将来の給付に余裕があるような状況ならLHPで"勝ち逃げ"し、ファンドが積み立て不足に陥っているならばPSPで"一発逆転"を狙うということである。資金配分を動かすためにモニターするのはファンドの積立比率ということになるが、実は、これは間接的に市場タイミングをはかって資金配分を行うことになっている。積立比率は資産側に変動の大きい株式を擁している以上、株価が下がれば積み立て不足に陥りやすく、株価が上がれば運用に余裕が出てくる。LHPとPSPを積立水準によってダイナミックに入れ替えると、自動的に逆張りとなり、結果として市場環境をも考慮することになるからである。

LHPとPSPへの配分比率は必ずしもダイナミックに行う必要はない。ポートフォリオ構築の際には、例えば、加入者の年齢が若い層ではPSPを多く、高齢の退職者にはLHPが多くなるように年齢別（年代別）に資金配分し、それらを加入者の年齢構成で積み上げて全体の配分を決める方法なども考えられるだろう。こうしたポートフォリオを全体で見ると、LHPとPSPという機能

---

[26] 詳細はMartellini and Milhau (2009) を参照。関心のある読者向けに、その概要だけを記しておきたい。負債のデュレーションなど一定の期間 T について積立比率 (A/L) に関する期待効用 u が最大になるようなポートフォリオのウェート w_t^* を求めると、PSP（シャープ・レシオが最大になるポートフォリオ）とLHP（負債との相関が最大となるポートフォリオ）への資金配分 w は下記のように決まる。

$$\text{Max E}\left[u\left(\frac{A_T}{L_T}\right)\right] \Rightarrow w_t^* = \frac{\lambda}{\gamma\sigma}w^{PSP} + \left(1-\frac{1}{\gamma}\right)\beta w^{LHP}$$

ここで、λ はシャープ・レシオ、σ はボラティリティ、β はLHPの変動に対する負債の変動の感応度、γ は投資家のリスク回避度を表す。

の違う2つのファンドに分散投資することによって相乗効果が望めることも利点である。

　以上に見てきたように、スマートベータ/ファクター指数の使い方は、けっして簡単に実践できる方法とは言えないだろう。学術分野でも、米国の年金基金のデータを対象に行われた実証研究がある程度であり、こうした考え方が広まるまでにはまだまだ時間がかかるとは思う。しかし、長期の投資目的で効率的なベンチマーク・インデックスの使い方を考えるというテーマをいったん掲げると、スマートベータ/ファクター指数の利用方法には無限の可能性があるような気がしてならない。時価総額型指数に拘泥して、伝統的な資産クラスにパッシブな資産配分を行っていることが最適な選択である、とはなかなか言えないからである。今後は、実務家と研究者との協働が進み、新たなスマートベータ/ファクター指数の活用方法が次々に提案されていくであろう。

第 7 章

スマートベータ/ファクター指数の使用上の注意

　前章では、スマートベータ/ファクター指数の登場によってポートフォリオ構築の方法に選択肢が増え、かつそれらを導入することによって、リスク低減、リターン向上、分散投資などのいろいろなメリットを享受できることを指摘することができたのではないかと思う。ただし、本書が、こうした新しい指数もしくはそれに連動する金融商品の"トリセツ"として本領を発揮するには、"使用上の注意"も喚起しておくことが必須だろう。スマートベータ/ファクター指数は、取り扱いを誤れば大事故が起きるような危険なものではないだろうが、導入しても必ずしも良いことづくしで終わるわけではない。本章では、せめて、投資の意思決定の際には「美味しい話には裏がある、……のかも」とつねづね思っておいたほうがいいといった程度の警鐘は鳴らしておきたい。事実、スマートベータ/ファクター指数を使いこなすにあたっては留意点もある。ここまで、こうしたインデックス群に実際に投資をしたら何が起きるのかについては何も語ってこなかった。"紙上"のパフォーマンスは良くても、本当に"市場"のパフォーマンスに勝てるのか、新しい指数を使いこなして"至上"のパフォーマンスを獲得するには何に配慮すべきなのか、についても本章で特筆しておきたい。

1 美味しい話には裏がある……のかも

スマートベータが時価総額型市場インデックスに比べて優れたリターンを持つことが本書の要諦であり、指数同士のパフォーマンス比較では確かにスマートベータが魅力的に見えたと思う。アラカルトで楽しめるスマートベータ、好きな味だけを楽しめるファクター指数というふうに料理に喩えてその魅力を訴えたわけだが、喩えるまでもなく、最小分散型、ファンダメンタル型、低リスク・ファクターなどといった個々の戦略名には十分に魅力的で芳醇な香りがある。

では、スマートベータ（やファクター指数）に連動する運用を実際に商品化する時、例えばTOPIX連動のETFのような時価総額型市場インデックスの連動商品よりも優れたリターンを獲得できる商品になるのだろうか。既にいくつかのスマートベータはETFやパッシブ型の投信として商品化されているものの、残念ながら、本書で紹介したすべての戦略が商品化されているわけではない。また、様々な運用商品を同じ基準で比較できるような大規模なデータベースが存在するわけではないので、商品化後のパフォーマンスを検証するには、何か他の方法を持ちこむ必要がある。そこで再び、本書冒頭のスマートベータ1号と2号に登場してもらうことにした。もちろん、実際にこれらに投資する商品は存在しないので、以下は、あくまでもシミュレーション、思考実験としての検証にすぎない。

ここでは、スマートベータ1号（等金額型のTOPIX）、スマートベータ2号（時価総額の逆数ウェート型のTOPIX）のそれぞれに、仮に1,000億円を投資した時のパフォーマンスをシミュレーションしてみよう。年金運用でもETFでもこのファンド・サイズはそれなりに大きな規模と言えるが、1,000億円のファンドが立ち上がっていて、TOPIXおよびスマートベータ1号、2号をそれぞれパッシブ運用（完全法[1]）する場合を考える。おのおののファンドは指

---

1) **完全法**：ベンチマークを構成するすべての銘柄を、その時価構成比率に合わせてポートフォリオを構築するパッシブ運用の方法。

1 美味しい話には裏がある……のかも   193

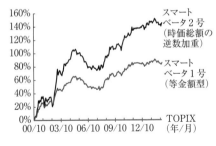
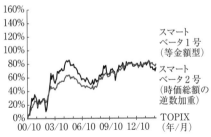

	TOPIX	スマートベータ1号（等金額型）	スマートベータ2号（時価総額の逆数加重）
平均リターン（年率）	2.7%	8.6%	12.6%
標準偏差（年率）	17.7%	17.8%	22.0%
リターン／標準偏差	0.15	0.48	0.57

	TOPIX	スマートベータ1号（等金額型）	スマートベータ2号（時価総額の逆数加重）
平均リターン（年率）	2.7%	8.1%	7.8%
標準偏差（年率）	17.7%	17.9%	23.4%
リターン／標準偏差	0.15	0.45	0.33

図表7-1　売買インパクト・コスト控除後のリターン

(注)　計測期間は2000年10月末から2015年6月末。円ベース、配当除く月次データを基に計算。年1回、10月末時点のTOPIX構成銘柄を基準に銘柄入替（リバランス）を行う。
　　　左表：売買インパクト・コストを控除していない。右表：1,000億円ファンドを運用した際の定期入替時の売買インパクト・コストを控除した。
　　　売買インパクト・コストは野村證券で用いているモデルの1つを用いて推計した。ビッド・アスク・スプレッド、ボラティリティ、日次出来高などのデータから推計され、実際の取引コストとは異なる。

数のリバランスに合わせて毎年10月にリバランスされる。[2]　毎年のリバランスの際には、自身の売買がおのおのの構成銘柄の価格に与えるインパクトがあり、しばしばこれが表に現れないコストとして運用商品のパフォーマンスにのしかかってくる。この売買インパクト・コストを推定し（売買にかかる手数料・税金は考慮しない）、これを指数リターンから控除した（ネットの）リターンを図示してみた（図表7-1右表）。

　グラフの相対リターンの水準を見れば一目瞭然であるが、やはり「こんな話は聞いていない」という事態が生じている。実際に投資するとスマートベータ1号はともかく、2号に連動するファンドの場合は相対パフォーマンスが著し

---
　2)　毎年10月のTOPIXの浮動株比率見直し（リバランス）のタイミングに合わせてある。

く劣化してしまった。この期間（2000年10月末〜2015年6月末）では、実はTOPIX連動のファンドの平均リターンも指数リターンに比べて0.01％毀損している。TOPIXのような時価総額型指数であっても、1,000億円規模でパッシブ運用すると、紙の上では見えていたはずのリターンは若干押し下げられることがわかる。厳密にはTOPIXは"浮動株調整済時価総額型"指数と言うべきであり、定期的な浮動株比率の見直しがあり、この際には指数がリバランスされる。それでも、TOPIXの場合のリターンの低下は年率で0.01％にとどまっているため、スマートベータ1号と2号に連動する仮想のファンドに比べれば大きな毀損があるとは言えまい。平均リターンの毀損は等金額型の、スマートベータ1号の場合では0.48％であった一方で、時価総額の逆数加重した、スマートベータ2号の場合は5％程度を失うという結果となった。さらに、連動するファンドのリターンの標準偏差の水準についても、スマートベータ1号よりも2号の場合のほうが上昇している。"紙上"では目を見張るパフォーマンスをあげていた、スマートベータ2号ではあったが、実際に1,000億円という資金を投じた場合には、長期的には等金額型の、スマートベータ1号のほうが優れたパフォーマンスを示すことが、このシミュレーションでわかった。資金規模がさらに大きくなれば、スマートベータ2号のパフォーマンスはおそらくさらに劣化するだろうし、一定の資金規模を超えれば、スマートベータ1号といえども"紙上"で期待されるリターンをあげられなくなるかもしれない。

　では、なぜ1,000億円という資金を投じるとパフォーマンスは劣化するのだろうか。この理由は、スマートベータ2号を例として考えればわかりやすい。スマートベータ2号は時価総額の逆数で加重したウェートを持っているため、時価総額最小の構成銘柄に最も大きな投資ウェートが与えられることになる。時価総額が小さい銘柄群はしばしば取引が極端に薄い、いわゆる低流動銘柄であることが多い。したがって、こうした銘柄群に大規模な資金を投下すると、無理な買い付けによる買いインパクトが大きくなってしまう（リバランス時点で売却が必要な銘柄には、売りインパクトがかかってくる）。無理な買い付けがあった時点では銘柄の実力以上に株価が評価されてしまうわけだが、次のリバランスまでにはおそらく実力並みの株価評価に戻ってしまうだろう。スマートベータ2号は小型低流動の銘柄群のウェートをあえて大きくしている指数な

ので、これに連動するファンドの売買インパクトは非常に大きくなってしまい、リバランスを繰り返すたびに連動する運用商品のパフォーマンスが劣化していくことになる。

TOPIXは1,800を超える銘柄で構成される時価総額型指数だが、その有効構成銘柄数（ENC：第2章2節を参照）は120銘柄程度でしかない。TOPIXを原指数として非時価総額型指数（スマートベータ）を作り、これに連動するファンドを運用すると、時価総額で見た場合に上位の120銘柄（＝ENC）以下の銘柄には時価総額型指数の場合に比べて明らかに"分不相応な、"しばしば過大とも言える資金量が投下されることになる。第2章5節で述べたように、ヒューリスティック・アプローチで生み出されたウェート方法は、ほとんどが等金額型の応用と呼べるものであったが、前記のシミュレーションでは等金額型であるスマートベータ1号に連動するファンドのリターンはやはり毀損していた。最適化アプローチのウェート方法では特定の銘柄群に過大なウェートが付与される場合があるが、そんな銘柄群が低流動銘柄である場合も当然あるだろう。原指数をスマートベータ化してそれに連動するファンドを運用すると、紙上では輝いていたリターンは多かれ少なかれ劣化すると考えるべきであろう。

銘柄スクリーニングとウェート方法の組み合わせによっては、売買インパクト・コストが潜在的により大きな指数ができあがってしまっている場合もある。例えば、銘柄数を絞り込んでファクター・エクスポージャーを際立たせようとするファクター指数（ファクター・スコア加重型）では、銘柄数が減っていることに加え、加重方式でさらに特定の銘柄の構成ウェートにティルト（傾斜）がかかるため、1銘柄当たりの投資金額は時価総額型の市場型インデックスに比べて大きくなりがちである。特に、流動性が低い小型の銘柄群のウェートが大きく評価されるようなファクターについてこの種の指数を作ると、連動する運用商品の売買インパクトが極端に大きくなることもありえる。実際に期待したファクター効果が得られないばかりか、下手をすると原指数である時価総額型市場インデックスに連動する運用商品をアンダーパフォームする可能性まであるかもしれない。

これは、簡単な思考実験でより鮮明に理解することができる。仮に、あるファクターで銘柄スクリーニングを行った時に、最もファクター・エクスポー

ジャーの大きかった銘柄のみに100％の構成ウェートを与える指数を考えてみよう（つまり、「この銘柄＝この指数」ということである）。この"指数"は、狙ったファクターを表現する指数のうち、最も濃度の高いファクター指数となっているはずである。この指数（＝この銘柄）では、狙ったファクター・エクスポージャーはもちろんのこと、（この銘柄が抱える）その他のファクター・エクスポージャーやこの銘柄の固有リスクまでもがすべて表現されているわけであり、当然ながら、きわめてリスクが高い。この指数に大規模な投資をする時に、この銘柄が、もし小型株ファクターや低流動ファクターを持っていたとしたら、どうなるだろうか？　これはもちろん極端な例にすぎないが、"尖った"ファクター指数を商品化すると期待外れに終わってしまうことがありうることを示唆していることも確かである。強烈な味の料理を楽しもうとして胃腸に負担がかかってしまうような話かもしれない。もしそうならば、結果として、それほど"美味しい話"でもなかったと言うことだろう。ファクター指数やスマートベータは、時価総額型市場インデックスに比べてリスクは高く、しかも、間違いなく運用しにくい。こうした指数がプロのパッシブ運用者を泣かせることは、請け合ってもいい。

2　指数のキャパシティと投資可能性

そもそも低流動の銘柄が強調されるようなスマートベータ/ファクター指数は特に運用しにくいわけであるが、ファンドの規模がより大きくなればなるほどこの問題は顕著になっていくだろう。前記のシミュレーションの結果を見るかぎり、1,000億円というファンドの規模は、スマートベータ1号と2号にとって分不相応なほど大きかったと言えそうである。では、スマートベータ1号と2号について、パッシブ運用者が無理なくその連動商品を運用し、パフォーマンスを劣化させることのないような資金規模は、どの程度の水準だったのだろうか。

ファンド化すると当初に期待していたリターンが得られなくなるという結果に至ったのは、売買インパクト・コストがあるからである。指数リバランスの

際には、当然、旧構成銘柄とそのウェートおよび新構成銘柄とそのウェートとの間に差があり、この差分を売買することになるわけだが、全体のファンド・サイズがわかっていれば売買対象となっている銘柄群についてそれぞれ必要な売買を執行する数量がわかる。リバランス前後の構成銘柄のウェート差が大きかったり、運用するファンド・サイズが大きかったりすれば、この執行数量は大きくなる。もし、売買対象の銘柄群の執行数量を、リバランス当日に市場で円滑にさばくことができれば、自身の売買によるインパクトはほとんどかかってこないはずであるが、執行数量に比べて市場の出来高、売買代金が足りなければ、最悪の場合には、売買対象のトレードがリバランス当日には完了しない銘柄が出てくることさえあるだろう。ここで、特定の銘柄に無理な買い付け、無理な売り付けを行うと大きな価格インパクトを生じさせてしまうわけである。

　リバランスに必要な執行数量は、入替前後のポートフォリオのウェート差とファンド・サイズによって決まるが、前記のシミュレーションで用いたTOPIXおよびそれをスマートベータ化した1号と2号についてウェート差はわかっている。そこで、最初に一定額のファンド・サイズを仮置きして、取引対象となる銘柄群の（仮の）執行数量をそれぞれ弾き出すことにする。これらを各銘柄の市場での（平均的な）出来高と比較することによって、取引対象の銘柄群が実際にどの程度トレード可能なのかがわかる。

　ここでさらに、リバランス日における一定の売買代金（例えば、過去60日平均の売買金など）を通常の取引水準とみなし、ファンドのリバランスのために執行できる売買が、通常の取引水準の一定比率（これを参加率と呼ぼう）でしか行われないと仮定する。平均的な売買代金のすべてを自身の売買で使うことができるにこしたことはないが、参加率100％という仮定は現実的ではないからである。ここは、10％、20％、30％の3つのパターンの参加率を想定しよう。出来高が十分な銘柄であれば、こうした参加率でも十分に執行可能な場合があることは言うまでもない。さて、ここで改めてファンド・サイズを少額から少しずつ大きくしていく時、ある一定の水準のファンド・サイズに達すると、リバランス日にトレードが完了しない銘柄が残ってしまう事態が発生する。少々余裕を見て、リバランス当時に100％執行が完了しなくてもよい（仮に、必要な執行数量のうち95％に達した時点でその日の売買は行わない）としよう。こ

198　第7章　スマートベータ/ファクター指数の使用上の注意

（単位：億円）

	執行可能割合：99.9999%			執行可能割合：95%		
	参加率			参加率		
	10%	20%	30%	10%	20%	30%
TOPIX　（時価総額型）	1,751	3,501	5,251	14,707	29,414	44,121
スマートベータ1号 　（等金額型）	10	19	29	71	141	211
スマートベータ2号 （時価総額の逆数加重型）	1	2	3	5	10	15

図表7-2　TOPIXおよびスマートベータ1号と2号のキャパシティ

(注)　入替日における過去60日平均売買代金に対して参加率だけトレードが可能とした場合の取引量を執行可能数量とする。一方で、リバランス（銘柄入替）に必要な取引量を必要執行数量とする。
　　　個別銘柄の執行可能割合＝min｛執行可能数量、必要執行数量｝/必要執行数量を計算し、これをポートフォリオ全体で計算する。
　　　ポートフォリオの執行可能割合が、99.9999%もしくは95%となった時のファンド・サイズをキャパシティとする。

の時のファンド・サイズを、実務上、無理をしない水準の投資規模の参考値とみなすことができる。

　こうして計算される参考値が、一般に**指数のキャパシティ**と呼ばれているものの一例である。[3] キャパシティとはある指数が収容できる投資金額の容量を示す指標であり、実際に運用可能な指数の投資規模を表している。特にキャパシティが問題視されるのは、小型株指数やエマージング諸国の市場指数、銘柄数を極力絞り込んだ集中型のアクティブ運用などである。ファンド・サイズが指数の収容力を超えると、無理な売買がどうしても必要となり、売買インパクト・コストが発生してしまう。キャパシティはその境界を表す尺度とも言えるだろう。[4]

　図表7-2は、2014年10月末のリバランス時点でTOPIXおよびスマートベー

---

3)　例えば、Vangelisti (2006) は、ある戦略が生み出す付加価値が最大になるキャパシティ（Wealth Maximizing Capacity）と、その戦略のアルファが取引コストで相殺されて付加価値がゼロとなる最終キャパシティ（Terminal Capacity）を区別している。論点の置き方によって、キャパシティの考え方、定義は多種多様である。

4)　キャパシティを考えるうえでは、刻一刻と変わる市況（特に出来高、売買金額）を考慮すべきであり、したがって、キャパシティを定義する際には任意に前提を置かざるをえない。しかも、この前提は適宜更新されるべきであろう。

タ1号と2号のキャパシティを前記の前提で計算したものである。パフォーマンスの点ではダメベータ呼ばわりされる（浮動株修正済）時価総額型のTOPIXのキャパシティは大きいことがわかる。投資可能性の点ではけっしてダメなインデックスというわけではない。時価総額型指数は、市場を丸ごと買い持ちするインデックスであり、浮動株修正や資本異動調整以外ではリバランスがほとんどないからである。

　一方、スマートベータ1号（等金額型指数）とスマートベータ2号（時価総額の逆数加重型）のキャパシティは小さく、2号の場合は数億円というファンド・サイズでもリバランスが不可能な状況に陥ってしまうことが推測される。本章冒頭のシミュレーションのようにファンド・サイズを1,000億円としながらスマートベータ2号を運用するのは、"コップの中にクジラを入れる"ような話であり、やはり無謀であった。最も運用しやすいはずの時価総額型指数のウェートをいじって、あえて時価総額の逆数をウェートとして加重したスマートベータ2号が運用しにくいのは当然である（この"変な"ウェート方法を本書の冒頭で登場させて、ここまで引きずってきた理由は、まさにここにある）。

　ある投資戦略（スマートベータやファクター指数への投資）の運用成果を評価するならば、戦略を実行した際に、運用資産規模に比例してかかってくるはずのコストを控除して、運用成果を考察すべきである。ある戦略が奏功してアルファが生み出されると、投資家の注目を集めてしまい、結果としてファンド・サイズが大きくなることもあるだろう。ファンド・サイズが肥大化していくと、運用者が生み出していたはずのアルファは売買インパクトの発生によってかき消されていく。[5] だから、新しい指数が提案されたならば、その指数のキャパシティや売買インパクト・コストの大きさに関する情報が入手できることが望ましい。[6] ただし、まだ運用されたことのない指数については、売買インパクト・コストの実績値のようなものは存在しないし、キャパシティを計測するにしてもいくつもの前提を必要とする推計値でしかないので、なかなか難しい。

---

[5]　人気化したファンドの運用者が新規の資金流入を辞す場合があるのはこのためである。新規資金流入を止めることによってアルファを提供し続けられるならば、その運用者の名声は高まるだろう。

ここで、キャパシティに影響を与えているものを整理しておこう。まずは、市場の流動性や個別銘柄レベルでの出来高、売買代金などである。取引が活況な時にはキャパシティも大きくなるが、取引が低調であればキャパシティは小さくなる。つまり、市況の変化によってキャパシティも変わる。この問題は指数のデザインだけでは解決できない問題である。それでも、構成銘柄の流動性について指数のデザインを工夫することで、ある程度の対応は可能である。例えば、原指数の構成銘柄の流動性（売買代金、出来高、時価総額を売買代金で除した回転率など）をチェックして、一定のルールの下で流動性の低い銘柄を、あらかじめ、もしくは指数を構築した後に構成銘柄候補から外す方法などである。しばしば、流動性スクリーニングと呼ばれる手法であるが、キャパシティを上げようとして流動性スクリーニングを厳しく行うと、後述するように、流動性やサイズに関連する別のファクターを生じさせてしまうことに留意が必要である。

　キャパシティに影響を与えるもう1つの要素は、指数の入替回転率である。回転率が高いということは、当然リバランス日の売買執行量が大きいことを意味する。年間のリバランス回数が増えれば回転率も上昇するので、リバランス回数を制約することでこの問題は緩和されるだろう。指数デザイン上は、例えば、定期的に機械的なリバランスをするのではなく一定の閾値を超えた場合にのみリバランスする、1日当たりの売買執行量を減らすためにリバランスを複数日に分ける、などといろいろと工夫する余地がある。

　また、できるだけ多くの構成銘柄数を抱えることによっても回転率を低下させることができる。構成銘柄数が増えると、1銘柄当たりのウェートは相対的に小さくなっていくからである。逆に、指数が何らかの銘柄スクリーニングを行うと構成銘柄数が減少し、回転率が上昇する可能性が出てくる。この場合

6）　Deuskar and Johnson（2011）は、投資家（運用会社の商品企画の担当者等も含まれる）が指数を比較検討し選択する際の重要な情報の1つとして、指数の流動性に関する指標が必要であると述べている。実際に投資した時のポートフォリオが最小限のコストで運用できるかどうかの手がかりとなる情報だからである。流動性を表す何らかの指標を計測し、報告することは、スマートベータ/ファクター指数のみならず、すべての指数に求められよう。

	時価総額	等金額	等リスクウェート	最大非相関	最小分散	最大シャープ・レシオ
年間回転率（制約なし）	2.59%	23.48%	25.67%	59.51%	54.81%	65.02%
＋回転率制約(30%)	2.59%	20.19%	22.15%	29.22%	29.83%	27.84%
＋キャパシティ制約	2.59%	20.20%	22.15%	29.23%	29.84%	27.85%
【参考】上記のケースでの情報レシオ(制約なし)	0.610	0.743	0.782	0.772	0.927	0.820
＋回転率制約	0.610	0.740	0.775	0.778	0.887	0.832
＋キャパシティ制約	0.610	0.737	0.772	0.775	0.883	0.828

図表7-3　米国株スマートベータの片側回転率（年間）

(注)　米国株500銘柄の日次データ（計測期間：1970年6月29日～2012年12月21日）に基づく。
　　　四半期末に行われるリバランス時点の回転率を平均した後、年間片側回転率を計算。
　　　それぞれの制約の内容は本文を参照のこと。
(出所)　Amenc et al.（2016b）のTable 1およびTable 2より抜粋。

　に、さらに注意しておきたいのは、スクリーニングの内容や基準、方法によっては回転率が非常に大きくなってしまう可能性があることである。あるスクリーニング基準（例えば、構成銘柄の時価総額規模を決める基準、流動性スクリーニングの基準、各ファクターを決める基準など）の境界線付近に位置している銘柄群は、毎回のリバランス時に何度も境界線をまたいでしまうようなことが起こりやすい。[7] この結果、指数の回転率は抑制されず、不要な売買が毎回のリバランス時に発生してしまう可能性がある。

　銘柄スクリーニングをその中心的な内容とするファクター指数も、非時価総額型であるスマートベータも、当然リバランスがあり、そもそも回転率が高い傾向がある。しかし、回転率はおのおのの指数の内容によって大きく異なる。図表7-3は、米国株式を例に代表的なスマートベータの回転率を示したものである。図表7-3の原出典であるAmenc et al.（2016）では、回転率の制約（四半期ごとに閾値を設けたリバランス方法を用いて回転率30％を上限とす

---

[7]　例えば、ファクターの境界線付近にバッファー（リバランス・バンドと呼ばれることもある）を設けたり、何らかの遷移確率（境界をまたいでいる比率と考えればよい）を付与して双方のファクターにウェートを分割したりすることによって回転率を低めに抑えることができる。指数デザインのうち最も複雑で難解な領域かもしれない。

る)、キャパシティの制約（①個々の構成銘柄のウェートが時価総額型ウェートの10倍を超えない、②リバランス前後のウェート差が時価総額ウェートを超えない、など。本書のキャパシティの定義とは異なるが類似の概念を用いている）を取り込んだ時、回転率をどの程度まで低減できるかをも実証してくれている。

　制約を設けなければ、最小分散型、最大シャープ・レシオ型などの回転率は5割を超える水準となっており、これらの指数に投資するのはなかなか難しいことがうかがえる。第3章で5銘柄により構成されるスマートベータを検討した時にも、最適化アプローチで作るスマートベータのアクティブ・シェアが高く、毎回のリバランス時のウェートの変動が大きいために、何らかの制約を設けるほうが無難であることを述べた。図表7-3を見るかぎり、回転率の上限を30％に制約することや、個別銘柄レベルでのキャパシティに配慮することにより、これらの指数の投資可能性は向上することがわかる。気になるのは、この制約によって指数のパフォーマンスが低下するかもしれないことであるが、それぞれについて情報レシオを見ると、制約を加えたとしても特別に大きな変化は見受けられない。回転率やキャパシティに関して何らかの制約を設けることで、実際にリスクとリターンの双方で著しく劣化するわけでもなさそうなので、何がしかの投資可能性への配慮をした指数デザインは、指数商品として付加価値を向上させる可能性があることを示唆していよう。

　ファクター指数の回転率についても見ておこう。図表7-4もまた米国株ファクター指数の例であるが、モメンタム指数の回転率の高さが目立っている。Chan et al.（1999）は、価格モメンタムは長期ではいわゆる平均への回帰（mean-reversion）が起きてしまうため、短期的にしか持続しない、と言っている。短命で終わるモメンタム・ファクターを計算するには、半年に1回など比較的頻繁にスクリーニング（したがって、リバランス）を行う必要があり、この結果、年間での回転率は上がりやすい。一般に、ファクターを計算するインプット・データに価格情報などの変動の激しいものが使われる場合には、そのファクターを反映する指数の回転率は高くなりがちである。なお図表7-4では、参考までに取引日数も掲載してみた。この例では、10億ドル（＝約1,000億円強）規模のファンドがそれぞれのファクター指数に投資した時に、

6ファクター指数

	年間片側回転率	取引日数
中　型	27.83％	1.82
モメンタム	67.88％	1.31
低ボラティリティ	26.38％	1.36
バリュー	25.39％	1.35
低投資	33.78％	1.21
高収益性	23.28％	1.06
上記6ファクター指数の平均	34.09％	1.35

マルチ・ファクター指数

	年間片側回転率	取引日数
6ファクター指数を等金額加重して指数化	27.20％	0.79
6ファクター指数を等リスクウェート加重して指数化	28.25％	0.75

図表7-4　米国株ファクター指数の投資可能性

（注）　米国株500銘柄の日次データ（計測期間：1972年12月31日から2015年12月31日）に基づく。
　　　中型とは、時価総額上位500銘柄のうち下位の相対的に小型な銘柄群を指す。
　　　取引日数は、10億ドルのファンド・サイズ、日次の売買代金の10％で執行可能を前提とし、95％分位点の組み入れが完了する日数。
（出所）　Amenc et al.（2016）のTable 3およびTable 4より抜粋。

無理なく定期入替を完了するのに何日を要するのかという指標である。この規模のファンドであれば、価格インパクトを生じさせずにリバランス当日にファクター指数の入替を完了させることはほぼ無理であることがわかる。

　一方、（シングル）ファクター指数を束ねて、マルチ・ファクター指数を合成すると、その回転率は低下し、取引日数も短くなることがわかる。これは、マルチ・ファクター指数へと合成される過程で、各ファクター指数のそれぞれのリバランスの結果が平均化される以上に、構成銘柄の差、そのウェートの差が相殺される結果であると思われる。「マルチ・ファクター指数は（シングル）ファクター指数よりも投資しやすい」という、商品としての優位性を示す結果だろう。

　指数の投資可能性を向上させるための努力は、"マルチ・ファクター化"にとどまらない。どんな指数でもその作り込みの際には投資可能性に配慮すべく、ほとんどの指数ベンダーは何がしかの工夫を行っている。ただし、これも、やりすぎると、スマートベータ／ファクター指数が本来は狙っているはず

の効果が曖昧になり、場合によっては消失することもあるかもしれない。例えば、投資可能性に配慮して低流動性の銘柄をスクリーニングで落としてしまえば、この指数の取引は確かに楽になるだろうが、この指数は高流動性ファクターを持つ指数となってしまう。小型株を落としてしまえば、当然、大型株ファクターが乗っかってくる。特に、ファクター指数において投資可能性を重視しすぎると、当初に狙っていたファクターとはまったく別の新たなファクターを生んでしまう可能性には留意が必要である。とはいえ、投資可能性への配慮の結果、回転率やキャパシティなどの数字は向上するはずである。

　投資可能性に配慮した指数を選べたとしても、巨額の投資資金を抱える投資家の悩みが解決することはないだろう。TOPIXでさえ、1,000億円規模のファンドが運用開始すると、売買インパクトによるリターンの毀損が生じる。投資家は、投資対象の指数を分散して、類似の指数に何本も投資することによって、1指数当たりの投下資金量を小さくすることはできる。少額の投資であれば、売買インパクトは小さくなるはずである。一方、入替日前後の指数連動商品と指数の間の日次のトラッキング・エラーについては気にせず、数日をかけてリバランスすることを運用者に許容するなどの措置も検討するべきである。この場合には、運用評価の際には、指数と運用内容の連動性の低下と、回避できたであろう売買インパクト・コストを比較衡量することが求められよう。スマートベータ/ファクター指数のように、時価総額型市場インデックスに比べて何らかの付加価値はあるが、投資可能性に問題のあるような指数を選択して投資するには、少なくとも"気がまえの問題"として、「運用しにくい指数を運用者に委託している」ということを十分に意識するか、ある程度の売買インパクト・コストが生じることを覚悟しておく必要があるだろう。

　そうした投資家にとって、指数の回転率は、ある指数連動商品の取引コストを考えるうえでの最初のチェック項目であると言ってよいだろう。回転率は実際に運用した場合の売買コストの詳細を教えてくれるわけではないが、指数連動商品がリバランスのたびにどの程度の取引をするのかということは明示してくれる。現段階では、指数ベンダーがすべての品ぞろえについて回転率を明確に開示することはあまりない。ファミリー・レストランのメニューに料理の写真、価格に加えてカロリー表示があるように、いずれは、指数のメニューにも

パフォーマンス、インデックスの利用料率、回転率などが表示されるようになるのかもしれない。[8]

3　みんなが同じ指数を使うと何が起こるのか？

　既にお気づきの読者の方もいらっしゃると思うが、投資家が自身の選択する指数の投資可能性をどんなに精査したとしても、指数のキャパシティの問題がまったく解決しない場合がある。自分以外の投資家が、同じ指数を使っている場合である。特に、大規模な投資家がパッシブ運用を行っている指数に相乗りになってしまっている場合や、指数や戦略が人気化した結果として投資家全体が一蓮托生になってしまっているような場合は、個々の投資家による投資可能性のチェックはほぼ無意味となる。多くの投資家が同時に、同じ指数のパッシブ運用[9]を行うと、リバランス日には同じ銘柄の大量売買が発生することは容易に想像できるだろう。まったく同じ指数でなくても、非常に類似した戦略に多くの投資家が群がるような状況であれば、やはり同じようなことが起きる。特定の日に集団発生的なリバランスがあれば、集合体としての売買インパクト・コストが生じる。投資家にとっては、他人の売買のインパクトが自身の売買インパクト・コストに乗ってくると感じられることだろう。構成銘柄の株価形成という視点でこれを見るならば、特定の銘柄の当日の価格が釣り上げられてしまい、連動対象となっている指数は「市場を歪めた犯人」という誹りを受けるかもしれない。

　ルールによる透明な指数運営がスマートベータ/ファクター指数のメリットの1つであるが、同時に、再現性の高い銘柄選択のルールや機械的なリバラン

---

[8]　Amenc et al.（2016）は、ファンドのポートフォリオの回転率とそれに伴う取引コストについての開示状況、投資家の理解について、米国や欧州の政策当局が憂慮していることを指摘している。近い将来、ファンドのみならず、指数の回転率の開示が制度化される可能性もあるだろう。

[9]　アクティブ運用であっても、同様のことは起こりうる。非常に類似した投資戦略（例えば、最小分散型や低ボラティリティ型のアクティブ戦略）であれば、重複する銘柄も多くなるからである。

スは、指数の投資可能性の問題を時に深刻化するデメリットでもある。データを扱うスキルさえあれば、公開されている指数ルールブックをたんねんに読みこみ、リバランス日にどんな売買が起こるのかを事前に把握することはできるだろう。"市場を歪める"可能性さえあるような、みんなに使われている指数は、こうした"スキルのある人々"にほぼ間違いなく定期入替時に"待ち伏せ"されていると考えたほうがいいだろう。[10]

では、本書で取り上げた（広義の）スマートベータが"市場を歪める"と懸念されるほど、スマートベータに資金流入は起きているだろうか。ここで、いくつか公表資料を調べてみよう。

米国の機関投資家によるスマートベータ/ファクター指数への資産配分は急増しており、2012年には200億ドル（2兆円強）規模の資産残高だったものが、2015年には460億ドル（5兆円弱）規模にまで増加している。[11] スペンス・ジョンソンの調査[12]によれば、欧州の機関投資家では米国以上にスマートベータ/ファクター指数の導入が進んでいることがわかる。同調査によると、2013年末に780億ユーロ（10兆円規模）だった欧州のスマートベータ資産運用残高が、2014年末には1,320億ユーロ（約17兆円）に達しており、2018年までに2,970億ユーロ（約38兆円）の規模になると予想している。この数字は投資信託やETFなどリテール市場での残高を含むものであるが、欧州機関投資家の資産運用残高[13]だけを見ても、2013年末で540億ユーロ（約7兆円）、2014年末で1,180億ユーロ（約15兆円）に達しているということであり、機関投資家市場では既に米国の残高を上回る水準となっている。

機関投資家以上に利用拡大が顕著となっているのは、上場投資商品（ETP）[14]の市場だろう。モーニングスター社の調査[15]によると、グローバル

---

10) もちろん、先回り売買は、指数リバランスにとっては反対売買となっているため、リバランス当日の流動性供給源にもなっている。先回り売買と売買インパクト・コストの関係は判断が難しい。Bayraktar et al.（2015）を参照のこと。
11) Lokhandwala（2015）を参照。
12) Spence Johnson（2015）を参照。
13) いずれも確定給付型年金の運用資金が対象。スマートベータは、英国ではオルタナティブ・ベータ、大陸欧州ではアドバンスド・インデックス、と呼ばれることが多いとのことである。

	資産残高（億ドル）		本　　数	
	2015年	2016年	2015年	2016年
米　　国	4,707	4,898	478	608
カ ナ ダ	82	90	89	95
欧　　州	325	407	233	268
アジア太平洋	71	105	97	130
エマージング	7	5	14	14
合　　計	5,192	5,505	911	1,123

図表7-5　戦略指数連動ETPの運用資産規模
(注)　2016年の本数合計の数字は原出典のまま。2016年6月30日現在。
(出所)　Morningstar (2016), p.4, Exhibit.

で見た"戦略指数"に連動するETPの運用資産残高は、2016年6月末時点で5,505億ドル（60兆円弱）にのぼるという。ただし、この"戦略指数"は、本書で言う広義のスマートベータよりもさらに広い概念であるので、本章のテーマである指数のキャパシティの議論にとってはやや大げさな数字であるとの印象は否めない。図表7-5を見るかぎりは、ETP分野でのスマートベータ市場の成長は欧州よりも米国で顕著となっている。

　もちろん、この手の資料、特にスマートベータの供給者である指数ベンダーが提供する資料には、市場拡大を謳って投資家を呼び込もうという意図の下に編集されているものが多い。また、スマートベータ/ファクター指数もしくは戦略指数の定義をどう置くかによって、計測対象となる金額が大きく変わる。もちろん、これらを割り引いて考えても、スマートベータ市場は既に無視できない規模となっていることは確認できよう。思考実験やシミュレーションの際に1,000億円規模のファンドを想定することも特に不自然だとも言えない状況となっている。

　他の調査を見ても、運用資産規模残高の数字にはずいぶんな開きがある。しかし、面白いことに、投資家に選好される個別の投資戦略のブレークダウン（細目）を見ると、どの調査も非常に似通った結論に至っていることがわかる。

---

14)　**上場投資商品（ETP：Exchange Traded Products）**：上場投資信託（ETF）と上場投資証券（ETN：Exchange Traded Note）の総称。

15)　Morningstar (2016) を参照。

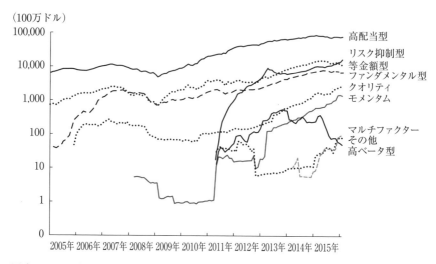

図表7-6　米国におけるスマートベータETFの運用資産残高
(注)　2005年1月末から2016年6月末（月次）。
(出所)　徳野（2013）、図表1を延長。

どの調査でも上位に並ぶのは、高配当戦略（銘柄スクリーニング、配当総額加重型、複合型など）、低ボラティリティ型/最小分散型、ファンダメンタル型、マルチ・ファクター指数、等金額型といった戦略である。[16] この傾向は、機関投資家の資産配分について、またもETP市場での運用残高についてもあまり違いがない。米国におけるスマートベータETFの資産残高を戦略ごとに積み上げてみても（図表7-6）、上位にくるのはやはり高配当型、リスク抑制型、等金額型となっている。後発のマルチ・ファクター型は急速に伸びてきているものの、クオリティ、モメンタムなどのシングル・ファクター指数連動型の後塵を拝している。

　等金額型は、原指数として何を選んだのかによって当然、構成銘柄も変わってくるだろうが、指数のキャパシティと運用の難しさを考慮すれば、小型株、低流動株を構成銘柄とする指数は避けているはずである。個別で見ると、Russell2000などの中型株指数を等金額型でETF化しているものもあるが、ほとんどが知名度の高い大型株指数であるS&P500を原指数としている。S&

---

16)　Hassine and Millet（2015）やSpence Johnson（2015b）を参照。

P500の等金額型は100億ドル（1兆円強）規模の資金を抱えていると想定してもそれほど間違いではない。

　高配当型（直近の残高は800億ドル）、リスク抑制型（同150億ドル強）については、スクリーニング、ウェート方法、リバランスのタイミング、頻度など、連動する指数の構築方法に様々な違いはあるが、それぞれ同種の戦略であり、同じファクターを有する構成銘柄が同時に投資対象となっていると考えられる。ここでも、みんなが類似した戦略を採用することで、みんなで同じ銘柄を投資対象としている公算は大である。

　個々の戦略レベルで見ると、既に資産残高が大きくなった指数や戦略については、特定の共通するファクター、ひいては特定の銘柄に投資家がこぞってベット（賭けること）するような状況が生まれてしまっている。投資対象となっている指数（もしくは戦略）のキャパシティが大きければ、集合体としての売買インパクト・コストも控えめな水準ですむかもしれない。しかし、ある戦略が何らかの理由で人気化して特定の指数に投資が集中するようになると、同じ指数を使っている個々の投資家が売買インパクト・コストから逃れるには、"その指数を使うのを止める"選択肢しか残されない状況になりかねない。

　みんなが同じ指数（戦略）を使う弊害として、さらに別の指摘もある。多くの参加者が、同時に、まったく同じか酷似したポジションを取りたいと思っている時には、過密化したトレード（crowded trade）が起きている、という指摘である。つまり、あるトレードへの参加者が増えれば増えるほど、投資対象（構成銘柄レベル、ひいては指数全体のレベルで）の価格は上昇し、後からきた参加者の期待リターンは低下していく、という追加的なリスクが生じる。[17]

---

17) 資金流入によるアルファの消失、パフォーマンスの持続性のなさについてはBerk and Green（2004）を参照。投資家（資産保有者）は資金配分をし、最良の運用者を選ぶ。資金流入が起きると運用者が高いリターンを生む才能は低下し、その運用者の期待リターンを二番手の運用者のリターンにまで引き下げてしまう。この時点で、投資家はこの二番手の運用者にも資金を投入することになるが、最初の2人の運用者のリターンは三番手の期待リターンと等しくなるまで引き下げられ、同様のことが繰り返されていく。ひいては、すべての投資家がアクティブ型ファンドに投資するのも、廉価なパッシブ型のインデックス・ファンドに投資するのも、どちらも変わらない状況になるまで続く。

運用者の多くが、あるベータ（指数もしくはファクターの感応度）に対して正の相関を持った運用スタイルを持っているならばなおさらである。特に一定のファクターに投資家が偏った投資行動を起こしているような場合には、こうした投資家全体の行動はファクター・クラウディング（Factor Crowding：ファクターの過密化）と呼ばれる。[18]

多くの文献は、ファクター・クラウディングは群集心理に基づく投資家の非合理的な行動であると説明している。Yasenchack and Whitman（2015）は、「スマートベータ戦略の人気急上昇は過剰なハーディング（herding：群衆行動）を意味しており、ひいてはファクターの崩壊につながる」と警告している。Jacobs（2015）は、「スマートベータ戦略の過大評価が次第に脆弱性を帯びたものへと変容し、かつては人気があったがいまはアンダーパフォームしているファクターとして認識される段階になると資金流出が生じるため、結果として崩壊を引き起こしかねない」と、そのプロセスをより具体的に説明している。

例として、2000年のITバブル期にモメンタム株が崩壊した記憶も冷めやらないうちに、2007年8月にはいわゆる"クオンツ・メルトダウン"と呼ばれる暴落が発生したことが引き合いに出されることも多い。Khandani and Lo（2007）は、あるクオンツ・ヘッジファンドが解約になった折に売却された銘柄群に共通するファクターが、別のクオンツ・ファンド運用者の足を引っ張り、これがクオンツ・メルトダウンの契機となったと説明している。Pedersen（2009）の喩えを借りるならば、混み合った劇場で「火事だ」と叫び声が上がった時には、火事に巻き込まれるリスクと逃げ惑う人々に踏み倒されるリスクの双方にさらされることになり、火事が本物でなくても殺到する群集に殺されて

---

[18] ただし、どのトレードが過密化しているのかを特定し、さらにその度合いを測定するのは難しい。State Street Global Advisors SPDR（2016）の資料によれば、2015年に109億ドルの資金規模だった低ボラティリティ型ETFは、2016年央には161億ドルを超える資金規模になっているが、これを過密化したトレードと呼ぶには時期尚早だとしている。確かに、2008年の金融危機時には低ボラティリティ・ファクターのバリュエーション上昇が観測されたが、2014年後半から上昇しはじめているとはいえ、そのバリュエーションはまだ長期的な平均から大きく乖離するような水準にはないから、という点がその論拠となっている。

しまう、ということだろう。確かに、"人気化した"スマートベータ戦略というキーワードでくくって考えるならば、群集心理に基づく非合理な投資家行動という説明は直感的には納得のいくものである。

　スマートベータ/ファクター指数が時価総額型市場インデックスをアウトパフォームしているとしても、この相対リターンの向上が投資家が同じ銘柄に集中投資した結果としてもたらされたバリュエーションの上昇を表しているにすぎないとしたら、アウトパフォームしているように見える戦略に途中から乗るのは危険である。スマートベータと呼ばれるものがただの割高なベータになっているにもかかわらず、その後追いをしてしまうことを想像してみればわかるだろう。過去のデータに依存して、シミュレーションにシミュレーションを重ねてパフォーマンスが得られたようなインデックス・プロダクトはより危険かもしれない。スマートベータ人気が急騰しているかどうかはともかく、いくつかの代表的な戦略については既に多くのフォロアーがいると思われるが、その数が増えれば増えるほど、ネガティブな効果がより顕著になってくるだろう。

　スマートベータ戦略の人気化、過剰なクラウディングによって期待リターンは劣化する、と警鐘を鳴らす論者も出はじめている。[19] Arnott et al.（2016a, b, c）は、代表的なスマートベータ/ファクター指数のパフォーマンスについて、PBRで測った相対バリュエーションの変動を考慮したリターンの要因分解を行っている。人気化した戦略の相対バリュエーションは上昇しているはずであり、これを控除したパフォーマンス（相対バリュエーション変化の調整済リターン）を見ることで、それぞれの戦略が本来持っているはずの期待リターンを測ろうという試みである。図表7-7は、米国株の例において、ここ10年のパフォーマンスを検証してみたものである。

　バリュエーションの変動は短期的であり、長期平均ではゼロとみなせるはずであるものの、図表7-7を見るかぎり、10年間という期間では相対バリュエーションはゼロに収束していない。低ベータ、小型以外のファクター指数ではそのリターンの大部分をバリュエーションの変動が説明している。特に、モ

---

19) Authers（2015）は、"定義からして不毛である（definitionally sick）"というウィリアム・シャープの発言を引用しながら、資金流入によってアウトパフォームの可能性が低下することを指摘している。

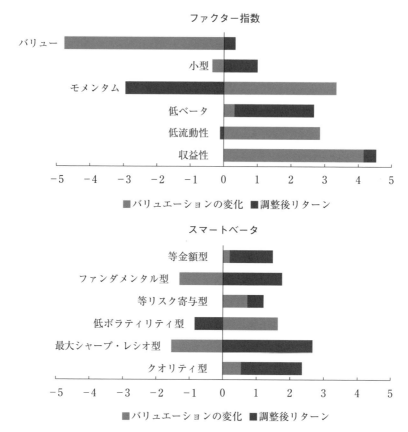

図表 7-7　米国株におけるバリュエーション調整後のパフォーマンス（2005年 Q3 ～2015年 Q3）

（出所）Arnott et al.（2016)、Table 1 より作成。

メンタム、低流動性、収益性のファクターでは、バリュエーションの変動がパフォーマンスをかさ上げしていると見ることもできよう。同論文では、より長期（1967年～2015年）の計測も行われているが、長期では低ベータ、収益性のファクター指数では調整後リターンがほとんど見られなくなっており、むしろ移ろいやすいバリュエーション変動に大きく左右されている。ファクター指数のパフォーマンスは計測期間に大きく依存していることもわかる。一方、パフォーマンスがバリュエーション変動に大きく左右されるファクター指数とは

異なり、スマートベータではバリュエーション変動を調整後のリターンが比較的残っている。ただし、本書の執筆時点では"みんなが使っている"と思われる、低ボラティリティ型のスマートベータでは、ここ10年間でのバリュエーション上昇が顕著に見られ、かつ調整後リターンは負である。この結果を見ると、スマートベータであっても"人気化した"指数群では、バリュエーションの調整が入るとリターンが低減することを意識せざるをえない。

　ここで、一定の戦略に見られるバリュエーション変動の理由を群衆行動にのみ求めるのは、ファクターが生じる理由を行動理論から説明する考え方に縛られすぎているきらいがあるのではないか、という疑念がわいてくる。第5章で述べたように、学術論文の裏づけのある代表的なファクターは、長期的には見返りのある、システマティックなリスクプレミアムを持つものとして考えられていたはずである。だとすれば、ファクターには確かに短期的な変動があるものの、長期的にはクラウディングを過剰に心配する必要はないはずであろう。

　Mclean and Pontiff（2016）は、2000年前後に発表された、株価リターンを予測する97の変数（ファクター）を検討している。これによれば、おのおのの論文が提唱している97の変数に基づくポートフォリオのイン・サンプルでのリターンは、アウト・オブ・サンプルで検証すると26％低くなり、さらに、論文公表後のリターンでの検証では58％低くなっていたという。アウト・オブ・サンプルでリターンが低下するのは、イン・サンプルで計測した際のデータ・マイニングの影響があったと考えられる。一方、論文発表後にさらにリターンが低下したのは、学術論文の内容を理解したうえで市場参加者が実際にトレードを行った結果であると考えられる。

　Mclean and Pontiff（2016）の検証結果は、ファクターは実際に利用してみると減衰するということを確かに示しているが、それと同時に、必ずしも学術研究の蓄積が十分ではないファクターであっても若干のリターンは生み出していることをも示している。ファクター・クラウディングが仮に存在し、いくつかの人気化した戦略や指数でバリュエーションの上昇が起きているとしても、それはファクター・ティルトの効果が減衰していることを意味しているだけであり、スマートベータが持っている（つまり、非時価総額型のウェートを用いたことによる）分散効果までもが失われるわけではない。再びArnott et al.

(2016a, b, c) の検証結果に立ち返ってみると、ファクター指数に比べてスマートベータの相対パフォーマンスは比較的頑健であったこともこの点を示唆していよう。ファクター指数を構築するのならば、分散効果を生み出すウェート方法の工夫も必要であるという第5章3節の指摘とも整合的である。ある戦略が人気化したとしても、ウェート方法に工夫があれば、少なくとも分散効果に基づく相対パフォーマンスは得られる可能性はある。

さらに、個々の投資家がスマートベータ/ファクター指数を採用する意思決定を行っている段階では、必ずしも非合理的な判断が行われているとは言えまい。第6章で見たように、類似のパフォーマンスを提供するアクティブ・ファンドの代替としては運用コスト削減の面でメリットがあるし、リスク・リターンの点でも優れたスマートベータ/ファクター指数を選択することが非合理な意思決定であるとは言えないだろう。それでも集合体としては、投資家全体が売買インパクト・コストや劣化したパフォーマンスなどの不利益を被る結果に陥っている。これは、むしろ、多数者が自己の利益を最大化しようとして、利用可能な共有資源（この場合は、指数のキャパシティや指数が提供してくれるはずのアルファ）を乱獲してしまう結果、資源が枯渇してしまうという、「共有地の悲劇（The Tragedy of the Commons）」が起きていると考えたほうがいいのかもしれない。[20]

ファクター・クラウディングが非合理的な行動の帰結ではなく、合理的な意思決定の結果もたらされているとしたら、個々の投資家にできるのは、やはり指数のキャパシティを精査することと、特定の指数への投資集中を回避すること、という2つの対策ということになるだろう。

4 指数選択では付和雷同を避ける

それでは、この問題を多少なりとも和らげるためにはどのような方策がある

---

20) 現在では経済学の教室で教わる内容となっている概念だが、オリジナルは生物学者であるギャレット・ハーディンの論文に基づいている。Hardin (1968) を参照。

のだろうか。

　まず、心がまえの問題かもしれないが、「みんなで同じ指数を選択する結果となってしまった場合には、当初に期待した投資成果は得られない可能性がある」ということを投資対象の指数を選択する前に想起しておくべきである。「人の行く裏に道あり花の山」という投資格言にならって、可能なかぎり人とは違う指数を選択するべきだろう。

　現実的であり、かつ簡単にできる方法としては、同じ戦略を実現する何か別の指数を採用するという方法がある。スマートベータ/ファクター指数がもてはやされるなか、指数ベンダー各社はひと通りの品ぞろえを持っている。それぞれの指数デザインの細部は違うかもしれないが、例えば、指数名に"最小分散"と入っている指数同士であればその内容が大きく異なるはずはない。[21]

　これを定量的に確かめるために、図表7－8をご覧いただきたい。代表的なスマートベータのリターン・データに基づいてクラスター分析を行った結果である。[22] クラスター分析とは、分類対象を類似度に基づいて群（クラスター）にまとめ上げていく統計解析の一手法である。この手法では、数量的に定義されたデータの「近さ（＝類似度）」に基づいて対象が群に分類され、また、それぞれの群がどのように結合されていくかの過程を明らかにすることができる。これを視覚化したものが図表7－8のようなデンドログラム（樹形図）と呼ばれるグラフであるが、少々いかつい感じのするこのグラフも、生物の進化や類縁関係を示す系統樹に似たグラフに似ているものと思ってもらえれば、直感的に理解しやすいかもしれない。

---

21) 徳野（2013）では、主要な指数ベンダーが提供する複数のインデックスについて、パフォーマンスの差、分散の差、シャープ・レシオの差を精査したが、同じ戦略に分類される指数同士では、その差はほとんどない、ということがわかった。

22) なお、西内ほか（2014）は、徳野（2013）と同様に、パッケージとして商業的に提供されているスマートベータを、そのまま比較するアプローチを取っている。実際には、投資対象ユニバースの違い、投資可能性への配慮、浮動株調整の違い、定期入替回数や入替回転率の制約、資本異動の反映方法やタイミングの違い、配当の権利落ち処理などが、おのおのの指数のパフォーマンスを左右する可能性があり、第4章2節で触れた「リンゴとナシ」の比較をあえて行っていることになる。これは、実際に利用可能なスマートベータの選択肢の中から具体的な商品を選別するという、実務に即したアプローチであることを明記しておきたい。

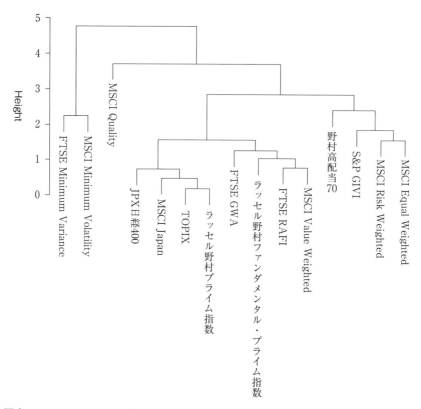

図表 7-8　TOPIX と日本株スマートベータの類似度

（注）　ユークリッド距離による最遠隣法を用いたクラスター分析の結果である。
2006年9月から2013年10月までの月次収益率を標準化したデータを使用した。
結合している高さ（Height）が低いほど、リターンの類似性が高いことを示す。

　図表7-8で言えば、デンドログラムは下のほうで結合すればするほど近い関係にあるので、TOPIXと最も似ているのはラッセル野村プライム指数であるということになる。これに続いてMSCI JapanやJPX日経400などが、次々と結合しており、ここで一定の群が形成されている。この群は市場インデックスと定量的に分類名称を付してもいいだろう。[23] ちなみに、この群は2014年春にGPIF（年金積立金管理運用独立行政法人）がパッシブ運用枠で採用した市場ベンチマークで成り立っている。この市場ベンチマーク群の右隣に位置する

群に並んでいるのは、すべてファンダメンタル型スマートベータである。原指数が市場インデックスであり、企業のファンダメンタルを表す変数を使ってウェートをいじった指数ばかりなので、市場インデックス群の隣に位置しているのはあまり違和感がない。

その右隣には、一見して多種多様な指数で構成されている群があるように見えるかもしれないが、野村高配当70は等金額型であり、等リスク寄与型（MSCI Risk Weighted）、低ベータ型（S&P GIVI）という指数のウェート方法を知っていたとしたら、この群が実はリスク抑制系のスマートベータを集めた群であることに納得がいくだろう。一方、図表7-8の左端には最小分散型スマートベータの群ができているが、この群はそれ以外の指数群と比べて最も離れた位置にあることがわかる。最小分散型指数は最適化アプローチで構築されたスマートベータなので、それ以外のヒューリスティック型のスマートベータとは統計的にも別のものとして分類されているのである。

ここでもう1つ重要なのは、定量的に同じ群に分類された指数は、機能・効果としてはほぼ同じものであると推察できることである。その名称、その内容、その構築方法、その投資哲学に、微細な違いや、何かしらの思い入れやこだわりがあったとしても、である。指数を選択する立場では、機能・効果が同じ指数が複数存在するならば、できるだけ他人が使っている指数とは違う指数を選ぶべきであろう。さらに、同じ戦略で複数の指数を選び、1本当たりの投資金額が小さくなるように分散投資することによって、投資可能性の課題を和らげることもできるだろう。

指数を選ぶことができるならば、投資可能性に十分配慮した指数が望ましいことは言うまでもない。（クラスター分析などで分類された）同種の戦略の中から、リスク・リターンの両面からパフォーマンス評価を行って指数の選択肢を絞りこむことも大切だが、この段階ではむしろ投資可能性を考慮して（リバ

---

23)「JPX日経400がクオリティ型のスマートベータである」という主張を否定する気はまったくないが、図表7-8を見るかぎり、定量的には市場インデックスと分類すべきとしか言いようがない。JPX日経400がまったく別の群にあるMSCI Qualityの隣に位置していることから、クオリティ型に近いのは確かだが、これは「哺乳類だが空を飛ぶ蝙蝠（こうもり）は鳥類ではない」という比喩がぴったりかもしれない。

218　第7章　スマートベータ/ファクター指数の使用上の注意

指　数　名	分　　　類	構成銘柄数 (2013年7月末)	年間定期 見直し回数	入替回転率 (片側、%)
TOPIX	ベンチマーク	1,708	4	2.1
MSCI Japan Equal Weight Index	等金額	319	4	24.7
FTSE RAFI JAPAN INDEX	ファンダメンタル	261	1	12.7
R/N Fundamental Prime	ファンダメンタル	549	1	9.7
MSCI Japan Value Weighted Index	ファンダメンタル	318	2	17.7
FTSE GWA JAPAN	ファンダメンタル	458	4	26.6
MSCI Japan High Dividend Yield Index	高配当	45	2	47.9
Nomura Japan Equity High Dividend 70	高配当&等金額	70	1	31.2
MSCI Japan Quality Index	グロース加重	50	2	47.1
FTSE EDHEC-RISK EFFICIENT JAPAN INDEX	シャープレシオ最大化	458	4	25.7
S&P GIVI Japan Index	低ベータ&ファンダメンタル	972	2	18.4
MSCI Japan Risk Weighted Index	リスク・パリティ	319	2	22.6
MSCI Japan Minimum Volatility Index	最小分散	151	2	21.1
FTSE JAPAN MINIMUM VARIANCE INDEX	最小分散	294	2	25.6

図表7-9　TOPIXと日本株スマートベータの回転率の比較（片側、年率）

(注)　入替回転率は2013年7月末時点から遡って直近1年の数字を用いている。
出所)　徳野（2013）、p.30図表2から一部抜粋。

ランスの回数が少なく、入替回転率が低いものが選好されよう）最終的な判断を行うべきだろう。図表7-9は、代表的な日本株スマートベータについて、年間回転率、リバランス回数等を整理してみたものである。

　付言をすると、同じ戦略の指数であってもリバランスのタイミングが他の指数とは異なっているものを選ぶべきである。類似の指数を何本増やしてもリバランス日が同じならば、売買インパクト・コストから逃れることはできなくなり、せっかくの指数選択の努力が無駄になる。

まだ誰も使っていない、連動資産がほとんどないような指数をあえて採用するのは少々不安かもしれない。ライブ・パフォーマンスが重要と考えるならなおさらだ。個人投資家なら「人の行く裏」の道を行くのは、比較的簡単なのかもしれないが、説明責任を果たす必要があるプロの投資家（他人資金の運用者）にとってはなかなか悩ましい問題であるかもしれない。実務的には、その"説明責任"の中に「売買インパクト・コストを負担するくらいなら、他人が使わない指数を試してみるほうが賢明だ」という論旨を加えておくことが重要ではないかと思われる。人気化した指数を避けることが重要であり、けっして付和雷同してはならない、ということである。

5　わが道を行くためのカスタム化指数

　ある指数のパッシブ運用において、運用対象である指数と運用の内容を極力連動させようとするならば、リバランス日に指数どおりの構成比で銘柄をそろえる必要がある。日本の年金運用では、完全法のパッシブ運用が好まれる傾向があり、パッシブ運用を評価する際の指標であるトラッキング・エラーの管理は海外に比べて厳しめである印象が強い。むしろ、運用者がストイックなまでにトラッキング・エラーを抑えこむことに腐心している印象さえある。ただし、大規模な連動資産を抱える指数についてこれを徹底すると、より大きな売買インパクト・コストを支払わされる結果を招きかねない。むしろ、リバランス時にすべての売買を行うのではなく、リバランス日の前後で時間をかけて売買を分散して行うことで、売買インパクト・コストを抑えることはできるだろう。この時、リバランス日前後の数日間は指数どおりの運用内容とはならないので、この運用商品の対指数での日次のトラッキング・エラーは大きくなってしまう。逆に言えば、トラッキング・エラーを犠牲にすることができるならば、売買インパクト・コストを引き下げて運用成果（実際に得られるネットのリターン）を向上させるチャンスが生まれる。機関投資家（資産保有者）がスマートベータ/ファクター指数の運用を運用会社に委託する時には、リバランス時の（特に日次の）トラッキング・エラーについては目くじらを立てないよ

うにするなど、受託者である運用会社に対する寛大な対応、心配りが必要だろう。[24] 可能であれば、トラッキング・エラーの管理のあり方について、委託者と受託者との間の運用開始前の合意事項として運用ガイドラインなどに明記しておくことが望ましい。もちろん、こうした対策を講じると同時に、トラッキング・エラーと売買インパクト・コストをうまくマネジメントしながら運用成果を出すことのできる優れた運用者を、資産保有者は探さなければならないことは言うまでもない。

　以上は、あくまでも既製品の指数をパッシブ運用で用いる場合の指数のキャパシティへの対応策であり、リバランス前後の数日とはいえ、トラッキング・エラーを犠牲にするなど、やや消極的な対処法である。もし、資産保有者がカスタム化した指数を導入することができるのであれば、もっと積極的な対応も可能となるだろう。カスタム化指数であれば、リバランス日を既製品の指数とずらしておくことが可能である。"自分だけの指数"[25] を使えば、みんなが使うということはありえず、付和雷同を避けるのは簡単である。さらに、「何でも開示しよう」という世の中の流れに反しているかもしれないが、カスタム化指数はそれを利用する資産保有者と運用者の間でのみ開示されていれば事足りるので、カスタム化指数のリバランス日や入替情報は公表しないという対応もありえよう。

---

24) この延長線上に、第1章8節で紹介した、GPIFのスマートベータ・アクティブの考え方があるのではないかと推察される。言うまでもなくGPIFの運用資産規模は大きく、指数に完全に連動するスマートベータよりも、ほぼ指数どおりの運用を目指しながらも、投資可能性に十分に配慮しながら極力、売買インパクト・コストを避けてリバランスを行うほうが投資成果は高いはずである。ここで言う"アクティブ"とは、伝統的なアクティブ運用を指すわけではなく、臨機応変に機動的な対応を取る、つまりトラッキング・エラーに寛大な（パッシブ）運用を意味していると考えられないだろうか。

25) 生煮えのアイデアにすぎないが、個人投資家がウェブサイト上で、投資ユニバース、銘柄スクリーニング、構成銘柄数、ウェート方法、リバランス回数などを入力すると"自分だけの指数"ができあがるようなサービス、いわば"スマートベータ・メイカー"のようなものは実現できないだろうか。そのままポートフォリオ管理、発注までできるような仕組みがあれば、資産運用業界には大革新が起こる気がするのだが、……まだ大分先の話なのかもしれない。

さらに、カスタム化指数を使うことで、単に指数選択の幅が広がるということだけではなく、機関投資家が資金配分の段階で投資可能性の考慮を大局的に行うことも可能になる、ということを指摘しておきたい。
　例えば、国内株式への資金配分において、コアとなる時価総額型指数のパッシブ・ファンドとサテライトとなる非時価総額型指数のパッシブ・ファンドを併せ持つ場合を考えてほしい。簡単化のためにアクティブ・ファンドは持っていないとしよう。コア部分は時価総額型指数に連動するファンドであるため、売買インパクト・コストをそれほど気にかける必要はないだろう。一方、サテライト部分の非時価総額型指数では相対パフォーマンスは期待できるのだが、キャパシティが小さい指数が採用され、かつその指数を他の投資家も採用しているような場合には、この部分の売買インパクト・コストをいかに引き下げるかが、ポートフォリオ全体で投資成果を上げるための重要な鍵となるだろう。そこで、第3章3節で紹介した多様性ウェート型指数（時価総額型と等金額型をブレンドしたもの）のように、コアの時価総額型指数とサテライトの非時価総額型指数をブレンドして、1つの（多様性ウェート型）合成指数に仕立て、それをパッシブ運用に供するとしたらどうだろうか。この合成指数での個々の銘柄の構成ウェートは、非時価総額型指数と時価総額型指数を一定のブレンド比で加重平均することによって決まる。このブレンド比を、当初（もしくはリバランス時に）合成する前の指数にそれぞれ資金配分した金額の比率としておけば、この合成指数のパッシブ運用はコアとサテライトの2つのパッシブ運用を行う場合と同じポートフォリオ上の機能を果たしてくれるはずであり、さらに、売買インパクト・コストを抑制することもできるだろう。合成する前の2つの指数のリバランスのタイミングがそれぞれ異なっていればいっそう効果的である。
　第3章で"ウイスキーの水割り"と喩えた、特定のスマートベータ/ファクター指数を時価総額型で希釈する方法の応用と言えるこの方法は、何も2つの指数を合成する前記の例にとどまらず、様々な組み合わせでの応用も考えられるだろう。株式ポートフォリオ全体を表す政策ベンチマークが決まっており、この内容を実現するための運用ベンチマークとして、時価総額型パッシブ運用のほかにも、様々なスマートベータ/ファクター指数のパッシブ運用も合わせ

て行うのならば、それらをすべて合成してカスタム指数としてしまえば、ポートフォリオ全体の売買インパクト・コストを極力抑制することができるだろう。極端な話にはなるが、株式ポートフォリオ全体を１本のカスタム化指数でまとめることも可能である。[26] それはそれで一部の合成前指数を外したり、解約したりする際にはいろいろと不都合が生じるだろうから、ポートフォリオ全体を１つと考えながら、異なる種類のカスタム化指数を複数作ったり、全体としては１本の合成指数ながらリバランス日の違う指数に分けておくというような案もあるかもしれない。利用するすべての運用ベンチマークを合成し、カスタム化することで、他人とは違うオリジナルな"自分だけの指数"を作り上げることが、投資可能性への積極的な対応となりうる。

　既にお気づきなのではないかと思うが、この考え方はもはや指数選択の話ではなくなっている。すべての運用ベンチマークを合成したカスタム化指数は、結果として非時価総額型指数（本書で言うスマートなもの）となっているはずであり、この段階で既に時価総額型の政策ベンチマークを相対で上回っている可能性が高い。運用開始の段階で勝負が見えているとしたら、果たして時価総額型（ダメベータ）の政策ベンチマークに意味はあるのだろうか。より高次の運用成果を目指すならば、合成されたカスタム化指数こそが政策ベンチマークとされるべきものではないか、という主張が出てきてもおかしくはない。第６章６節で登場したレファレンス・ポートフォリオに近い考え方である。この議論は、どんな指数を選ぶのかという問題を対象としているのではなく、むしろ資産配分、ベンチマーク設定や商品選択といった全体としてのポートフォリオ設計をどのように行うのかという話になっている。さらに、もし、（アクティブ運用はともかく、少なくともパッシブ運用の）ポートフォリオ全体がこのカスタム化指数１本でこと足りるとして、１社（もしくは１人の）パッシブ運用者に委託すれば大丈夫なのか？　それとも複数の運用者を使うべきなのか？

26）　こうした考え方は、ファクター指数からマルチ・ファクター指数を合成する考え方と根は同じであるのかもしれない。しかし、ここで焦点を当てているのは投資可能性の問題であり、仮に、ある（市販の）マルチ・ファクター指数が人気化してしまって、みんなが同じマルチ・ファクター指数を使うような場合には元も子もない。オリジナルな合成指数を自分だけが使う、という点が重要なのである。

運用委託の方法や業者選定といった実務的な課題についても再考しなければなるまい。

6　スマートベータをスマートに使いこなすには……

　投資可能性への配慮をしたうえでスマートベータ/ファクター指数をうまく使いこなそうと思うならば、トラッキング・エラーの管理、ポートフォリオ運営、ひいては、資産配分や業者選定の部分まで遡ってその導入を考えたほうが良いということがわかった。新手の指数を採用するためにはそこまでしなければならないのか、少々大げさすぎないかと感じられる向きもあるかもしれない。しかし、時価総額型市場インデックスで希釈するやり方や、ポートフォリオ全体を合成指数にしてしまうようなやり方を持ち出さずとも、そもそも、スマートベータ/ファクター指数を導入するならば、どのような運営体制を持っておくべきなのかを、きちんと考えておかねばならない。なぜなら、時価総額型市場インデックスを相対で上回る指数のパッシブ運用を採用するならば、この相対パフォーマンスを引き上げることについて、誰がその責任を負うのか、という問題を考えておかねばならないからである。

　これまでのポートフォリオ管理では、ベンチマークとなる時価総額型市場インデックスを最初に決定すれば、相対パフォーマンスを引き上げる責任はもっぱらアクティブ運用者が負っていた。しかし、高い運用フィーを取るわりには、なかなか市場インデックスに勝てないアクティブ運用に対して、資産保有者はいら立ちを覚えていた。だから、"アクティブ離れ"や"パッシブ化"と呼ばれるパッシブ運用偏重のポートフォリオ構築が資産運用の潮流となっていた。スマートベータの登場で、パッシブ運用（というよりもインデックス運用と呼ぶべきかもしれない）の持ち場で、リターン向上、リスク低減、分散投資の促進、ファクター投資、コスト削減などの様々な資産運用ニーズを達成することができるようになった。スマートベータ/ファクター指数に連動するインデックス運用は、間違いなくパッシブ運用の形態を取ってはいるが、従来の意味でのパッシブ運用（市場ベンチマークに対する）とはまったく違う内容と意

義を持っている。

　スマートベータ/ファクター指数のインデックス運用者は、従来のパッシブ運用と同様にとらえるならば、指数に対するトラッキング・エラーには責任があるが、指数そのものの内容やパフォーマンス（特に市場インデックスへの相対パフォーマンス）には責任を負わない。もちろん、指数そのもののパフォーマンスについては開発を担当した指数ベンダーに責任があるだろうが、指数選択をするのはポートフォリオを構築し、運用委託を行った資産保有者（およびそのコンサルタントやアドバイザー）である。対市場インデックスのパフォーマンスは運用を委託した資産保有者に責任のあることをまず理解しなければならない。しかも、本章で見てきたように、インデックス・フィーや運用報酬、売買インパクト・コストなども考慮した、ネットのパフォーマンスが政策ベンチマークとなっているはずの時価総額型インデックスを上回っているかどうか、その責任を問われることになるだろう。スマートベータの登場で投資家としての選択肢は確かに増えたが、それを見きわめる作業と、見きわめて採用する責任は、投資家側の負担となったということである。

　今後も続々と登場するであろうスマートベータ/ファクター指数を評価し、選別するためには、第4章で検討したパフォーマンスの考え方や、本章で考察した投資可能性に関する留意点を何度も確認していただきたいと思う。例えば、新手の指数は、どんなファクターのパッケージになっているのか、分散効果の効くウェート方法が採用されているのか、どの程度のキャパシティを持つ指数なのか、といった検討を積み重ねることだろう。ただ、実際の指数選択、商品選択の際には、何らかの検証をするにしてもデータの蓄積が足らない、指数の構築方法が複雑かつ難解である（そんな指数は採用しなくてもいいかもしれない！）、スマートベータ評価に人員を割けない、などのリソースの制約に直面することもあるだろう。運用会社やコンサルタント、指数ベンダーなどが、顧客である投資家のニーズを把握して、様々な提案をしているのでこれを活用する方法もある。ただし、この場合でも、指数選択の責任は、資産保有者自身にあることを忘れてはならない。

　さらに、スマートベータ/ファクター指数の導入後の評価方法も検討しなければなるまい。スマートベータ/ファクター指数を導入したなら、資産保有者

は採用した指数と運用内容の連動性のみをモニターすれば許されるのではなく、戦略を実施するためのコストを把握したうえで政策ベンチマークに対する付加価値が実際にもたらされているかどうかをチェックする必要がある。さらに、アクティブ運用を選定した場合とのポートフォリオ上の効果を比較することも重要である。また、同種の戦略を実現する類似の指数の評価をどのように行うのか、ベンチマークのあり方も検討しなければなるまい。これは、指数ベンダーにとっても今後検討しなければならない課題だと思われる。[27]

最近では、「どの指数を選ぶべきか」という単純な問題から、「どのタイミングでどの指数を選ぶべきなのか」という、資産配分というよりはむしろ投資タイミングの問題が強く意識されはじめている。確かに、スマートベータのバリュエーション上昇が指摘されるようになれば、投資家の関心はおのずとと投資タイミングへと移っていくだろう。[28] ファクター指数のような便利なツールが登場したので、ダイナミックな資産配分や動的リスク管理ができるのではないか、投資タイミングを付加価値の源泉にできないか、などの意欲的なチャレンジも可能になってきた。しかし、ファクター指数の投資タイミングをはかることに対してはやや懐疑的であることは第6章で述べたとおりである。仮に、投資タイミングを狙って機動的な運用ができたとしても、指数選択の責任と同様に、投資タイミングの責任まで、資産保有者は負えるのだろうか。他人資金

---

[27] あくまでも時価総額型市場インデックスとの対比で評価すればよいという考え方もあるだろう。その際には、シャープ・レシオをパフォーマンスの評価軸にするべきである。この意味では、時価総額型はけっしてダメベータではなく、重要なモノサシである。一方、様々なウェイト方法が登場していることを考えると、原指数を等金額型にしたものをスマートベータの評価軸と考えてもいいのではないだろうか。最もシンプルな方法で構築される等金額型に勝てないような指数はあまり意味がないと思われる。

[28] Arnott et al. (2016b) は、代表的なスマートベータおよびファクター指数について、過去のパフォーマンスに基づいて順張りした場合と逆張りした場合の投資効果を検証している。当然、逆張りするほうがパフォーマンス向上につながるという結論になっている。投資タイミングをはかるために、各指数のバリュエーション指標の過去平均との乖離を用いている投資手法は、スマートベータ/ファクター指数（バリュー系も含めて）に対してさらにバリュー投資を行うかたちになっている。「長期的な見返りが期待できるファクターは、やはりバリューである」という信念を感じる研究である。

の運用に携わる以上は説明責任があり、説明責任にこだわるあまり、結果的に"みんなが使っている指数"を後追いするようでは、投資タイミングを狙ってパフォーマンスを向上させることなどとうてい見込めまい。

　ここまで書いてみると、資産保有者はスマートベータ/ファクター指数の導入に尻込みしてしまいそうになるかもしれない。本書で一貫して述べてきたように、スマートベータ/ファクター指数などの新しい指数群には相対リターンの向上というメリットはほぼ確実にある。単に流行のスマートな指数を（人が言うまま）採用するのではなく、スマートな指数をどのようにスマートに使いこなすのかという、指数を選択する"使い手"の手腕が問われているような気がしてならない。

　ここまでお付き合いいただいた読者にとって、本書がスマートベータ/ファクター指数をスマートに使いこなすための取扱説明書になっていれば幸いである。

おわりに──海辺のスマートベータ

　2013年11月、曇天のニース。EDHEC リスク・インスティテュートはプロムナード・デザングレ（フランス語で英国人の散歩道）という名の海岸沿いの大通りに面して立地している。会議室から見えるのは、空港の片隅に駐機している複数のプライベートジェット。なるほどコートダジュールだ。滑走路に貨物機が降りてくると、エンジン音に驚いたのか、ヤシの街路樹からヒッチコックの映画のように小鳥の大群が飛び立った。フランス語混じり、ドイツ語訛り、そして日本語アクセントの英語での長丁場の議論はそこで突然止んで、全員が一斉に窓の外を眺める。一瞬の静寂の後、会議室は自然と和やかなムードに包まれる。帰国便が飛び立つ時は大丈夫なのだろうか？　しょっちゅう係員が空砲を鳴らしているから鳥は心配ない、これが群衆行動の見本であり投資ではやってはいけないことだな、などと会話は続く。今回は曇天で残念だった、また気候のいい時に来てくれたらいい、とフランス語混じりの英語が雑談を締めくくった。スマートベータについて峻厳なディベートを重ねた相手が、親しい友人となってくれたのはこの瞬間だったのかもしれない。

　2014年2月、ニューポートビーチ。時差ぼけで深夜に目を覚ます。高層ホテルの窓からは、深い霧がドライアイスのように眼下を覆っているのが見える。ホテルは高台に位置しているので、真夜中に雲の上にいるような錯覚に陥る。カリフォルニア湾を南下する寒流の影響なのだろうが、昼間は乾ききって見えるカリフォルニアの風景とはまったく異なるワンシーンだった。明日、リサーチ・アフィリエイトで行われるミーティングはうまくいくだろうか、とふと気になる。でも大丈夫。明日もまたカラッと晴れあがるだろう。相手も気持ちの良い人たちだ。

その翌々日。雨あがりのシアトル。ラッセルの新社屋にはエリオット湾の素晴らしい眺望がある。夕暮れ時の窓から見える景色はことさら美しく、その中では無粋なタンカーでさえ愛しく思えてくる。ふと気づくと、壁には創業者一族の夫人の肖像画がやさしく微笑んでいる。ここで働く友人たちはみな、既に他界した彼女をいまでも自分の母親のように尊敬している。この街にはかつて日本人移民が多く移り住んだという。1905年に日本人街を訪れた永井荷風は「嘗て船中で聞いた話のその通り、豆腐屋、汁粉屋、寿司屋、蕎麦屋、何から何まで、日本の町を見ると少しも変ったことのない有様に、少時は呆れてきょろきょろ為るばかり」と書きとめている。[1] シアトルの南東にある現在の"日本町"にその面影はあまり感じられないけれど、目の前に広がる海は確かに日本までつながっている。

　不思議なことに、スマートベータの先駆者たちがオフィスを構えているのはなぜか海辺ばかりだ。もちろん、そうでない場所にも訪ねていった。プリンストン、マーストリヒト、チューリッヒ、……。しかし、これまた不思議なもので、やはり訪問先の先駆者たちと過ごした川べりや湖畔でのひと時が思い出される。資産運用業界に現れた新しいアイデアなのに、このテーマについてニューヨークやロンドンで誰かと話し込んだりした思い出があまりないのはなぜだろう。新しいアイデアを生み出すには、水辺の風景が不可欠なのだろうか。

　本書で述べた事柄のほとんどは、先駆者たちの知見に負っているといっても過言ではない。だから、スマートベータは海辺で学んだ、と言いたい。何も本書で引用した先行研究のことだけを言っているのではない。指数に携わる身として直接彼らを訪ね、議論することで、知りうることができた偉大な先達の考え方、洞察、哲学のすべてが、自分自身の財産になっていると感じる。さらに嬉しいことに、何気ない日常会話、ジョークやユーモアを交わしていくうちに、次第に訪問は双方向となっていった。東京にもスマートベータの波が押し寄せてくるようになったからである。2013年には、"流行語大賞"的な言葉で

---

[1] 永井荷風『あめりか物語』岩波文庫。

しかなかったスマートベータは、瞬く間に資産運用業界に定着した。公的年金を含む機関投資家が実際に投資を開始し、指数ベンダーや運用会社がこぞって新商品の提案を行うようになり、そしてその内容も日進月歩している。先駆者たちも東京まで出向いてくれるようになって、彼らと議論する機会はさらに増えた。パートナーとの協働を通じて、その内容をさらに深く理解できる立場を得ることができたのは本当に幸運だったと思う。

こうした先駆者とこれからも長いお付き合いをさせていただきたいという気持ちをこめつつ、お世話になった皆さんに謝辞を述べさせていただきたい。あえて所属機関も肩書もすべて省略し、アルファベット順に列記させていただく。

　　Rolf Agather、Noel Amenc、Robert Arnott、Adrian Banner、Rob Bauer、Ron Bundy、Frederic Ducoulombier、Ruben Feldman、Felix Goltz、Jason Hsu、Ionias Karatzas、Peter O'Kelly、Michael Larsen、Fei Fei Li、Kevin Lohman、Shirley Low Storchenegger、Lionel Martellini、David Morris、David Schofield、Miron Sholes、Stoyan Stoyanov、Catherine Yoshimoto

これらの諸氏に深く感謝する。

本書の執筆にあたって、自身がこれまでどれほど多くの人々の指導や助言に支えられてきたのかを痛感した。特に、日本のインデックス業界、資産運用業界を引っ張ってこられた浅岡泰史、小原沢則之、星野茂樹、ポール・ホフの諸氏が、その所属機関を超えていつも温かく指導してくださることに改めて感謝の意を表したい。と同時に、「いつも生意気な口をきいてしまって、本当にごめんなさい」とこの場を借りてお詫びしたい。

ファイナンスや資産運用は筆者にとっては"仕事"であるのだが、必ずしも自身の学問的な専門領域ではなかった。"仕事"を通じて知己を得ることができた、浅野幸弘、新井富雄、加藤康之、小林孝雄の諸教授は、筆者にとってこの分野の導き人であり、とうていたどり着けない目標でもある。また、あまり真面目な学生ではなかったことをちゃんと自覚してはいるが、星野英一、平井宜雄、山内昌之、五十嵐武士、鴨武彦、盛田常夫、Stephen Wright、David & Christel Lane の諸教授の学恩はけっして忘れない。本書を何とか執筆できただけの下地は、恩師から受け取ったものから成り立っていると心から思う。厚

く感謝したい。

　筆者の未熟な成果でしかない本書を完成させるために、多くの方々の助言、助力が必要だった。とりわけ、本書での分析、図表作成を嫌な顔ひとつせずに手伝ってくれた小見山奈々氏には心から謝辞を述べたい。彼女の助力がなければ本書は成り立たなかっただろう。饗場行洋、太田紘司の両氏には草稿を読んでもらい貴重なコメントを頂戴した。日頃の意見交換のうちのいくばくかを本書の下敷きとさせてもらえたことにも感謝したい。もちろん、本書における意見などはすべて筆者の個人的な見解であり、所属するいかなる組織、団体の公式見解、ハウス・オピニオンではない。

　筆者が現在勤務している野村證券株式会社インデックス業務室の同僚たちの日々のサポート、仕事を通じて知己を得、親しくさせていただいている顧客からのフィードバックは大切な財産だと思っている。筆者の上席である大塚博之執行役員（グローバル・リサーチ担当）をはじめ、筆者が所属した機関の諸先輩のこれまでのご指導ご鞭撻にも大変感謝している。また、FTSE Russell、STOXX、S&P Dow Jones、MSCI、JPX、日本経済新聞社の各指数ベンダーには、様々な資料、データ協力を賜った。関係各位に御礼を申し上げたい。締め切りに関して大言壮語を繰り返す筆者が草稿を書き終えるのを、辛抱強く待っていただき、叱咤してくださった東洋経済新報社の村瀬裕己氏には感謝してもしきれない。

　最後にこの場を借りて、26年来の伴侶である妻に感謝したい。普段照れくさくてなかなか言えないが、本当にありがとう。

　さて、スマートベータ/ファクター指数には間違いなく追い風が吹いている。新しい指数は数多く提案され、これまでアクティブ運用で提供されていた投資戦略を指数のかたちで表現するものまでが登場している。コスト面、内容のわかりやすさなどの点で、伝統的なアクティブ運用からの資金が流出する懸念もあり、資産運用業界へのインパクトは大きいだろう。時価総額型指数（ダメベータ）が資産運用で用いられるかぎり、スマートベータの存在価値はあるのだから、スマートベータという言葉そのものが流行り言葉で終わったとしても、そのコンセプト自体は業界にしぶとく居座り続けるだろう。スマートベー

タはしょせんマーケティング用語にすぎないので、どんなものでもスマートベータと呼んでいいのかもしれない。しかし、流行の言葉に便乗して、売れない商品在庫をさばくような流れになると、投資家は離れていくだろう。三島由紀夫が「帆船を航路の上に押しすすめる順風は、それを破滅にみちびく暴風と本質的には同じ風である」[2]と書いているのを思い出さざるをえない。

海にこぎ出したばかりのスマートベータを、先駆者たちから学んだ知見を活かしながら、安全に投資家に届けるために水先案内をするのが筆者の役割だと襟を正す今日このごろである。

透明性が高く、一貫したルールに基づいて構築される、時価総額型指数をアウトパフォームし、かつ、取引コストの低い指数をどのように追い求めていくか。廉価な、しかし付加価値のある指数がツールとして投資家にどのように受け入れられていくのか。これからも目が離せない。スマートベータが資産運用業界に定着しはじめたいまこそ、トリセツとしての本書が多少なりとも読者のお役にたてればと思いつつ、筆をおくことにしたい。

あぁ、この一文を書いたらやっと終わるなぁ、渚橋でコーヒーでも飲んで帰ろう、っと。

2017年春　森戸海岸にて

徳　野　明　洋

---

[2] 三島由紀夫『禁色』新潮文庫。

参 考 文 献

Agather, R., "Smart Beta Indexes," *Journal of Indexes Europe*, December 2013.【2章】

Aked, M., Kalesnik, V., Kose, E., Lawton, P., and Moroz, M., "Equal-Weight and Fundamental-Weight Index Investing: A Comparison of Two Smart Beta Strategies," Research Affiliates, May 2014.【3章】

Aked, M., and Moroz, M., "The Market Impact of Index Rebalancing," Research Affiliates White Paper, 2013.【7章】

Amenc, N., "Too Much Monkey Business," *ERI Scientific Beta Newsletter*, Issue 8, March 2015.【4章】

Amenc, N., Ducoulombier, F., Goltz, F., Le Sourd, V., Lodh, A., and Shirbini, E., "The EDHEC European ETF Survey 2014," EDHEC Risk Institute, March 2015.【3章、4章】

Amenc, N., Ducoulombier, F., Goltz, F., Lodh, A., and Sivasubramanian, S., "Diversified or Concentrated Factor Tilts?" *Journal of Portfolio Management*, 42 (2): 64–76, 2016.【5章、7章】

Amenc, N., Goltz, F., Le Sourd, V., and Lodh, A., "Alternative Equity Beta Investing: A Survey," EDHEC Risk Institute, July 2015.【4章、6章】

Amenc, N., Goltz, F., Lodh, A., and Martellini, L., "Towards Smart Equity Factor Indices: Harvesting Risk Premia without Taking Unrewarded Risks," *Journal of Portfolio Management*, 40(4): 106–122, Summer 2014.【5章】

Amenc, N., Goltz, F., Martellini, L., and Retkowsky, P., "Efficient Indexation: An Alternative to Cap-Weighted Indices," EDHEC Risk Institute, January 2010.【3章】

Amenc, N., Goltz, F., and Sivasubramanian, S., "Investability of Scientific Beta Indices," ERI Scientific Beta, May 2016.【7章】

Amenc, N., Goltz, F., Sivasubramanian, S., and Lodh, A., "Robustness of Smart Beta Strategies," *Journal of Index Investing*, 6(1), Summer 2015.【3章】

Amihud, Y., and Mendelson, H., "Asset Pricing and the Bid-Ask Spread," *Journal of Financial Economics*, 17(2): 223–249, 1986.【5章】

Ang, A., *Asset Management: A Systematic Approach to Factor Investing* (Financial Management Association Survey and Synthesis Series), Oxford University Press, October 2014.【2章、5章、6章】*邦訳版として、坂口雄作・浅岡泰史・

角間和男・浦壁厚郎監訳『資産運用の本質——ファクター投資への体系的アプローチ』金融財政事情研究会、2016年、も参照のこと。

Ang, A., Goetzmann, W. N., and Schaefer, S. M., "Evaluation of Active Management of the Norwegian Government Pension Fund-Global," December 2009.【5章、6章】

Ang, A., Hodrick, R. J., Xing, Y., and Zhang, X., "The Cross-Section of Volatility and Expected Returns," *Journal of Finance*, 61, February 2006.【4章、5章】

Ang, A., Hodrick, R. J., Xing, Y., and Zhang, X., "High Idiosyncratic Volatility and Low Returns: International and Further U. S. Evidence," *Journal of Financial Economics*, 91: 1-23, January 2009.【5章】

Arnott, R., Beck, N., and Kalesnik, V., "Timing 'Smart Beta' Strategies? Of Course! Buy Low, Sell High!" Research Affiliates, Fundamentals, June 2016b.【7章】

Arnott, R., Beck, N., and Kalesnik, V., "To Win with 'Smart Beta' Ask If the Price Is Right," Research Affiliates, September 2016c.【7章】

Arnott, R., Beck, N., Kalesnik, V., and West, J., "How Can 'Smart Beta' Go Horribly Wrong?" Research Affiliates, Fundamentals, February 2016a.【7章】

Arnott, R. D., Hsu, J., Kalesnik, V., and Tindall, P., "The Surprising Alpha from Malkiel's Monkey and Upside Down Strategies," *Journal of Portfolio Management*, 39(4): 91-105, Summer 2013.【4章、5章】

Arnott, R. D., Hsu, J., and Moore, P., "Fundamental Indexation," *Financial Analysts Journal*, 61(2): 83-99, March/April 2005.【2章、3章】

Arnott, R. D., Hsu, J., and West, J. M., *The Fundamental Index: A Better Way to Invest*, Wiley, 2009.【2章、3章、4章】

Arnott, R., and Kose, E., "What 'Smart Beta' Means to Us," Research Affiliates, Fundamentals, August 2014.【4章】

Asness, C., "Our Model Goes to Six and Saves Value from Redundancy along the Way," *AQR Capital Management*, 2014.【5章】

Asness, C., Moskowitz, T., and Pedersen, L. H., "Value and Momentum Everywhere," *Journal of Finance*, 68(3): 929-985, 2013.【5章】

Authers, J., "Smart Beta Strategies Risk Becoming Crowded: Benefit of Active Tilt to Passive Investing will Be Lst as more Investors Join in," *Financial Times*, May 26, 2015.【7章】

Baker, M., Bradley, B., and Wurgler, J., "Benchmarks as Limits to Arbitrage: Understanding the Low-Volatility Anomaly," *Financial Analysts Journal*, 67

(1): 40-54, 2011.【5章】
Banner, A., Schofield, D., and Yasenchak, R., "The Power of Rebalancing: Fact, Fiction and Why it Matters," *INTECH*, intechjanus.com, April 2015.【4章、6章】
Basu, S., "The Relationship between Earnings' Yield, Market Value and Return for NYSE Common Stocks: Further Evidence," *Journal of Financial Economics*, 12 (1): 129-156, June 1983.【5章】
Bayraktar, M. K., Doole, S., Kassam, A., and Radchenko, S., "Lost in the Crowd?" MSCI Research Insight, June 2015.【7章】
Berk, J. B., and Green, R. C., "Mutual Fund Flows and Performance in Rational Markets," *Journal of Political Economy*, 112: 1269-1295, 2004.【7章】
Bernstein, W. J., "The Rebalancing Bonus: Theory and Practice," *Efficient Frontier: An Online Journal of Practical Asset Allocation*, 1996.【4章】
Bernstein, W., and Wilkinson, D., "Diversification, Rebalancing, and the Geometric Mean," *Frontier*, research manuscript, 1997.【4章】
Brinson, G. P., Hood, L. R., and Beebower, G. L., "Determinants of Portfolio Performance," *Financial Analysts Journal*, 42(4): 39-48, 1986.【6章】
Brinson, G. P., Singer, B. D., and Beebower, G. L., "Determinants of Portfolio Performance II: An Update," *Financial Analyst Journal*, 47(3): 44-48, May-June 1991.【6章】
Carhart, M., "On Persistence in Mutual Fund Performance," *Journal of Finance*, 52 (1): 57-82, 1997.【4章、5章】
Chan, K., Chen, N., and Hsieh, D., "An Exploratory Investigation of the Firm Size Effect," *Journal of Financial Economics*, 14(3): 451-471, 1985.【5章】
Chan, L., Karceski, J., and Lakonishok, J., "On Portfolio Optimization: Forecasting Covariances and Choosing the Risk Model," *Review of Financial Studies*, 12(5): 937-974, Winter 1999.【7章】
Chaves, D. B., and Arnott, R. D., "Rebalancing and the Value Effect," *Journal of Portfolio Management*, 38(4): 59-74, Summer 2012.【4章】
Choi, J., "What Drives the Value Premium? The Role of Asset Risk and Leverage," *Review of Financial Studies*, 26(11): 2845-2875, 2013.【5章】
Chopra, V. K., and Ziemba, W. T., "The Effect of Errors in Means, Variances, and Covariances on Optimal Portfolio Choice," *Journal of Portfolio Management*, 19 (2): 6-11, Winter 1993.【2章】
Chow, T. M., Hsu, J., Kalesnik, V., and Little, B., "A Survey of Alternative Equity

Index Strategies," *Financial Analysts Journal*, 67(5): 35–57, 2011.【2章、3章、4章】

Clare, A., Motson, N., and Thomas, S., "An Evaluation of Alternative Equity Indices, Part 1: Heuristic and Optimised Weighting Schemes," Cass Business School's Centre for Asset Management Research, City University of London, March 2013.【3章、4章】

Clarke, R. G., De Silva, H., and Murdock, R., "A Factor Approach to Asset Allocation," *Journal of Portfolio Management*, 32(1): 10–21, Fall 2005.【5章】

Cochrane, J. H., "Presidential Address: Discount Rates," *Journal of Finance*, 66(4): 1047–1108, August 2011.【5章】

Cooper, M. J., Gulen, H., and Scill, M. J., "Asset Growth and the Cross Section of Stock Returns," *Journal of Finance*, 63(4): 1609–1651, 2008.【5章】

Daniel, K., Hirshleifer, D., and Subrahmanyam, A., "Investor Psychology and Security Market Under-and Over-Reactions," *Journal of Finance*, 53(5): 1839–1886, 1998.【5章】

Deuskar, P., and Johnson, T., "Market Liquidity and Flow-Driven Risk," *Review of Financial Studies*, 24(3): 721–753, 2011.【7章】

Enderle, F. J., Pope, B., and Siegel, L. B., "Broard-Capitalization Indexes of the US Equity Market," *Journal of Investing*, 12(1): 11–22, Spring 2003.【2章】

Fama, E. F., and French, K. R., "The Cross-Section of Expected Stock Returns," *Journal of Finance*, 47(2): 427–465, June 1992.【2章、4章、5章】

Fama, E. F., and French, K. R., "Common Risk Factors in the Returns on Stocks and Bonds," *Journal of Financial Economics*, 33(1): 3–56, February 1993.【2章、5章】

Fama, E. F., and French K. R., "Size and Book-to-Market Factors in Returns," *Journal of Finance*, 50(1): 131–155, 1995.【5章】

Fama, E. F., and French, K. R., "Size, Value, and Momentum in International Stock Returns," *Journal of Financial Economics*, 105: 457–472, 2012.【5章】

Fay, P., and van Dam, J., "ICPM Case Study: Considering the Pros and Cons of Different Forms of Equity Investments through the Lens of the PFZW Investment Framework," Rotman International Centre for Pension Management, October 7, 2013.【6章】

Fernholz, R., Garvy, R., and Hannon, J., "Diversity-Weighted Indexing," *Journal of Portfolio Management*, 24(2): 74–82, Winter 1998.【3章】

Fernholz, R., and Shay, B., "Stochastic Portfolio Theory and Stock Market Equilibrium," *Journal of Finance*, 37: 615–624, 1982.【4章】

Ferson, W. E., Kandel, S., and Stambaugh, R. F., "Tests of Asset Pricing with Time-Varying Expected Risk Premium and Market Betas," *Journal of Finance*, 42(2): 201–220, 1987.【2章】

Frazzini, A., and Pedersen, L. H.,"Betting against Beta," *Journal of Financial Economics*, 111(1): 1–25, 2014.【5章】

FTSE Russell, "Achieving Controlled and Meaningful Factor Exposure via Factor Indexes," February 2016.【4章】

Goltz, F., "What Does Academic Research Teach Us about Rewarded Equity Factors," Edhec-Risk Institute Research Insights, Asian Investor, October 2015.【5章】

Grinold, R. C., "Are Benchmark Portfolio Efficient?" *Journal of Portfolio Management*, 19(1): 34–40, Fall 1992.【2章】

Hardin, G., "The Tragedy of the Commons," *Science*, 162(3859): 1243–1248, December 13, 1968.【7章】

Harvey, C. R., Liu, Y., and Zhu, H., "⋯and the Cross-Section of Expected Returns," 2015. Available at http://papers.ssrn.com/sol3/papers.cfm?abstract_id=2249314 【5章】

Hassine, M., and Millet, F., "European Smart Beta ETF Market Trends," LYXOR ETF BAROMETER, May 2015.【7章】

Hoepner, Andreas G. F., and Nummela, T., "The ESG Journey from Passive to Active in Simple Tables," PRI, March 2015.【1章】

Hsu, J., "Value Investing: Smart Beta vs. Style Indexes," *Journal of Index Investing*, 5(1): 121–126, Summer 2014.【2章】

Hsu, J., "The Whole Story: Factors + Asset Classes," Research Affiliates, June 2015. 【5章】

Hsu, J., and Kalesnik, V., "Finding Smart Beta in the Factor Zoo," Research Affiliates, July 2014.【5章】

Hsu, J., Myers, B. W., and Whitby, R., "Timing Poorly: A Guide to Generating Poor Returns While Investing in Successful Strategies,"*Journal of Portfolio Management*, 42(2), Winter 2016.【6章】

Ibbotson, R. G., and Kaplan, P. D., "Does Asset Allocation Policy Explain 40, 90, or 100 Percent of Performance?" *Financial Analyst Journal*, 26–43, January-February

2000.【6章】

Jacobs, B., "Invited Editorial: Is Smart Beta State of the Art?" *Journal of Portfolio Management*, 41(4): 1-3, 2015.【7章】

Jepsen, H. G., "Risk Parity: Case Study: ATP," *Investments & Pensions Europe*, 1-2, April 1, 2011.【6章】

Khandani, A. E., and Lo, A. W., "What Happened to the Quants in August 2007?" *Journal of Investment Management*, 5(4), 2007.【7章】

Kose, E., and Moroz, M., "The High Cost of Equal Weighting," Research Affiliates, May 2014.【3章】

Lakonishok, J., Shleifer, A., and Vishny, R., "Contrarian Investment, Extrapolation and Risk," *Journal of Finance*, 49(5): 1541-1578, 1994.【5章】

Levi, Y., and Welch, I., "Long Term Capital Budgeting," Working Paper, March 29, 2014. Available at SSRN: http://papers.ssrn.com/sol3/papers.cfm?abstract_id=2327807【5章】

Liu, L., and Zhang, L., "Momentum Profits, Factor Pricing, and Macroeconomic Risk," *Review of Financial Studies*, 21(6): 2417-2448, 2008.【5章】

Lo, A. W., and MacKinley, A. C., "Data-Snooping Biases in Tests of Financial Asset Pricing Models," *Review of Financial Studies*, 3(3): 431-467, Fall 1990.【5章】

Lokhandwala, T., "Consultancy Warns on Risk Naïvety in Smart Beta Allocations," *Investment and Pensions Europe*, February 16, 2015.【7章】

Maillard, S., Roncalli, T., and Teiletche, J., "The Properties of Equally Weighted Risk Contribution Portfolio," *Journal of Portfolio Management*, 36(4): 60-70, 2010.【3章】

Malkiel, B., *A Random Walk Down Wall Street*, W. W. Norton, 2007.【4章】＊邦訳版として、井手正介訳『ウォール街のランダム・ウォーカー――株式投資の不滅の真理』（原著第11版）、日本経済新聞出版社、2016年、も参照のこと。

Martellini, L., "Efficient Indexation : Alternatives to Cap-Weighted Indices," EDHEC Risk Institute, January 2010.【3章】

Martellini, L., and Milhau, V., "Measuring the Benefits of Dynamic Asset Allocation Strategies in the Presence of Liability Constraints," EDHEC Risk Institution Publication, March 2009.【6章】

Mclean, D., and Pontiff, J., "Does Academic Research Destroy Stock Return Predictability?" *Journal of Finance*, forthcoming, 2016.【7章】

Metcalf, G. E., and Malkiel, B. G., "The Wall Street Journal Contests: The Experts, the Darts, and the Efficient Market Hypothesis," *Applied Financial Economics*, 4(2): 371–374, 1994.【4 章】

Michaud, R. O., "The Markowitz Optimization Enigma: Is 'Optimized' Optimal?" *Financial Analysts Journal*, 45(1): 31–42, January/February 1989.【2 章】

Morningstar, "A Global Guide to Strategic-Beta Exchange-Traded Products," Morningstar Manager Research, September 2016.【7 章】

Novy-Marx, R., "The Other Side of Value: The Gross Profitability of Premium," *Journal of Financial Economics*, 108: 1–28, 2012.【5 章】

Pedersen, L. H., "When Everyone Runs for the Exit," NBER Working Paper 15297, August 2009.【7 章】

Perold, A., and Sharpe, W., "Dynamic Strategies for Asset Allocation,"*Financial Analysts Journal*, 51(1): 149–160, January/February 1995.【4 章】

Petajisto, A., "Active Share and Mutual Fund Performance," *Financial Analysts Journal*, 69(4): 73–93, July/August 2013.【3 章】

Philips, C., Bennyhoff, D., Kinniry, F., Schlanger, T., and Chin, P., "An Evaluation of Smart Beta and Other Rules-based Active Strategies," Vanguard White Paper, Available at: http://ow.ly/WELkv【6 章】

Salma, K., "Have the Smart Betas Become Crowded Trades? July 2015 Update," The Headlands Group, Inc., July 21, 2015.【6 章】

Sharpe, William F., "Capital Asset Prices: A Theory of Market Equilibrium under Conditions of Risk," *Journal of Finance*, 19(3): 425–442, September 1964.【1 章】

Spence Johnson, "Investment Product Market Intelligence 2015 Smart Beta: A Growing Alternative to Active Approaches," Spence Johnson, June 2015a.【7 章】

Spence Johnson, "Smart Beta: Our Fastest Growing MI Segment,"*Deeper Perspectives*, 29, July 2015b.【7 章】

State Street Global Advisors SPDR, "Finding the Signal Through the Noise: Has the Low Volatility Trade Become Crowded?" State Street Global Advisors, July 2016.【7 章】

Stoyanov, S., and Hoff, P., "Investing in Smart Beta," ERI Scientific Beta, September 2013.【2 章】

STOXX, "STOXX® Index Methodology Guide (Portfolio Based Indices)," August 2015.【3 章】

Towers Watson, "Understanding Smart Beta," *Insights*, July 23, 2013.【1 章】

Vangelisti, M., "The Capacity of an Equity Strategy," *Journal of Portfolio Management*, 32(2), Winter 2006.【7章】

Woodall, L., "Index Providers Clash over Evolution of Multi-factor Products," Risk. net, October 2, 2015.【6章】

Yasenchak, R., and Whitman, P., "Understanding the Risks of Smart Beta, and the Need for Smart Alpha," Intech Janus White Paper, 2015. Available at: http://ow.ly/WEKQ2【6章、7章】

Zhang, L., "The Value Premium," *Journal of Finance*, 60(1): 67-103, 2005.【5章】

饗場行洋「"スマートベータ"のベータ管理：意図せざる低ベータに注意」野村證券 Global Markets Research、2016年2月10日。【6章】

石川康「年金資産運用とスマート・ベータ」株式インデックス・セミナー2013講演資料、2013年11月。【6章】

臼杵政治「水からワイン：リバランスボーナスを理解する」『ニッセイ基礎研究所年金ストラテジー』Vol. 219、September 2014。【4章】

太田紘司「新しいファクター指数とスマートベータ指数の特性分析」『財界観測』第78巻2号、pp.26-45、2015年4月号。【5章】

小原沢則之「機関投資家とベンチマーク：株式指数の多様化が促す運用商品ベンチマークの使い分け」『証券アナリストジャーナル』第52巻10号、pp.16-27、2014年10月。【2章】

小原沢則之「空洞化が進むベンチマーク・パラダイム」株式インデックスセミナー2016資料、2016年11月25日。【7章】

株式会社東京証券取引所「東証指数算出要領（市場別指数編）」2014年6月2日版【1章】

田村正之「高収益で低コスト　スマートベータ型投信を知る」『日本経済新聞』2014年8月13日。【1章】

徳野明洋「パッシブ運用のための日本株ベンチマーク：Russell/Nomura Prime 指数の可能性」『財界観測』第73巻第3号、pp.34-51、2010年7月。【2章、7章】

徳野明洋「"スマートベータ"のパフォーマンス特性：実務家による実務家のための実用ガイド」『証券アナリストジャーナル』第51巻11号、pp.27-36、2013年11月。【7章】

徳野明洋「パッシブ運用ベンチマークの多様化とスマートベータ」日本アナリスト協会第20回SAAJセミナー：セッション3議事録、2014年1月。【4章、7章】

徳野明洋「パッシブ運用ベンチマークの多様化とスマートベータ」MPTフォーラム2月度例会、2014年2月。【2章】

参　考　文　献　　241

徳野明洋・元村正樹「パッシブ化とアクティブ・アルファへの期待」『グローバル投資』No.02-31、2002年5月16日。【6章】

永井荷風『あめりか物語』岩波文庫、2002年。

西内翔・春日俊介・小見山奈々「JPX日経インデックス400のパフォーマンス特性について」『証券アナリストジャーナル』第52巻10号、pp.6-15、2014年10月。【5章、6章、7章】

年金積立金管理運用独立行政法人「国内株式運用受託機関の選定及びマネジャー・ストラクチャーの見直しについて」2014年4月4日。【1章】

三島由紀夫『禁色』新潮文庫、1964年。

山田徹・永渡学「投資家の期待とボラティリティ・パズル」『証券アナリストジャーナル』第48巻12号、pp.47-57、2010年12月。【4章】

索　引

■A to Z■

5/10/40ルール　72
ABP（オランダ公務員年金基金）　174
ALM（Asset Liability Management, 資産負債管理）　186
AP2　174
ATP（労働市場付加年金基金）　177
CAC40　28
CAPM（Capital Asset Pricing Model, 資本資産価格モデル）　5
CPPIB（カナダ年金制度投資委員会）　177
CSRP　88
DAX30　28
EDHEC Risk Institute　92
ENC（Effective Number of Constituents, 有効構成銘柄数）　27-28, 47
ENC比率　28
ERI Scientific Beta　92
ESG（環境・社会・ガバナンス）　15
ETF（Exchange Traded Fund, 上場型投資信託）　v, 207
ETN（Exchange Traded Note, 上場投資証券）　207
ETP（Exchange Traded Product, 上場投資商品）　206
GARP（Growth At Reasonable Price）　129
GDP加重型指数　174
GPIF（年金積立金管理運用独立行政法人）　19, 216
INTECH　54
IR（情報レシオ）　17
ITバブル　62
JPX日経400指数　28

LHP（Liability Hedging Portfolio, 負債ヘッジ型ポートフォリオ）　187
MSCI Japan　28
NT倍率　106
NZSF（ニュージーランド退職年金基金）　177
PBR（Price to Book value Ratio, 株価純資産倍率）　33, 96
PFZW（Pensioenfonds Zorg en Welzijn）　174
PGGM　174
PKA（デンマーク年金生活ファンド）　180
PSP（Performance Seeking Portfolio, パフォーマンス追求型ポートフォリオ）　187
Russell社　33
Russell3000　29
S&P500指数　9
STOXX　72
TAA（戦略的アセット・アロケーション）　16
TE（トラッキング・エラー）　17
TOPIX（Tokyo Stock Price Index, 東証株価指数）　iv
UCITS（Undertaking for a Collective Investment in Transferable Securities）　72
VaR（バリュー・アット・リスク）　42

【ア行】

アウト・オブ・サンプル　80, 126
アウトパフォーム　24
アクセス　94
アクティブ運用　7
アクティブ・シェア　47
アクティブ離れ　223

索　引

アセットオーナー(資産保有者)　177
後出しジャンケン　80
後知恵　69
後知恵バイアス　166
アーノット, ロバート(Arnott)　94
アノマリー　128
アプローチ
　　最適化——　40, 80
　　ヒューリスティック・——　39, 80
アメリカ金融学会　124
アリゾナ州退職年金基金　178
アルファ　7, 15
アンカリング　166
アンダー・ウェート　32
アンダーパフォーム　24
入替回転率　43
イン・サンプル　80, 141
インデックス
　　ファンダメンタル・——　4
インデックス運用　8
インデックス投資　31
インデックス・ファンド　24
インハウス運用　174
インバース型ファンド　158
ヴァンガード社　23, 95
ウォールストリート・ジャーナル　100
売りインパクト　194
売り持ち(ショート)　124
運用規模　52
運用者のスキル　183
運用ベンチマーク　168
エクスポージャー
　　ファクター・——　19
大型株　26
オーバー・ウェート　32

【カ行】

買いインパクト　194
回帰分析　7
外部アドバイザー　180
買い持ち(ロング)　124

カスタム化された指数(Bespoke Indexes)
　　185, 220
カバード・コール戦略　16
株価(時価)　31
株価形成
　　非合理的な——　62
株価純資産倍率(PBR)　33, 96
過密化したトレード(crowded trade)
　　209
完全法　192
幾何平均リターン　114
機関投資家　v, 24, 157
企業価値　31
企業規模　33-34
期待リターン　40
逆数ウェート　108
逆張り　32
逆張り効果　112, 116
キャパシティ　52
業種分類　58
共分散　5, 36
共有地の悲劇((The) Tragedy of the
　　Commons)　214
クオリティ　129
クオンツ・アクティブ運用　185
クオンツ・メルトダウン　210
クラスター(Cluster)　57
クラスター分析　57, 215
グレアム, ベンジャミン(Graham)　129
グロース指数　33
グローバル・ファンド　182
群衆行動(ハーディング)　210
群集心理　210
傾斜(ティルト)　74
検索容易性ヒューリスティックス　166
原指数(母集団)　74, 139
現代ポートフォリオ理論　5
コア・サテライト型ポートフォリオ　163
構成ウェート　25
合成指数　220
構造変化　155

行動理論　130
効率性
　リスク・リターンの——　70
小型株　27
誤差　40
個人投資家　24, 157
コックラン, ジョン (Cochrane)　124
コーポレート・ガバナンス　15
固有リスク　104
コロンビア大学　130

【サ行】

最小分散　38
最小分散型, 最小分散型指数　38, 68
サイズ　91
サイズ別指数　33
最大シャープ・レシオ型　68
裁定メカニズム　131
最適化　38
最適化アプローチ　40, 80
財務指標　34, 63
逆さま戦略　99
サブ・インデックス　57
参加率　197
参考値　88
算術平均リターン　114
シカゴ大学ブース・スクール・オブ・ビジネス　88
時価総額加重型市場インデックス, 時価総額加重型指数　10, 23
　投資上限付き——　53, 55
　非——　15
資産クラス　18
資産保有者 (アセットオーナー)　177
市場インデックス
　時価総額 (加重) 型——　10, 23
市場タイミング　16
指数
　カスタム化——　220
　グロース——　33
　合成——　220

最小分散型——　38
　サイズ別——　33
　スタイル——　20
　全天候型——　148
　多様性ウェート型——　53
　テーマ型——　15
　失った——　142
　バリュー——　33
　ファクター——　20
　ファクター・スプレッド——　21
　ボラティリティ——　16
　リスク・クラスタリング・ウェート型——　57
指数のキャパシティ　198
指数のデザイン (設計)　33
指数の分散化　16
指数プロバイダー　14
システマティック・リスク　95
システマティック・リスク・ファクター　122
執行数量　197
シミュレーション　88
シャープ, ウィリアム (Sharpe)　9
シャープ・レシオ　15, 41
収益
　絶対——　158
集中　26
集中度　27
集中投資　30, 74
樹形図 (デンドログラム)　215
主成分分析　57
順資産利回り　96
順張り　33
ショート (売り持ち)　124
ショート制約　131
ショートポジション　15
信託報酬　24
スクリーニング　72
　銘柄——　17, 73
　流動性——　200
スタイル指数　20

索引　245

スプレッド　92, 125
　　ファクター・——　136
スペンス・ジョンソン社　206
スマートベータ1号　iv
スマートベータ2号　iv
スマートベータ・アクティビティ　19
3ファクター・モデル　122
政策ベンチマーク　168
制約　67
制約条件　72
責任投資　174
接線ポートフォリオ　41
絶対収益　158
絶対的にロバスト　148
絶対リターン　157
説明責任　162, 174
ゼロ・ベータ　171
遷移確率　201
全国市町村職員共済組合連合会　19
全天候型指数　148
尖度　169
相関　26
相関係数　36
総合指数　28
相対的にロバスト　148
相対ドローダウン　168
相対リターン　172

【タ行】

ダイナミック・アロケーション　179
タイミング
　　ファクター投資の——　135
代理変数　13
ダウ, チャールズ(Dow)　106
ダウ工業株30種平均　105
ダウ式　10, 105
ダウンサイド・リスク　168
ダメなベータ　8
多様性ウェート(Diversity Weighting)　53
多様性ウェート型指数　53

タワーズワトソン社　3
超過リターン　123
2ファンド分離定理　42
積立比率
　　ファンドの——　187
定期入替(リバランス)　11, 34, 43
定型化された事実(stylised facts)　123
ディスパージョン, ディスパージョン効果　117
低ボラティリティ型　79
ティルト(傾斜)　74
　　ファクター・——　140
データ・マイニング　118, 125
テーマ型指数　15
テール・リスク　166, 170
デンドログラム(樹形図)　215
同一条件での比較　88
東京証券取引所第一部　105
等金額加重　11
統計的な有意性　126
投資アドバイザー　164
投資家
　　機関——　v, 24, 157
　　個人——　24, 157
投資可能性　55
投資上限付き時価総額加重型指数　53, 55
投資信託　v
　　上場型——　v
投資信託(UCITS)[欧州]　72
投資スタイル　104
投資哲学　184
投資目的　60, 104
投資ユニバース　43
トップダウン・アプローチ　147
トラック・レコード　141
取引コスト　72
トレード　98
ドローダウン　134
　　相対——　168

246　索　引

【ナ行】

日経平均株価　9, 105
日本経済新聞　4
ニフティ・フィフティ(優良株)　129
ネグレクト効果　133
年金基金　19
年金資産　186
年金負債　186
ノルウェー政府年金基金(グローバル・ファンド)　182
ノンリバランス・ポートフォリオ　115

【ハ行】

売買インパクト　52
売買コスト　52
売買手数料　24
ハイブリッド　53
バックテスト　126
パッシブ運用　7
パッシブ化　223
ハーディン、ギャレット(Hardin)　214
ハーディング(Herding, 群衆行動)　210
ハーフィンダール・ハーシュマン・インデックス(Herfindahl-Hirschman Index)　27
バフェット、ウォーレン(Buffett)　130
バブル　62
バランス型金融商品　16
バリュー　92
バリュー投資　35
東日本大震災　169
非合理性　130
非合理的な株価形成　62
非時価総額(加重)型　15, 46
非集中化(分散化)　28
ヒストリカル　141
ヒューリスティック・アプローチ　39, 80
ヒューリスティックス
　検索容易性──　166

標準偏差　38
ファクター(factor)　122
　システマティック・リスク・──　122
　リスク・──　95
ファクター・アロケーション　149
ファクター・エクスポージャー　19, 140
ファクター加重型　140
ファクター・クラウディング(factor crowding, ファクターの過密化)　210
ファクター効果　112
ファクター指数　20
　マルチ・──　21, 121, 145
ファクター・スコア　140
ファクター・スプレッド　21, 136
ファクター・スプレッド指数　21, 159
ファクター・ティルト(傾斜)　140
ファクター投資　135, 176
ファクターの動物園(Factor Zoo)　124
ファクターのパッケージ　94
ファクター分解　97
ファクター分析　91
ファンダメンタル・インデックス　34
ファンド
　インデックス・──　24
　インバース型──　158
　ミューチャル・──　23
ファンド・オブ・ファンズ(FoF)　186
ファンド・サイズ　192
ファンドの積立比率　187
4ファクター・モデル　122
複製(レプリケーション)　137
浮動株調整　10, 47
プライベート・エクイティ　174
プリンストン大学　95
プレミアム　127, 135
ブレンド　53
文献の蓄積(Well-documented)　127
分散　6
分散化(非集中化)　28
　指数の──　16

分散化効果　112
分散化ボーナス　117
分散共分散行列　40
分散効果
　ポートフォリオの――　116
分散投資　36
分散投資の原則　72
平均回帰性　113
平均・分散モデル　68
平均への回帰(mean-reversion)　202
平均リターン　38
ベータ　7
　ダメな――　8
ベリー, チャック(Berry)　103
ベンチマーク　6
　運用――　168
　政策――　168
ボーグル, ジャック(Bogle)　95
ポジション
　ショート――　15
　ロング――　15
母集団(原指数)　74, 139
ポータブル・アルファ　15
ポートフォリオ　6
　コア・サテライト型――　163
　ノンリバランス・――　115
　リバランス・――　115
　レファレンス・――　177
ポートフォリオ管理能力　175
ポートフォリオの分散効果　116
ボトムアップ・アプローチ　147
ボラティリティ指数　16
ボラティリティ・パズル　128

【マ行】

マイクロ・キャップ　141
マーケット・ニュートラル戦略　159
マザー・インデックス　139
マネージャー・リスク　182
マルキール, バートン(Malkiel)　95
マルキールの猿, マルキールの目隠しをさ

れた猿　98, 100, 102
マルチアセット型運用商品　16
マルチ・ファクター指数　21, 121, 145
マルチ・ファクター・モデル　124
ミスプライシング　24
ミューチャル・ファンド　23
無リスク資産　5, 41, 123
銘柄スクリーニング　17, 74
銘柄選択　16
モデル依存性　125
モデル・リスク　40
モーニングスター社　206
ものさし　13
モメンタム　33, 92

【ヤ行】

有効フロンティア　41
優良株(ニフティ・ニフティ)　129

【ラ行】

ライブ・パフォーマンス　141
リサーチ・アフィリエイト社　94
利潤最大化　62
リスク
　固有――　104
　システマティック・――　95
　ダウンサイド・――　168
　テール・――　166, 170
　マネージャー・――　182
リスク・エクスポージャー　112
リスク・クラスタリング・ウェート型指数
　57
リスク・ファクター　95
リスクマネジメント　174
リスク抑制型　79
リスク抑制型スマートベータ　159
リスク・リターンの効率性　70
リターン
　幾何平均――　114
　期待――　40
　算術平均――　114

絶対—— 157
　　相対—— 172
　　超過—— 123
　　平均—— 38
リバーサル　92
リバランス(定期入替)　11, 34, 43
リバランス・バンド　201
リバランス・ポートフォリオ　115
リバランス・ボーナス　113
リーマンショック　169
流動性　43
流動性スクリーニング　200
流動性制約　131
類人猿の実験　100
レバレッジ　16

レファレンス・ポートフォリオ　177
レプリケーション(複製)　137
ロバスト, ロバストネス　126, 130
　　絶対的に—— 148
　　相対的に—— 148
ロング(買い持ち)　124
ロング・ショート　136, 159
ロングポジション　15

【ワ行】

歪度　169
割高　33
割安　33
割安株投資　91

【著者紹介】
徳野明洋（とくの　あきひろ）
野村證券株式会社　インデックス業務室長。
1990年野村総合研究所入社、野村證券金融経済研究所、同金融工学研究センターを経て、2015年7月より現職。2002年12月から2014年3月まで中央大学大学院客員教授を兼務。東京大学法学部卒業。ケンブリッジ大学大学院でDipl.(Econ)およびMPhilを取得。同大PhD Candidate。

スマートベータの取扱説明書
仕組みを理解して使いこなす

2017年10月12日発行

著　者——徳野明洋
発行者——山縣裕一郎
発行所——東洋経済新報社
　　　　〒103-8345　東京都中央区日本橋本石町1-2-1
　　　　電話＝東洋経済コールセンター　03(5605)7021
　　　　　　http://toyokeizai.net/

装　丁…………吉住郷司
印　刷…………東港出版印刷
製　本…………積信堂
編集担当………村瀬裕己

©2017 Tokuno Akihiro　Printed in Japan　ISBN 978-4-492-73344-8

本書のコピー、スキャン、デジタル化等の無断複製は、著作権法上での例外である私的利用を除き禁じられています。本書を代行業者等の第三者に依頼してコピー、スキャンやデジタル化することは、たとえ個人や家庭内での利用であっても一切認められておりません。

落丁・乱丁本はお取替えいたします。